EVERYTHING.
TUDO SOBRE
TRUQUES E ADESTRAMENTO DE CÃES

Caro leitor,

Minha expectativa na presente edição é motivar ainda mais todas as pessoas apaixonadas por cães, de todos os cantos do mundo, a usarem métodos de adestramento afetuosos e eficazes que as ajudem a estabelecer e a manter laços duradouros com seu cachorro e entre ele e as demais pessoas com as quais eles convivem. Espero também compartilhar com você segredos que podem ajudá-lo a transformar seu cachorro em um companheiro dócil e em um bem-comportado membro da família. Os elos que estabelecemos com os cães nos mantêm unidos nos altos e baixos da vida e nos dá a estabilidade necessária para sobreviver nesse mundo agitado e às vezes caótico em que vivemos. Gostaria que você experimentasse a alegria que é conviver com um cachorro inteligente e hábil. Com as instruções corretas, seu cachorro conseguirá participar o máximo possível de sua vida. Quanto mais bem-comportado ele for, mais lugares poderá frequentar e de mais atividades poderá participar.

Não há experiência mais emocionante do que adestrar um cachorro e entender de que forma sua mente funciona e de que modo ele se comunica. Com a prática, você descobrirá que os cães são admiravelmente inteligentes e têm grande senso de humor. Passei mais da metade da vida adestrando cachorros e já ensinei em torno de duas mil pessoas como treinar seus próprios cães. Posso afirmar com convicção que essa experiência é imperdível. Espero que este livro ajude-o a ter persistência e a atingir seu objetivo de treinar seu cachorro para que seja bem-comportado e que vivam muitos anos juntos.

Um feliz abano de rabo,

Gerilyn J. Bielakiewicz

*Para Cameo, nossa dócil e maravilhosa cadelinha.
A primeira edição deste livro trouxe você para a nossa família;
a segunda a manteve conosco!*

Entenda os ícones utilizados no livro

Respostas para
perguntas comuns

Informações
importantes

Alerta urgente!

Dicas úteis

EVERYTHING®

TUDO SOBRE TRUQUES E ADESTRAMENTO DE CÃES

Todas as dicas para transformar o cão mais travesso em um animal de estimação bem-comportado

Gerilyn J. Bielakiewicz,
cofundadora da *Canine University*

Tradução: Beth Honorato

DVS EDITORA

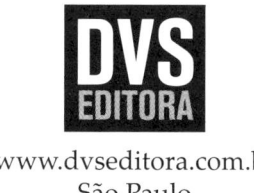

www.dvseditora.com.br
São Paulo

TUDO SOBRE TRUQUES E ADESTRAMENTO DE CÃES
DVS Editora 2011 - Todos os direitos para a língua portuguesa reservados pela editora. Reimpressão 2020.

THE EVERYTHING DOG TRAINING AND TRICKS BOOKS
Copyright © 2009, 2003 by F+W Media, Inc. All rights reserved.

Published by arrangement with Adams Media, An F+W Media, Inc. Company, 57 Littlefield Street, Avon, MA 02322 U.S.A.

Nenhuma parte deste livro poderá ser reproduzida, armazenada em sistema de recuperação, ou transmitida por qualquer meio, seja na forma eletrônica, mecânica, fotocopiada, gravada ou qualquer outra, sem a autorização por escrito do autor.

Diagramação: Spazio Publicidade e Propaganda.
Tradução: Beth Honorato.
Fotos: © Donna Kelliher.

Dados Internacionais de Catalogação na Publicação (CIP)
(Câmara Brasileira do Livro, SP, Brasil)

Bielakiewicz, Gerilyn J.
  Tudo sobre truques e adestramento de cães / Gerilyn J. Bielakiewicz ; tradução Beth Honorato ; tradução Beth Honorato. -- São Paulo : DVS Editora, 2011.

  Título original: The everything dog training and tricks book.
  ISBN 978-85-88329-62-1

  1. Cães - Treinamento I. Título.

11-05081   CDD-636.70887

Índices para catálogo sistemático:

1. Cães : Adestramento : Ciências veterinárias 636.70887

Sumário

Os dez segredos de um cachorro feliz e saudável / x
Introdução / xi

1

Por que ensinar truques? / 1
O adestramento melhora seu relacionamento 2 • Ensinar truques melhora a qualidade do adestramento 3 • A importância da persistência 4 • Corrigindo problemas de comportamento 6 • Trabalho terapêutico 8

2

Como é o seu cachorro? / 9
Até que ponto você conhece seu cachorro? 10 • Nível de energia 10 • Personalidade 12 • Lembre-se sempre da segurança 13 • O que de fato estimula seu cachorro? 14

3

Dê uma atividade a seu cachorro / 21
Primeiro exercício, depois adestramento 22 • Pratique exercícios na companhia de seu cachorro 23 • Para cada aprendizado um fundamento 26

4

Adestramento com *clicker* / 29
Uma mudança radical no adestramento de cães: amabilidade 30 • Princípios básicos do adestramento com *Clicker* 31 • Modelagem 32 • Utilização de iscas no treinamento 37 • Estabelecendo um alvo ou *targeting* 38 • Marcando um comportamento 43 • Diminuindo gradativamente o *Clicker* e as recompensas 44

5

Princípios básicos do adestramento de cães / 47
Invista no futuro 48 • Ensinando os princípios básicos 51 • Passos para o sucesso 60 • Aprimorando a qualidade do truque 61

6 Truques básicos e cativantes / 65
Ensinando alguns truques básicos [66] • Cumprimentos educados com a pata [67] • Cães tranquilos [70] • Quem é que a-d-o-r-a plateia? [75] • Comporamento social e boas maneiras [81]

7 Truques de busca (retrieving) / 85
Modelando seu cachorro para apanhar objetos [86] • Elos e cadeias comportamentais [87] • Truques de busca *(retrieving)* [89] • Truques de busca e entrega [95] • Subindo de nível [100]

8 Truques exibicionistas / 103
Cães elegantes [104] • Cães humildes [108] • Truques com a família [110] • Truques superinteligentes [112] • Truques envolvendo vários cães [118]

9 Técnicas e ferramentas para solução de problemas / 127
Crie o melhor ambiente possível para ele [128] • Analise o problema [129] • Controle comportamental [131] • Comportamento substituto [132] • Ferramentas para solução de problemas [135]

10 Uma palavrinha sobre punições / 141
A punição só tende a piorar as coisas [142] • A punição é reativa [143] • O tempo é tudo [144] • Redirecione o comportamento [144] • Estabelecendo novos padrões [146] • Os efeitos negativos da punição: agressão [147]

11 Treinando um comportamento desejável / 151
Programe-se [152] • Soluções para problemas comportamentais específicos de uma raça [158] • A prática leva à perfeição [160] • Quem leva quem para passear [162] • Quando as coisas dão errado [164] • Ferramentas de condicionamento clássico [166]

12

Cães que não param de latir: problemas e soluções / 167

Por que alguns cachorros latem excessivamente? [168] • Controle cuidadoso e atento [169] • A motivação determina as soluções [174] • Cães que latem para as visitas [175] • Cães que latem para ganhar atenção [178]

13

Medos e fobias / 183

Comprometer-se a treiná-lo é fundamental [184] • Genética, maus-tratos ou falta de socialização? [186] • Expectativas infundadas [188] • Agora é hora de começar a treinar com vontade [189] • Veterinário behaviorista e soluções alternativas [194]

14

Ensinando o cachorro a fazer as necessidades no lugar certo / 197

Por que as coisas dão errado [198] • Usando uma gaiola para ensiná-lo a fazer suas necessidades [198] • Registrando o progresso de seu cachorro [200] • Usando a guia para levá-lo ao banheiro [203] • O confinamento funciona [205] • Procedimentos de limpeza apropriados em caso de acidentes [207]

15

Os cães que levam o dono para passear / 211

A única solução é treinar [212] • Passeando sem puxar a guia [214] • Aumentando a duração durante os passeios [216] • Escolha cuidadosamente as recompensas [220] • Equipamento de treinamento [221]

16

Cães que avançam e são agressivos na guia / 227

As guias podem gerar comportamentos agressivos [228] • Maus hábitos na guia colocam os cães em apuros [228] • A guia [231] • Ensine o seu cachorro a soltar [234] • A tranca está aberta [238]

17 Cães que costumam fugir / 241

Utilize a guia para controlar seu cão [242] • A importância da liderança [244] • Alicerçando o comando vem [246] • Mais vale prevenir do que remediar [249] • Restringindo a liberdade de forma segura [251]

18 Cães habituados a pular nas pessoas / 255

Por que os cachorros pulam nas pessoas? [256] • Dando boas-vindas [257] • Descubra o que mais desvia a atenção de seu cachorro [260] • Ensinando seu cão a permanecer no senta/fica [261] • Criando um cachorro maníaco por sentar [262]

19 Cães que cavam / 265

Por que os cães cavam? [266] • O segredo é a prevenção [269] • Área livre para cavar [270]

20 Habilidades sociais dos cães / 273

Socialização *versus* adestramento [274] • Socialize seu cachorro com outros cães [276] • Socialização com pessoas [278] • Que tal uma creche canina? [280] • Maus-tratos ou falta de socialização? [281]

21 Dinâmica familiar: problemas e soluções? / 285

Quando um bebê chega à família [286] • A chegada de um cachorro ou filhote a uma família ainda jovem [287] • Treinando seu cachorro para um convívio pacífico [290] • Princípios básicos de gerenciamento [291] • Supervisão [293]

Apêndice (recursos) / 295

Livros [296] • Vídeos [298] • Organizações [298] • *Sites* [299]

Índice / 301

Agradecimentos

Agradeço a meu marido, Paul; a meus filhos Mark, Eric e Julia; e a meus cinco golden: Reggae, Cameo, Tess, Rush e Bode. Vocês me inspiram em tudo o que faço na vida.

OS DEZ SEGREDOS DE UM CACHORRO FELIZ E SAUDÁVEL

1. Amor e companheirismo
2. Liderança na medida certa
3. Proteção e segurança
4. Alimentação correta (comida, água, recompensa e paparicos)
5. Cuidados veterinários
6. Exercício
7. Higiene e cuidados estéticos (*grooming*)
8. Brinquedos, jogos e brincadeiras
9. Camas confortáveis
10. Família

Introdução

▶ O ADESTRAMENTO é uma forma de estabelecer canais de comunicação entre o dono e o cachorro e também entre o cachorro e as demais pessoas com as quais ele convive. É uma linguagem comum que você pode usar para se comunicar com ele durante o tempo que ele viver. Independentemente de estar ensinando comandos básicos de obediência ou truques complicados, sua relação com seu cachorro sairá fortalecida e você estabelecerá uma sólida base de confiança. Ao desenvolver essa relação de confiança com seu cachorro, utilizando métodos de treinamento construtivos, será intensificado ao máximo esse laço especial, melhorando ainda mais a qualidade de vida que compartilha com ele.

O adestramento é uma forma de relacionamento e, como todos os demais relacionamentos, para ser mantido, precisa de muita constância e dedicação. Não há uma data específica para iniciar ou finalizar o adestramento porque os cachorros são capazes de aprender por toda a vida. No começo, o adestramento requer muito treinamento e provavelmente você precisará tomar aulas para aprender a treiná-lo em ambientes em que haja distrações. Com o tempo, é provável que não precise treiná-lo todos os dias, mas ainda assim ele continuará a aprender novas coisas diariamente. E, na verdade, ter um cachorro tem a ver justamente com a possibilidade de participar desse aprendizado.

Visto que alguns problemas de comportamento podem impedi-lo de estabelecer uma relação com seu cachorro e mantê-lo saudável, procurei abordar neste livro aqueles que considero mais difíceis. As soluções são simples e procuram principalmente reconstruir a relação de confiança e, ao mesmo tempo, melhorar os hábitos e o bem-estar de seu cachorro. Quase todos os problemas comportamentais estão relacionados a alguma necessidade não satisfeita anteriormente. À medida que prosseguir a leitura e obtiver informações a respeito das soluções que proponho para cada um dos problemas, você perceberá que existe um padrão: muitos cães não apresentariam problemas comportamentais se recebessem a dose certa de exercícios. Se seu cachorro estiver apresentando algum problema comportamental que esteja pondo em cheque seu equilíbrio mental, é recomendável intensificar seus exercícios diários e observar se isso pode ajudar a aliviar o problema. Ensinar truques e solucionar problemas de comportamento são apenas alguns dos assuntos abordados neste livro. Portanto, espero que você construa um ótimo relacionamento com seu cachorro e divirta-se com isso. Não há recompensa maior para esse esforço incondicional do que a lealdade e o amor de um cão companheiro e fiel. Nossos grandes companheiros – sejam eles da espécie canina ou humana – não nascem prontos. Eles são cultivados com o convívio, conhecendo um ao outro e aprendendo a desenvolver o melhor relacionamento possível. Desejo sinceramente que este livro mude favoravelmente sua maneira de ver o adestramento de cães e melhore sua relação com seu cachorro.

CAPÍTULO 1

Por que ensinar truques?

Para todas aquelas pessoas que consideram seu "peludinho" um ente da família, ensinar truques é fundamental. Adestrar em nada difere de outros relacionamentos que desenvolvemos na vida. Você precisa em parte estabelecer regras e limites (o que é e o que não é aceitável) para seu cachorro, em parte mostrar o que espera dele e em parte dividir seu tempo com ele.

O adestramento melhora seu relacionamento

Desde o primeiro instante em que você coloca seu filhotinho dentro de casa, ele já está aprendendo a conviver com sua família, uma espécie completamente diferente da dele. Se não for firme e coerente na maneira de educá-lo, ele não saberá ao certo o que é aceitável e manifestará comportamentos indesejáveis e travessos. Se reservar algum tempo para lhe mostrar quais são suas expectativas em relação a ele, com certeza colherá bons frutos. Terá um cachorro bem-comportado e, consequentemente, querido por todos os membros de sua família. Você obterá tudo aquilo que reforçar nele. Se der atenção ao que ele faz corretamente, terá um cachorro obediente e se sentirá recompensado por isso.

Embora ensinar truques seja divertido e possa até certo ponto parecer uma coisa fútil, beneficia consideravelmente tanto um dono decepcionado com seu cachorro quanto um cão hiperativo. À primeira vista, ensinar um cachorro a rolar ou a fingir de morto pode até parecer uma bobeira, pelo menos até o momento em que você se dá conta de que, para realizar esses truques, ele precisa compreender alguns comandos básicos, como senta e deita. Ao ensinar truques, você aproveita e aperfeiçoa o que ele já sabe fazer. Por exemplo, um cachorro sonso e ativo não colocará as patas em uma visita se já tiver aprendido, por exemplo, o "finge de morto" ou "morto", que é um comando sensacional que chama a atenção de todo o mundo. Outro benefício dos truques é que eles melhoram a relação — isto é, as "relações públicas dos cachorros" — com aquelas pessoas que não têm muita afeição por cachorros.

Mas a grande vantagem dos truques é que é possível ensiná-los a qualquer cachorro, independente de seu tamanho, raça e temperamento; a única limitação é a habilidade física do cachorro para executá-los. No caso de cachorros maiores, em especial daqueles que apenas a raça já põe medo nas pessoas, é fundamental que aprendam alguns truques divertidos e estapafúrdios para exibi-los no momento em que conhecerem novas pessoas. Elas reagirão de uma forma totalmente diferente ao ver um pastor alemão grandalhão e desajeitado tentando equilibrar um petisco no focinho, em comparação a um cãozinho que se senta educadamente. Além disso, existe um benefício complementar: quanto mais as visitas estiverem relaxadas, mais seu cachorro gostará da companhia delas.

CAPÍTULO 1: POR QUE ENSINAR TRUQUES?

Ensinar truques melhora a qualidade do adestramento

Os truques podem ajudá-lo a controlar cachorros que latem em demasia ou ficam agitados e trêmulos quando conhecem novas pessoas. Isso porque, ao ensiná-los, você está oferecendo a eles uma alternativa mais aceitável. Mais ainda, ao ensinar truques, você se aperfeiçoa enquanto adestrador, pois aprende a motivar seu cachorro e a decompor um grande problema em problemas menores. Como o adestramento é um processo duradouro, quanto mais você exercitar suas habilidades para se tornar um bom adestrador, mais competente você se tornará e mais rápido seu cachorro aprenderá.

Ser um adestrador novato é difícil uma vez que você tem de aprender e ao mesmo tempo tentar adestrar seu cachorro. Tenha paciência consigo mesmo. O adestramento é uma habilidade física que exige treinamento e constância. Você perceberá que as recompensas serão cem vezes maiores na primeira vez em que tudo isso passar a ser uma coisa só e seu cachorro fizer tudo como manda o figurino.

FATO

Os truques mantêm os cachorros mais velhos joviais, ágeis e dóceis e oferecem aos cachorros jovens e ativos uma forma de extravasar sua energia. Não há nada de verdade naquele antigo ditado que diz: "Não é possível ensinar novos truques a um cachorro velho". Seu velho companheiro com certeza é capaz de assimilar novos truques e armazená-los em seu repertório.

Você perceberá que, para ensinar truques, terá de dividir as etapas de uma sessão de adestramento em passos menores e mais fáceis de assimilar e aprenderá a identificar de imediato a quantidade de informações que seu cachorro precisa para executar bem um determinado truque e exatamente em que momento você deve começar a eliminar de forma gradativa ajudas complementares para que seu cachorro se comporte bem por si só. Essas habilidades são desenvolvidas com o tempo e com treinamento, mas há várias dicas que podem ajudá-lo a acelerar esse processo:
- Utilize um caderno para registrar todas as suas sessões de adestramento.

- Antes de começar, delineie os passos que seguirá para ensinar um determinado truque.
- Tome cuidado para que essa programação seja flexível.
- Prepare-se para detalhar mais as etapas do adestramento caso seu cachorro não consiga compreender o que você deseja.
- Tenha à mão os agrados e recompensas preferidos de seu cachorro para mantê-lo motivado.
- Estabeleça um tempo para suas sessões; procure não ultrapassar cinco minutos.
- Leia o Capítulo 4 para se familiarizar com o adestramento com *clicker*; a longo prazo, isso representará uma enorme economia de tempo.
- Procure seguir a programação que você delineou; não use o clique para vários comportamentos diferentes em uma mesma sessão.
- Se empacar em um determinado truque, faça uma sessão de *brainstorming* com um amigo para encontrar uma forma de ajudar seu cachorro a se sair bem.
- Quando seu cachorro começar a perceber o que você está tentando lhe ensinar, acrescente algo que o distraia.
- Não hesite em retroceder e recapitular etapas anteriores se o comportamento de seu cachorro regredir em um lugar que ele ainda não conheça.

Normalmente, o melhor indicador de que você está se aperfeiçoando enquanto adestrador é o comportamento de seu cachorro. Se suas sessões forem alegres e divertidas, se fizer de tudo para que ele tenha êxito e tomar cuidado para finalizar as sessões de forma positiva e construtiva, em pouco tempo seu cachorro vai achar que não há nada melhor no mundo do que interagir com você.

A importância da persistência

Se você deseja se tornar um bom treinador e quiser atingir as metas que estabeleceu para seu cachorro, é fundamental treiná-lo regularmente. Se estipular várias sessões de treinamento semanais, com certeza terá diversas oportunidades para experimentar algumas técnicas e seu cachorro terá bastante tempo para aprender a interagir com você.

Caso você se depare com algum problema, será mais fácil chegar aonde deseja se programar sessões específicas durante a semana e se der permissão de renunciar a tudo em prol de seu cachorro. Quando conseguir incluir adequadamente o treinamento em sua rotina semanal (ou diária, caso seu cachorro seja jovem e estiver aprendendo os princípios básicos para conviver comportadamente com as pessoas), perceberá que o processo como um todo é muito fácil. E verá também como é divertido ter um cachorro que interage com você porque gosta.

Tomando aulas

Algumas pessoas têm dificuldade de tirar um tempinho para elas mesmas adestrarem seus cachorros. Para se motivarem, elas precisam da regularidade das aulas em grupo. Muitas escolas de adestramento oferecem outras coisas além das aulas de obediência básica; algumas dispõem de aulas de *agility*, truques, *flyball* (bola voadora), rastreamento, caça, pastoreio ou outros tipos de esporte canino. Visto que é mais divertido aprender algo novo quando temos as ferramentas corretas e o apoio adequado, procure verificar se a filosofia da escola de adestramento combina com a sua e se você se sente à vontade lá.

Fortalecendo seu relacionamento com seu cachorro

Adestrar nada mais é do que ensinar seu cachorro a compartilhar com você uma linguagem comum. Ao ensinar a ele o significado dos comandos básicos de obediência, você adquire um vocabulário para se comunicar com ele diariamente. Do mesmo modo que em qualquer outro processo de comunicação, você e seu cachorro precisam se compreender mutuamente. Assim que encontrar uma forma que funcione bem para você, não mude. Do contrário, confundirá seu cachorro e ficará decepcionado.

Ao procurar uma escola de adestramento adequada, lembre-se de que, para adestrar um cachorro, não é necessário usar força. Se estiver enfrentando algum problema com o comportamento de seu cachorro, é sinal de que ele precisa de mais sessões de treinamento, e não de punições e reprimendas severas.

Em geral, as pessoas que se aprofundam no treinamento e vão além do básico começam a gostar de se comunicar com outras espécies. Se adotar uma abordagem de adestramento profissional, seus laços com seu cachorro ficarão mais fortes e você conseguirá estabelecer uma comunicação mais adequada com ele. Você ficará surpreso com o grau de inteligência dele e com os resultados que o adestramento é capaz de oferecer.

Se você conseguir desenvolver, por meio do adestramento, vínculos de fato sólidos com seu cachorro, eles serão transferidos para todas as atividades e todas as coisas legais que fizer com ele. Se ele gostar de nadar e você gostar de caminhar na praia, imagine como será mais agradável compartilhar seu tempo com ele se puder simplesmente chamá-lo e ir embora assim que o passeio terminar.

Corrigindo problemas de comportamento

Os truques podem ajudá-lo a se tornar mais criativo e a corrigir possíveis problemas comportamentais em seu cachorro. Se dedicar um tempinho para avaliar por que seu cachorro está se comportando de uma determinada forma, você conseguirá encontrar uma solução adequada e específica para a situação. Os cães que latem excessivamente em geral ficam mais calmos quando permitimos, por exemplo, que eles levem um brinquedo a uma visita. Os cachorros que costumam pular nas pessoas podem aprender a reverenciar ou a se sentar e acenar com a pata para ganhar carinho dos hóspedes ou então a executar seu melhor número, como rolar ou fingir de morto, se você precisar acalmar uma pessoa que não goste muito de cachorros e tenha medo dos grandões.

Seja qual for o problema, utilize truques para substituir comportamentos inapropriados e redirecionar a energia e o entusiasmo do cachorro. O segredo nesse caso é treinar o truque em todos os tipos de ambiente e com todos os tipos de distração, até que seu cachorro responda imediata e perfeitamente a um sinal (gesto) ou comando. Quanto mais à prova de distrações, mais úteis seus truques serão quando você pedir para seu cachorro executá-los.

Você perceberá que os cachorros muito ativos conseguem aprender truques com muita facilidade. Eles têm vários comportamentos naturais que podem ser facilmente aproveitados e transformados em truques. Por exemplo, os pequenos adoram sentar com as patas dianteiras para cima ou dar pulinhos no mesmo lugar para ver o que há sobre a mesa, enquanto os grandes gostam de girar em círculos e sentar sobre as patas traseiras para olhar através da janela ou chamar sua atenção.

Se você ensinar truques em sessões de um a três minutos várias vezes ao dia, isso ajudará a diminuir o tédio de seu cachorro e o deixará mais contente e satisfeito. Se lhe der algo para se distrair, com certeza ele não danificará seus móveis, mas isso não quer dizer que você não deva usar o bom senso com relação ao uso de portões, caixotes e cercados para evitar que ele se meta em enrascadas quando você não estiver por perto.

Autocontrole

Adestrar cachorros ativos é divertido porque eles não se cansam tão facilmente quanto os demais e sempre estão dispostos a experimentar algo novo. Eles concordam em fazer quase qualquer truque absurdo que você imaginar; adoram chamar a atenção sempre que percebem uma oportunidade. Por exemplo, frequentar parques para executar truques e brincar com ele é uma excelente forma de fazê-lo se exercitar e também de lhe ensinar boas maneiras e autocontrole.

Em algum momento, normalmente as pessoas cujo cachorro é ativo acabam reclamando da falta de autocontrole de seu cachorro. Esse problema não se resolve por si só; sem adestramento, seu cachorro simplesmente não vai acordar em um belo dia e começar a se comportar melhor. Se você não reservar tempo para treiná-lo a ter boas maneiras, conviverá com um cachorro elétrico que nunca aprende a desfrutar da companhia de outras pessoas.

Saber os limites

Para que o cachorro execute um truque, ele necessita de algum parâmetro porque precisa prestar atenção a seus sinais e comandos e saber se está ou não se comportando satisfatoriamente. Os cachorros que nunca conseguem se aquietar precisam de adestradores experientes que possam interagir com eles assiduamente e dividir os exercícios em séries menores. Se você exigir muito desse tipo de cachorro e tentar obter resultados muito rapidamente, tanto você quanto ele ficarão frustrados. O adestramento tem de ser divertido, independentemente do que você estiver ensinando ao cachorro. Assim, ele será um companheiro agradável e um membro altamente estimado pela família.

Trabalho terapêutico

Se você precisa de algum bom motivo para ensinar vários truques básicos a seu cachorro, pense na possibilidade de visitar clínicas de repouso e hospitais e nos benefícios que isso pode oferecer. Compartilhe as habilidades de seu cachorro com aqueles pacientes que talvez tenham tido um cachorro em algum momento da vida e não convivam mais com nenhum no dia a dia. Essas pessoas podem de fato gostar da companhia afetuosa e amigável de um cachorro bem-comportado.

Se você e seu cachorro estiverem visitando um paciente ou um grupo de pacientes em um hospital, use algum truque para quebrar o gelo e fazer com que as pessoas se animem a interagir com ele. Os truques são uma ótima oportunidade para começar a conversar com os pacientes. E não raro você verá todos visivelmente relaxados e sorrindo ao ver seu cachorro fazendo uma brincadeira qualquer. Os cachorros não precisam fazer muito para alegrar as pessoas.

Os cães grandalhões e pretos em geral assustam crianças ou pessoas que não gostam de cachorros. Ao apresentar seu cachorro a alguém, nada melhor do que pedir para que ele execute algum truque para fazer essa pessoa sorrir e relaxar. Morto e rolar são bons truques para relaxar uma visita que não tenha cachorro.

Qualquer pessoa pode ensinar truques a um cachorro. E conseguir mostrar às pessoas o quanto isso é divertido com certeza é uma boa maneira de demonstrar a elas como é importante interagir com o cachorro. Seja qual for o motivo que o leve a ensinar algum truque ao seu cachorro, o que importa na verdade é que você se divirta com ele.

CAPÍTULO 2

Como é o seu cachorro?

Se parar por um momento para tentar ter uma ideia da "personalidade" de seu cachorro, conseguirá criar um programa de adestramento eficaz e por meio dele poderá ensiná-lo a se adaptar à sua família. Se você compreender de que forma seu cachorro reage a distrações e se ele gosta de brinquedos e passatempos, terá oportunidade de elaborar um programa de adestramento fácil de pôr em prática.

Até que ponto você conhece seu cachorro?

Dividir as sessões de adestramento em séries menores, descobrir o que motiva seu cachorro e identificar exatamente o que o distrai mais, ira ajudá-lo a descobrir por onde deve iniciar. Responda as seguintes perguntas antes de começar a pôr seu programa de adestramento em prática:

- Seu cachorro é ativo ou descontraído? Comporta-se como um labrador tresloucado ou é preguiçoso?
- Seu cachorro faz alguma coisa que você sempre quis que ele fizesse apenas com um sinal, porém não sabe como criar esse comando?
- O intervalo de atenção de seu cachorro é curto ou longo? Como ele reage a distrações em meio ao que está fazendo?
- De que agrado (petiscos e guloseimas) ou brinquedo ele mais gosta?
- Seu cachorro desiste facilmente ou persiste até o fim?

Para ensinar truques a seu cachorro de uma maneira agradável, é essencial conhecer sua personalidade e a maneira como ele aprende. No caso de cachorros ativos, é mais estimulante e revigorante, tanto para o cachorro quanto para quem está assistindo, ensinar truques mais ágeis e que chamem mais a atenção. Para conhecer seu cachorro, você precisa saber quais são suas motivações. Se você descobrir o tipo adequado de mimo, brinquedo ou atividade para ele, isso pode ajudá-lo a associar o adestramento a uma atividade de diversão e melhorar sua probabilidade de sucesso.

Nível de energia

Alguns cachorros são preguiçosos; outros não desgrudam de nós o dia todo. Você deve considerar diferenças de raça, temperamento e personalidade antes de elaborar um programa de adestramento. Se conviver com seu cachorro, conhecerá como ninguém todos os detalhes de sua personalidade e exatamente o que produzirá bons resultados para ele. Se ficar atento ao nível de atividade dele, obterá dados sobre sua personalidade e conseguirá escolher um truque apropriado e, portanto, fácil e divertido de ensinar.

Cachorros muito ativos

Os cachorros ativos adoram truques ágeis, pois essas habilidades exploram ao máximo alguns de seus comportamentos naturais, tais como girar, pular, latir e dar a pata. No caso dos cães que têm energia em excesso, você deve aproveitar essas habilidades para lhes ensinar truques apropriados.

Se você ainda for iniciante e estiver encontrando dificuldades para acompanhar o ritmo de seu cachorro, não hesite em contratar um adestrador profissional para aconselhá-lo. Quanto mais habilidades você ganhar para treinar seu cachorro, maior será sua capacidade de ajudá-lo a compreender o que está tentando lhe ensinar.

Contudo, não é preciso muito para superestimular os cachorros muito ativos. Por isso, eles apresentam resultados mais adequados em sessões de adestramento breves e sucintas e que tenham objetivos claros. Se não os estimular a trabalhar durante longos períodos, eles ficarão apaixonados apenas pelos truques.

Cachorros menos ativos

Em relação aos cachorros menos ativos, eles costumam demorar mais para ganhar agilidade, pelo menos até perceberem o que você deseja que eles façam. Eles são ponderados e querem saber aonde você quer chegar com tudo isso. Vá devagar com ele. Experimente sessões breves, porque esse tipo de cachorro normalmente se entedia com mais facilidade e detesta ficar repetindo alguma coisa várias vezes seguidas. Para estimular os menos ativos e melhorar a qualidade do treinamento, em geral é uma boa ideia treiná-los antes de uma refeição, usando algum petisco especial como recompensa.

É mais fácil trabalhar com cachorros mais ou menos ativos porque, nesse caso, você pode cometer vários erros e ser menos organizado. Eles não se importam de repetir alguma coisa inúmeras vezes e são pacientes quando cometemos erros ou não temos muita noção do que estamos tentando ensinar a eles. Os cachorros moderadamente ativos são descontraídos e divertidos, mas ficam acesos quando precisam e geralmente o acompanham em qualquer atividade.

Personalidade

Faça algumas perguntas a você mesmo a respeito dos traços de personalidade de seu cachorro para ver por onde deve iniciar seu programa de adestramento. Você pode economizar um bocado de tempo se começar a treiná-lo em um ambiente em que ele se sinta à vontade. Os cachorros sociáveis adoram truques que são propícios para lugares em que haja muita gente, mas os tímidos em geral preferem locais um pouco mais afastados. Para que seu cachorro se saia bem, treine-o onde ele se sentir mais relaxado e menos distraído ou inquieto.

Temperamento social

Para obter bons resultados com um cachorro que se distrai facilmente por se sentir afável e à vontade em meio a outras pessoas, é ideal proceder da seguinte maneira em suas sessões de adestramento: treine-o primeiro em algum local calmo e logo em seguida leve-o a lugares movimentados, com distrações às quais ele ache difícil resistir. Treiná-lo desde o início a executar truques em lugares onde haja muitas distrações é uma forma de evitar que seu comportamento regrida em lugares públicos.

Entretanto, como os cachorros tímidos costumam se sentir inseguros em lugares públicos, podem se negar a executar algum truque em público e só responder quando se sentirem seguros. Se essa for a personalidade de seu cachorro, procure um ambiente o mais confortável possível e, aos poucos, envolva distrações utilizando pessoas familiares. O objetivo final é visitar lugares novos, em que haja pessoas estranhas, para que ele se sinta à vontade em qualquer lugar.

PERGUNTA?

Como você deve interagir com seu cachorro em lugares em que há distrações? Se você não conseguir atrair a atenção de seu cachorro em dez a quinze segundos, comece a aumentar a distância entre a distração e ele. Ao aumentar essa distância, ele se concentrará e realizará o exercício mais facilmente. À medida que ele ganhar confiança e aprender a prestar atenção, você poderá diminuir lentamente essa distância, sem que o comportamento dele regrida.

Talentos e interesses especiais

Os cachorros sempre têm algum talento natural para determinados truques, dependendo da raça. Por exemplo, os labradores e *golden retrievers* normalmente se sobressaem nos truques em que tenham de apanhar algo com a boca – por exemplo, quando você pede para que guarde um brinquedo ou lhe traga uma garrafa d'água. As raças de pastoreio talvez prefiram aprender truques que explorem sua habilidade de direcionamento, como girar para a esquerda ou para a direita. Os cães pequenos que costumam ficar "em pé" (apoiados nas patas traseiras) podem ser excelentes candidatos para aprender a dançar. Um grandalhão talvez prefira o comando "morto", especialmente se tiver uma índole pouco ativa.

O mais importante a ser lembrado aqui é que qualquer cachorro é capaz de dominar truques compatíveis com sua habilidade física. Os cães são surpreendentes e estão sempre dispostos a ficar ao nosso lado e a nos agradar que conseguem suportar várias coisas, mas desde que estejam recebendo alguma atenção. Com a dose certa de paciência e treinamento e as ferramentas de adestramento corretas, você conseguirá adestrar seu cachorro a fazer quase tudo!

Lembre-se sempre da segurança

Ao longo do adestramento, lembre-se sempre da segurança de seu cachorro e preste atenção aos seus limites físicos. Se seu cachorro tiver corpo alongado, como os cães da raça *basset hound*, talvez não seja uma boa ideia ensiná-lo a se sentar com as patas dianteiras levantadas, porque desse modo o peso do tronco força demasiadamente suas patas traseiras, que são muito curtas. No caso de raças maiores, como o dinamarquês e o São Bernardo, não é aconselhável ensinar nenhum truque que exija que eles pulem, porque o impacto no momento em que pousam as patas no chão não é adequado para as articulações.

FATO

Se seu cachorro se recusar a ficar em determinada posição, não hesite em verificar se há algum ferimento ou lesão. Os cães são impassíveis diante da dor e raramente demonstram indisposição, exceto quando o ferimento é evidente. O ato de esconder a dor é instintivo, um comportamento herdado de seus primos lobos, que tinham de viver de acordo com a regra de sobrevivência do mais adaptado.

Fique atento ao peso de seu cachorro, visto que o seu excesso pode provocar lesões. Se você respeitar os limites físicos dele, ficará surpreso com a disposição que ele demonstrará para tentar fazer o que você pedir. Os cães não conseguem lhe mostrar imediatamente um desconforto. Por isso, faça o que puder para ler o que o corpo dele fala e vá devagar. Sempre que possível, use superfícies macias, como tapetes, grama ou areia, especialmente nos truques em que ele tenha de pular, girar ou rolar. Se ficar atento ao lugar em que aplica os exercícios, diminuirá a probabilidade de lesões e seu cachorro se sentirá mais confortável.

O que de fato estimula seu cachorro?

Para ter êxito no adestramento, é fundamental identificar as recompensas mais apreciadas por seu cachorro. Normalmente as pessoas se surpreendem quando constatam que usar biscoito canino e ração seca não é suficiente. Tente ser criativo com respeito ao que você oferece como recompensa. Se for comida, dê pedaços pequenos. Mesmo no caso do cão dinamarquês, a recompensa não deve ser superior a 70 milímetros. Se você utilizar recompensas bem pequenas, conseguirá treiná-lo por um período mais longo, porque ele não ficará saciado muito depressa. Além disso, você evita que ele coma demais. Experimente também diminuir um pouco a quantidade diária de ração quando a sessão de adestramento durar mais do que o normal.

Oferecer recompensa é uma atitude de respeito à amabilidade do cachorro e eficaz em termos de tempo e recurso.

A recompensa é o salário que seu cachorro recebe por interagir com você. Tem de ser algo que ele esteja disposto a tentar conseguir, e não simplesmente algo que você queira lhe oferecer. Algumas pessoas têm receio de usar comida no adestramento porque acreditam que isso possa diminuir o laço afetivo entre elas e o cachorro. Acham que o cão tem obrigação de responder ao que elas pedem por respeito ou amor. Isso é absurdo. No adestramento, a comida é uma maneira de conseguir chegar aonde você pretende. Oferecer algo que ele deseja nas sessões de treinamento, além de uma atitude de respeito à amabilidade do cachorro, é eficaz tanto em termos de tempo quanto de recurso.

Os cachorros não agem por amor. Seu bom ou mau comportamento não tem nada a ver com a afeição que tem por nós. Mesmo aqueles que destroem sofás e avançam nos carteiros têm verdadeiro amor pelos donos. Porém, se você deseja que ele respeite o carteiro e não avance nele, um tapinha de leve na cabeça não será um incentivo suficiente para que ele faça o que você deseja. Provavelmente você terá de usar uma recompensa que ele considere um pouco mais atraente.

Comida – é isso o que motiva os cachorros e os estimula a trabalhar, da mesma forma que as pessoas trabalham por dinheiro. Todos nós precisamos de dinheiro para pagar nossas contas e viver a vida. Os cachorros precisam de comida para viver e desfrutar a vida deles. Muitos esvaziam uma tigela de ração uma ou duas vezes por dia sem pagar nada. Por que não usar essa comida para treiná-lo a se comportar de uma maneira aceitável? Assim que ele se envolver com o treinamento e você estabelecer um sólido vínculo com ele, poderá usar outras recompensas para reforçar um comportamento que considere bom ou apropriado. Veja algumas sugestões de recompensa que eles vão adorar:

- Frango cozido.
- Hambúrguer cozido.
- Pipoca.
- Torteline cozido ou outros tipos de massa.
- Pão (pedaços de *bagel* funcionam que é uma maravilha).
- Cenouras.
- Bananas.
- Frutas secas (mas não uva-passa, porque podem ser tóxicas para os cachorros).
- Sucrilhos ou outro tipo de cereal.
- Bifinhos desidratados (de vários sabores, encontrado em *pet shops*).
- Salsicha para cachorro-quente cozida.

PERGUNTA?

Como o reforço aleatório funciona?
Assim que seu cachorro passar a dominar novos truques e comportamentos, comece a lhe dar recompensas esporadicamente depois que ele atender a um comando. Na verdade, ele não saberá ao certo se está ou não recebendo uma recompensa, mas com certeza não correrá o risco de perdê-la.

Para evitar diarreia, não dê nada em excesso. Assim que ele começar a gostar das sessões de treinamento, misture os petiscos menos apetitosos (por exemplo, ração) com as guloseimas que ele mais gosta para que jamais saiba o que está ganhando. O reforço aleatório fará com ele se interesse mais pelo treinamento e melhorará os resultados a cada nova sessão.

Outras recompensas

Na maioria das vezes usamos comida como recompensa nas sessões de treinamento porque é fácil e rápido. Especialmente nas aulas para iniciantes, os alunos usam petiscos e guloseimas porque têm de obter vários resultados em uma única aula de uma hora por semana. Se seu cachorro adorar bolas de tênis ou gostar muito de brincar de pegar discos (*frisbees*), use essas recompensas emparelhadas (isto é, correlacionadas) com o clique. (Consulte o Capítulo 4.)

Os brinquedos e passatempos pertencem a outra categoria de recompensa. Se perceber que seu cachorro gosta de passatempos e brinquedos, suas sessões de adestramento poderão ficar ainda mais estimulantes se associá-las a recompensas comestíveis. Algumas sessões podem ter apenas recompensas comestíveis ou apenas brinquedos e passatempos, ou você pode misturá-los e ver o que desencadeia a melhor resposta. Quando usar brinquedos como recompensa, o segredo é tornar a brincadeira breve e divertida. Ela deve durar de cinco a dez segundos. Depois, esconda o brinquedo e volte a treiná-lo. Assim, a recompensa não desvia a atenção de seu cachorro da aula de treinamento. Veja algumas ideias de recompensas não comestíveis:

- Uma breve sessão de pega e traz *(fetch)*.
- Uma breve sessão de cabo de guerra.
- Uma breve sessão de pega no ar (para que ele agarre um objeto com a boca antes de cair no chão).
- Esconder um brinquedo e acompanhá-lo para tentar achar.
- Um arremesso de disco.
- Caçar uma sequência de bolinhas de sabão.
- Um monte de elogios em tom alegre e "voz de bebê" (*baby talk*).
- Mimos intensos e gracejos.
- *Flashlight tag* (para que ele tente perseguir o feixe de luz de uma lanterna)
- Um brinquedo de pelúcia para cães.
- Um brinquedo de pelúcia que faça barulho.
- Um brinquedo barulhento ou com um barulho enjoativo.

Como os cães são afetuosos, qualquer tempinho que você pare para elogiá-los e enchê-los de atenção e paparicos é um tempo bem gasto. É bem provável que, tanto quanto eles, você lucre com esse afeto e com os exercícios!

Ajudando seu cachorro a gostar de outras recompensas

Alguns cachorros amam brinquedos e trabalharão com vontade só para que você arremesse a bolinha, pelo menos por algum momento. Os cães que não são tão apaixonados por brinquedos podem aprender a gostar se você se dedicar a isso. Vale a pena se esforçar para fazê-lo se interessar por diferentes recompensas, porque quanto mais ele se sentir recompensado mais fácil será seu trabalho e mais eficazes serão suas sessões de treinamento. Veja como você deve começar:

1. Prenda-o a uma guia e provoque-o com um brinquedo.
2. Jogue o brinquedo a uma distância que ele não alcance e ignore o esforço dele para tentar pegar o brinquedo. Mas não o deixe pegá-lo.
3. Se necessário, use uma pessoa para ajudá-lo a tornar o brinquedo ainda mais estimulante.
4. Espere pacientemente até que ele desvie o olhar do brinquedo e olhe para você.

5. Reforce esse momento com um clique e, como recompensa, deixe-o brincar com o brinquedo (consulte o Capítulo 4).
6. Se ele não abandonar o brinquedo em trinta segundos, mova-se para trás vagarosamente para aumentar a distância entre ele e o brinquedo. Quando ele olhar para você, clique e deixe-o pegar o brinquedo.
7. Repita essa atividade com diferentes brinquedos e de vez em quando permita que ele brinque com a pessoa que o estiver auxiliando.
8. A parte da recompensa deve ser breve. Em torno de dez segundos.

Esse exercício deve ajudá-lo a instigar seu cachorro, se ele não se interessar muito por brinquedos. Normalmente é ótimo iniciar uma sessão de treinamento utilizando esse recurso para animá-lo, porque isso ajuda seu cachorro a perceber que aquele momento é para trabalhar.

Usar recompensas estimulantes é fundamental para a eficácia do programa. Se seu cachorro não estiver se virando do avesso para obter a recompensa, tente encontrar algo mais atraente para ele. Não se preocupe se não conseguir fazê-lo gostar de brinquedos. Não há nada de mal em usar comida nas sessões de treinamento. Lembre-se de que seu cachorro normalmente come todos os dias de graça. Portanto, é bom fazê-lo trabalhar um pouco em troca de comida.

Recompensa ou suborno?

Usar comida para ensinar seu cachorro a executar truques é simples, divertido e eficaz. Entretanto, muitas pessoas reclamam, dizendo que o cachorro não obedece e não se comporta da maneira deseja se não usarem comida. Isso significa apenas que você ainda não chegou ao ponto ideal. Se usar corretamente um alimento como recompensa, não precisará usar comida para que o cachorro execute um determinado truque. Você só deve dar a recompensa depois que conseguir fazê-lo executar o truque. Essa é a diferença entre recompensa e suborno.

O suborno leva o cachorro a manifestar um determinado comportamento porque funciona como sedução. Por exemplo, seu cachorro está no quintal e não quer entrar em casa. Você vai lá e pega uma caixa de biscoitos e o suborna. Isso não é de todo ruim, mas não é de forma alguma treinamento. O suborno tem lá seus benefícios quando você está com pressa e não tem nenhuma outra opção.

CAPÍTULO 2: COMO É O SEU CACHORRO?

FATO

Fique atento à diferença entre suborno e recompensa; isso pode fazer a diferença entre um cachorro fácil de controlar, mas cujo comportamento depende da atenção que você lhe dedica e do apetite dele num dado momento, e um cão bem treinado que responde a seus sinais e comandos imediata e confiavelmente porque sabe que as consequências serão boas.

A recompensa, por sua vez, só deve ser dada depois que o cachorro manifestar o comportamento desejado. Ela reforça a probabilidade de o comportamento ocorrer novamente. Por exemplo, você está em um parque com seu cachorro e o chama para vir até você, oferecendo-lhe em seguida um petisco e liberando-o para voltar a brincar. É mais provável que a recompensa faça seu cachorro atender a seu comando para ir até você na próxima vez em que o chamar do que se colocar a coleira nele e mandá-lo entrar no carro. Dois tipos de recompensa atuam nesse caso: a recompensa comestível, que reforçou o comportamento dele de voltar para o dono, e a consequência por ele ter voltado, que foi poder voltar a brincar.

Se você conhecer bem seu cachorro – seu nível de energia, personalidade, talentos especiais, limitações e motivações –, poderá escolher truques que farão com que você e ele sejam o centro das atenções. Durante alguns dias, passe algum tempo com ele e tome nota de todos esses fatores. Você ficará surpreso ao constatar que muitas coisas que você supunha que ele gostasse ele na verdade não gosta. Se ajustar as sessões de treinamento e seu estilo de ensiná-lo, isso influirá de forma significativa no sucesso de seu programa.

CAPÍTULO 3

Dê uma atividade ao seu cachorro

A maioria dos animais tem necessidades básicas, como comida, água e abrigo. Oferecemos tudo isso aos nossos cães sem pensar duas vezes. Entretanto, não raro ignoramos a importância dos estímulos físicos e mentais. Precisamos prestar mais atenção a essas áreas, porque isso pode determinar se teremos um cachorro realmente legal ou um cachorro problemático.

Primeiro exercício, depois adestramento

Os exercícios são fundamentais em qualquer programa de adestramento. Se você não administrar uma quantidade mínima de exercícios, seu cachorro não aprenderá. Se ele não se exercitar o suficiente, vai se comportar como uma criança que ficou sem recreio. Que adulto gostaria de ensinar matemática a uma classe apinhada de crianças de seis anos de idade que estão esperando a campainha tocar para sair para brincar? Sem exercícios, será difícil ensinar algo a seu cachorro, simplesmente porque ele não conseguirá ficar quieto o tempo suficiente para prestar atenção.

Cada um tem uma necessidade específica de exercício, porém todos os cachorros precisam correr, brincar e interagir com o dono ou outra pessoa pelo menos trinta minutos por dia. A quantidade e o tipo de exercício dependem do nível de energia do cachorro. Um *border collie* ou um jovem e irrequieto labrador precisam de uma a duas horas de corrida intensa e de brincadeiras dinâmicas, enquanto um pequinês preguiçoso necessita apenas de meia hora de folia. Todavia, cada cão tem sua personalidade, independentemente da raça e da imagem que temos dele. Basicamente, a quantidade de exercícios ideal para o seu cachorro é na verdade a quantidade capaz de deixá-lo cansado e, portanto, calmo e relaxado para conviver com os demais membros de sua família. Com as dicas a seguir você poderá perceber se seu cachorro está ou não se exercitando como deveria:

- Perambula pela casa de cômodo em cômodo.
- Raramente se deita, mesmo quando todos estão à vontade.
- Costuma choramingar demais sem motivo aparente.
- Costuma latir demais, algumas vezes por nada.
- Cava, destrói e mastiga tudo o que estiver à vista.
- Não para de pular quando há pessoas por perto.
- Foge toda vez que surge uma chance.
- Corre junto ao muro, usando qualquer desculpa para latir para quem passa.

Se seu cachorro apresenta algum ou todos esses sintomas, provavelmente é porque precisa de mais estímulos físicos e mentais. A maioria das pessoas não percebe que não adianta deixar o cachorro no quintal durante horas a fio. Na verdade, essa não é uma boa maneira de fazê-lo gastar energia. Dessa forma, ele não praticará a quantidade de exercícios suficiente para ficar tranquilo e conviver bem com sua família. Geralmente, os cachorros, quando deixados sozinhos, não fazem outra coisa senão latir, cavar e ficar prostrado.

Se quiser utilizar o quintal para fazê-lo se exercitar, terá de acompanhá-lo e brincar com ele, para que assim ele possa queimar – ainda que apenas uma parte – da energia acumulada. Outra boa opção pode ser convidar algum cão na vizinhança para brincar com seu cachorro, desde que eles consigam se dar bem um com o outro. Em geral, correr, apanhar objetos e lutar é o bastante para deixá-los cansados e bem-comportados.

FATO — É fácil identificar os cachorros muito ativos que não praticam a quantidade necessária de exercícios. Por terem excesso de energia, latem, pulam e manifestam outros comportamentos indesejáveis a todo instante. Se seu cachorro estiver apresentando problemas de comportamento, é uma boa medida aumentar a quantidade de exercícios, porque isso pode reduzir o período de adestramento à metade.

Pratique exercícios na companhia de seu cachorro

Se você for uma pessoa ativa e se seu cachorro também for ativo e saudável, há muitas maneiras de incentivá-lo a gastar energia. Caminhada, ciclismo e patinação são opções de exercício ideais para praticar com cachorros com excesso de energia. Contudo, tome cuidado apenas de começar devagar e aumentar a distância aos poucos. Além disso, examine sempre as patas do cachorro, para ver se há cortes e arranhões. Procure fazê-lo correr em superfícies diferentes, porque o calçamento é fatigante para as juntas e os ossos de seu cão.

Entretanto, para praticar essas atividades, eles devem ter pelo menos um ano de idade e terem sido recentemente examinados por um veterinário para detectar possíveis problemas de saúde. Exercícios muito intensos podem agravar determinadas doenças ósseas e articulares nos cachorros, tal como ocorre com os seres humanos. Se estiver em boa forma, o cachorro ficará mais feliz. Você perceberá também que ele ficará mais concentrado nas atividades que você e ele desfrutarem juntos e que estará mais disposto a praticá-las por mais tempo, sem se machucar.

Atividades e esportes caninos

O que leva muitas pessoas a adotar um cachorro é principalmente o desejo de desfrutar de sua companhia e permitir que outras pessoas compartilhem desse convívio. Dependendo da personalidade e do nível de energia de seu cachorro, pense na possibilidade de acompanhá-lo em algum esporte ou atividade. Existem inúmeros esportes e atividades específicos para cães. Por exemplo, você pode matriculá-lo em aulas de *agility*, que é uma excelente maneira de você e ele fazerem algo novo e, ao mesmo tempo, manterem a boa forma. *Agility* é um desporto canino em que o dono dirige seu cachorro por uma série de obstáculos. Em geral, os cães saltam obstáculos, sobem rampas e passam por dentro de túneis. O percurso é cronometrado e seu sucesso depende de sua habilidade de guiar seu cachorro por um labirinto de obstáculos até o final.

Um *golden retriever* participando de uma prova de *agility*.

Se quiser participar ativamente do programa de exercícios de seu cachorro, perceberá que muitos esportes caninos exigem que você esteja em tão boa forma quanto seu animal. Do *flyball*[1] ao rastreamento de busca e resgate, as possibilidades são infinitas. Se você for mais pacato, pense em um programa de terapia assistida por cães. Assim, poderá visitar um hospital ou clínica de repouso uma vez por semana ou mensalmente. Essa é uma excelente maneira de encontrar outros donos e manter as habilidades de obediência de seu cachorro afiadas, porque desse modo você vai usá-las constantemente.

---

[1] Corrida de obstáculos em que dois times, que podem ter quatro ou mais cães cada um, competem em percursos montados lado a lado, com as mesmas dificuldades. Para concluir o percurso, cada cão deve trazer a bola para seu condutor. (N. da T.)

Se tiver bastante tempo livre e condições financeiras, é uma boa ideia participar de uma equipe de busca e resgate, uma prática que tem atraído cada vez mais adeptos, na qual os cães são utilizados para procurar pessoas desaparecidas em um determinado local e também em todo o território nacional. Seja qual for o seu interesse, pode ter certeza de que existe um esporte canino em algum lugar, do qual ambos, você e o seu cãozinho, vão adorar.

Jogos caninos

Os jogos são uma ótima maneira de estimular seu cachorro a aprender coisas novas e, ao mesmo tempo, de fortalecer e estreitar seu vínculo com ele. Independentemente do jogo, o verdadeiro objetivo é que vocês dois de fato se divirtam. Adote regras simples e fáceis de seguir e jogue sempre. Inclua o máximo de pessoas da família que puder e veja como é divertido aprender em conjunto novas formas de interagir. Pense na possibilidade de praticar alguma das atividades a seguir:

- **Brincar de achar a bolinha.** Essa é uma ótima maneira de fazer um incansável *retriever* ficar exausto. Use uma raquete de tênis para lançar a bola o mais longe possível e fazê-lo correr o máximo que puder, utilizando o comando "ache a bolinha".
- **Levá-lo para nadar.** Essa é outra excelente forma de exercitar cães muito ativos. Para que o treinamento seja realmente fatigante, associe a essa atividade algum exercício em que o cachorro tenha de buscar algum objeto.
- **Esconder os brinquedos dele.** Ele aprenderá a usar o focinho para rastrear objetos e trazê-los até você.
- **Ensinar um novo truque.** Pratique até atingir a perfeição e, então, exiba a seus amigos e familiares.
- **Utilize técnicas de condicionamento.** Use um *dispenser* de petiscos e ensine seu cachorro a interagir com esse brinquedo para conseguir a recompensa.

Independentemente do que você escolher, faça o possível para que seja o máximo! Procure tornar a atividade divertida, mantendo um ritmo rápido e estimulante. Você verá que seu cachorro ficará animado só de você mencionar a palavra brincar.

> **PRINCÍPIO BÁSICO**
>
> Como no mundo moderno está cada vez mais comum ter um amigo cão, já existem serviços como creche, grupos de recreação e parques para ajudar os cachorros mais agitados a se exercitar. Se você aumentar as sessões de exercício para tentar alcançar uma boa condição física e ainda assim não conseguir reduzir o nível de energia de seu cachorro, pense na possibilidade de deixá-lo em uma creche um ou dois dias por semana.

Para cada aprendizado um fundamento

Estímulo mental é a segunda necessidade dos cães problemáticos mais ignorada pelos donos. Se lhes ensinar coisas novas e a solucionar problemas, a vida deles ficará mais interessante. Os cães ativos precisam de atividade e isso os mantém longe de problemas! Todos os cães, independentemente da raça e do nível de energia, são inteligentes e interativos e adoram novas experiências.

Os cachorros que ficam presos no quintal ou no jardim, constantemente abandonados e sem carinho, a princípio podem parecer amáveis e acolhedores, mas em algum momento se tornam agressivos e desconfiados diante de estranhos. Como não têm nada para fazer e nada para ocupar a mente, ficam totalmente entediados. Os cães mantidos dessa forma, mesmo no início da vida adulta (com dois ou três anos de idade), são difíceis de adestrar. Não é que eles sejam burros e teimosos. São apenas apáticos e simplesmente não sabem como aprender.

Se o cachorro não for estimulado e treinado logo no início, ficará mais difícil adestrá-lo mais tarde, pois ele não tem estrutura e praticamente não sabe o que fazer com a atenção. É possível ensinar esses cães, mas é preciso paciência, recapitulação e treino. Os métodos e ferramentas de adestramento descritos nos capítulos a seguir vão ajudá-lo a ensinar a seu cachorro tudo aquilo que você acredita que valha a pena ensinar.

Ensine seu cachorro a pensar

Com os métodos de adestramento descritos neste livro, você pode ensinar seu cachorro a pensar e a resolver problemas, o que é fundamental para qualquer cachorro. Essas técnicas são comumente chamadas de adestramento com *clicker* ou *clicker training* e estão fundamentadas em teorias científicas comprovadas. Por meio de regras e instruções (consulte o Capítulo 4), você aprenderá a usar esse método para ensinar a seu cachorro tudo o que

CAPÍTULO 3: DÊ UMA ATIVIDADE AO SEU CACHORRO

lhe for fisicamente possível. É emocionante ver um cachorro captar o que você está tentando lhe ensinar e vê-lo responder sem precisar corrigi-lo!

FATO
> À medida que obtiver informações e pesquisar a respeito, perceberá que não existe apenas uma, mas várias formas de adestrar seu cachorro. Como você é o principal responsável pelo bem-estar dele, é sua função identificar os métodos que melhor atinjam seu objetivo sem prejudicar sua relação com ele. Procure um adestrador focalizado em construir um relacionamento entre você e seu cachorro.

Todos os filhotes deveriam tomar aulas de bom comportamento em um "jardim de infância para filhotes", uma oportunidade para você aprender a passar os comandos básicos ao seu cachorro – por exemplo, senta, deita, fica, vem –, a levá-lo para passear sem deixá-lo puxar e a fazê-lo vir até você quando chamado. As aulas devem ser supervisionadas por uma equipe, para que todos tenham uma boa experiência, e oferecer também recreação por um período de oito a dezoito semanas. Para que seu cachorro se socialize, é fundamental acostumá-lo a brincar regular e seguramente com outros filhotes e com cães adultos bem socializados. Quanto melhor a experiência vivida por seu filhotinho, mais fácil será ensinar a ele qualquer outra coisa posteriormente.

Quando estiver procurando uma escola de adestramento, tente se ater às seguintes características:

- Uma classe com um número mínimo de alunos. A proporção ideal é de um instrutor/assistente para seis alunos.
- A idade mínima dos filhotes não deve ultrapassar oito semanas.
- Folhetos explicativos sobre os exercícios são importantes, uma vez que as lições podem ser compartilhadas entre os membros da família.
- A família toda deveria frequentar as aulas (se você incluiu as crianças, cuide para que haja pelo menos dois adultos, pois um pode cuidar dos pequenos enquanto o outro se preocupa em treinar o cachorro).
- Todos os métodos de adestramento devem se basear em uma abordagem positiva; o ideal é o treinamento com *clicker*.
- O adestrador deve utilizar cães não adestrados para fazer demonstrações, para que todos vejam o progresso dos exercícios.
- Deve haver voluntários ou assistentes para auxiliar na administração da aula e para que todos obtenham a ajuda necessária.

> **PRINCÍPIO BÁSICO**
>
> Se você se sentir desconfortável em relação a algum método, não o adote. Se não tiver certeza de que obterá resultados e a técnica em questão não provocar nenhum dano ao cachorro, vá em frente e experimente-a, para que possa comprovar por si só. Se estiver empenhado em encontrar a melhor maneira de adestrá-lo e de ajudá-lo a se tornar a melhor companhia que ele é capaz de ser, seu cachorro se beneficiará muito com isso.

A melhor pessoa para avaliar a qualidade de um "jardim de infância para filhotes" – ou de qualquer aula de obediência com esse enfoque – é você. Peça para assistir a uma aula antes de fazer a matrícula. Verifique se os métodos ensinados são amáveis e gentis e se os filhotes parecem estar gostando. Confie em seu instinto. Se gostar do instrutor e ele passar a impressão de que você pode aprender com ele, matricule-se. Adestre seu cachorro. Essa é a melhor maneira de lhe dizer que você o ama!

O segredo é praticar regularmente

Assim como com qualquer coisa na qual desejamos nos destacar, quanto mais praticamos, melhor nos tornamos. O adestramento, seja qual for, é uma habilidade aprendida; quanto mais trabalhar com seu cachorro, mais eficaz você se tornará enquanto treinador e companhia para ele. Por exemplo, o adestrador iniciante é sabidamente pão-duro em relação às recompensas e precisa aprimorar seu ritmo de treinamento. Depois de muito praticar, você encontrará e desenvolverá um estilo próprio de adestramento, descobrindo o que funciona para você e procurando se aprimorar com base nisso.

Há milhares de fontes de informação disponíveis – livros, vídeos e *sites* na Internet –, nas quais você poderá obter todas as informações que sempre quis sobre comportamento e adestramento. Verifique se em sua cidade há algum adestrador que ministre aulas de obediência e seja persistente. Lembre-se de que você e seu cachorro ficarão juntos por um longo tempo – talvez de dez a doze anos ou mais. Ambos se beneficiarão do tempo que você dedicou para ensiná-lo a aprender. Permita que seu cachorro receba um adestramento de alta qualidade. **Não perca tempo!**

CAPÍTULO 4

Adestramento com *clicker*

Nos últimos anos, o adestramento de cães tem se tornado mais amável e agradável tanto para o cachorro quanto para o dono. Não é mais necessário usar força e violência nem intimidação para obrigá-lo a obedecer. Adestrar, independentemente do animal, é estar disposto a estabelecer canais de comunicação e aprender uma linguagem comum. O adestramento com *clicker* não é um engodo nem a última moda em adestramento; é uma técnica com fundamentação científica que utiliza os princípios positivos do condicionamento operante ou operativo (treinar o cachorro para que ele tenha o comportamento desejado e só depois lhe oferecer uma recompensa).

Uma mudança radical no adestramento de cães: amabilidade

Use o adestramento com *clicker* para ensinar a seu cachorro o que você espera dele. Na verdade, essa é uma forma de adestramento inteligente que exige total empenho, mas acaba economizando tempo. O reforço positivo, aplicado com recompensas e um *clicker*, pode ajudá-lo a ensinar seu cachorro a pensar. O antigo estilo de adestramento – fazer o animal "obedecer" – não apenas está superado, como também não desenvolve as habilidades do cachorro para solucionar problemas nem sua inteligência.

O uso de recompensas e do *clicker* é a maneira mais rápida e confiável de adestrar e de tornar essa atividade algo prazeroso. Não há a menor necessidade de reprimi-lo, pressioná-lo ou forçá-lo para conseguir o que você deseja; assim que ele aprender a aprender, você terá um companheiro motivado a seu lado e sua relação com ele melhorará por inteiro. Centenas de famílias já aprenderam a usar recompensas e o adestramento com *clicker*, e esse processo de aprendizagem é tão agradável, que muitas pessoas sempre voltam para tomar aulas mais avançadas.

FATO
Há décadas o condicionamento operante com reforço positivo tem sido usado para adestrar animais em zoológicos, aquários e circos. Você consegue imaginar o que é colocar uma coleira de adestramento em uma orca e tentar fazê-la saltar? Só porque é possível forçar os cães a obedecer não significa que deva agir assim. Em vez disso, ensine-o a pensar!

O uso do *clicker* no adestramento de cães só exige habilidade. Essa técnica simplifica e agiliza o processo de aprendizagem tanto dos cães quanto dos donos. Pessoas de qualquer idade e tamanho podem aprender os princípios do adestramento com *clicker*. Uma vez que não requer punições nem contato físico, o tamanho, a força e a perseverança do treinador não importam.

Princípios básicos do adestramento com clicker

O *clicker* é uma pequena caixa de plástico com uma placa de metal que produz um clique quando pressionada com o polegar. O som do clique é emparelhado (associado) com uma recompensa em comida. Ao acionar o *clicker*, o cão recebe um petisco. Após algumas repetições, ele aprende a associar o som do *clicker* com uma recompensa comestível.

Por que funciona

O clique assinala o comportamento desejado. Isso ajuda o cachorro a identificar o comportamento que foi recompensado. Pelo fato de a comida vir em seguida – primeiro, você dá o clique, depois, a recompensa –, perceberá que seu cachorro responderá mais em virtude do som do clique do que apenas pela recompensa comestível. Emparelhar o *clicker* com um petisco é um meio extremamente eficaz de mostrar aos cachorros quais comportamentos merecem ser recompensados. Essa técnica é conveniente principalmente com cães muito ativos, porque lhe permite demonstrar ao cachorro exatamente qual comportamento recebeu a recompensa.

> **PRINCÍPIO B BÁSICO**
>
> É ideal e mais rápido usar primeiro recompensas comestíveis do que brinquedos e passatempos. Assim que seu cachorro começar a entender o adestramento com *clicker* e a perceber como o jogo funciona, você pode utilizar outras recompensas, como bolas, brinquedos de puxar ou recreação/socialização com outros cães.

Pense no clique como uma foto instantânea daquilo que o cachorro está fazendo em um determinado momento. O clique indica claramente para o cachorro qual comportamento está sendo recompensado. Isso não apenas permite que o cão entenda mais facilmente o que está fazendo certo, como também o desperta para o processo de aprendizagem, na medida em que lhe atribui a responsabilidade de fazer o clique soar.

O clicker como marcador comportamental

O som do clique é único, diferente de tudo o que o cão já tenha ouvido. E isso constitui parte do segredo do sucesso do *clicker* em modelar comportamentos. As pessoas sempre perguntam se podem usar a própria voz no lugar do *clicker* para marcar ou assinalar o comportamento que desejam. Nos estágios iniciais do adestramento, a voz não é um bom marcador comportamental. Pelo fato de você conversar com seu cachorro o tempo todo, sua voz não produz o mesmo efeito de supresa do *clicker*. O que é singular no *clicker* é que ele atinge a parte do cérebro que também é responsável pela reação de luta ou fuga (de estresse agudo). Em resumo, o *clicker* realmente prende a atenção do cachorro.

O adestramento com *clicker* nada mais é do que uma técnica de modelagem comportamental (ou aproximação sucessiva). A modelagem é útil em todos os tipos de adestramento, mas é fundamental para ensinar truques. A modelagem comportamental ajuda o cachorro a aprender a pensar sobre o que fez para ganhar a recompensa. Como você não o ajuda nem o toca fisicamente, possibilita que ele aprenda mais rápido e de uma forma mais permanente por meio de tentativa e erro. O clique ou a ausência dele indica qual comportamento será ou não recompensado.

> **PRINCÍPIO BÁSICO**
>
> A partir do momento em que seu cachorro perceber que depois de cada clique vem uma recompensa, em vez de você mesmo dar a recompensa, coloque-a em uma mesa, cadeira ou no degrau de uma escada. Ele continuará a receber o prêmio depois do clique pelo comportamento correto, porém a recompensa não estará mais em sua mão ou em seu bolso. Esse exercício ensinará seu cachorro a prestar atenção ao clique, e não à recompensa.

Modelagem

Modelar um comportamento significa decompô-lo em etapas que evoluem para um objetivo final. A modelagem não é uma lista de etapas que deve ser seguida rigidamente, mas um guia geral para partir do ponto A e chegar ao ponto B contando para isso com uma série de oportunidades para variar, intuir, avançar rapidamente ou recapitular.

Modelagem induzida e livre

A modelagem pode ser tanto induzida, caso em que se utilizam iscas comestíveis (chamariz) ou um alvo (*target*), quanto livre. Na modelagem livre, é preciso esperar que o cachorro apresente por conta própria os comportamentos desejados e só então recompensá-lo com um petisco, a fim de que perceba as etapas gradativas do comportamento que o conduziram ao objetivo final. Cada truque que você aprender aqui será decomposto em etapas. Desse modo, você poderá incrementar essas etapas, caso seu cachorro necessite que você as fragmente ainda mais. Com certeza vale a pena adicionar a modelagem livre ao seu repertório de truques porque essa técnica é mais um meio que você tem à sua disposição para explicar a seu cachorro o que deseja que ele faça. É simples. Basta pegar o *clicker*, sinalizar e recompensar o que gosta e ignorar o que não gosta.

Tome nota de tudo ao ensinar um truque. Anote se seu cachorro está compreendendo e acompanhando os passos do modo como são apresentados ou se precisa de uma orientação mais explícita. Você perceberá que essas anotações detalhadas vão ajudá-lo a começar de onde parou, tornando suas sessões de adestramento muito mais produtivas. Se traçar um plano, atingirá seus objetivos muito mais rapidamente.

> **FATO**
> Nem sempre a modelagem comportamental é um processo contínuo e unidirecional. Nunca hesite em abandonar uma sessão de adestramento para retomá-la posteriormente com um esquema mais adequado e de cabeça fria. Algumas vezes, a melhor maneira de avançar é fazer uma pausa.

No caso de comportamentos que envolvam talentos naturais ou comportamentos incomuns, a modelagem livre é a opção a seguir. Pelo fato de o cachorro estar no comando dos comportamentos que ele manifesta, muitas vezes ele aprende mais rápido e assimila mais do que quando você induz um determinado comportamento com uma isca ou um alvo. Entretanto, a modelagem livre pode consumir mais tempo, uma vez que é necessário esperar o cachorro manifestar o comportamento. Além disso, o treinador precisa ter paciência.

Utilizando um plano de modelagem

Ensinar um cachorro que gosta de pular nas visitas a se sentar e a não se comportar dessa forma é muito mais complicado do que apenas ensiná-lo a se sentar/ficar. Isso ocorre porque no momento de cumprimentar uma visita há várias distrações e variáveis. O cachorro pode até se sentar quando não houver nenhuma distração, mas isso não significa que fará o mesmo quando uma criança se aproximar dele com um cachorro-quente na mão ou quando ele vir a pessoa de que mais gosta. É necessário empregar certa gradação para ensiná-lo a se sentar utilizando situações em que as distrações sejam cada vez mais estimulantes. Eles não generalizam automaticamente seus comportamentos para todos os ambientes.

Para ensiná-lo a se sentar, e não a pular nas pessoas, você deve empregar uma abordagem passo a passo, decompondo esse comportamento em etapas menores e mais fáceis de serem assimiladas pelo cachorro. Introduza, aos poucos, distrações instigantes, para que possa manter o comportamento correto. As etapas para ensiná-lo a se sentar/ficar em meio a distrações são as seguintes:

1. Para ensiná-lo a se sentar, mostre um petisco como prêmio e, em seguida, clique e recompense-o, mas apenas quando ele tocar o traseiro no chão.
2. Quando ele já estiver fazendo esse movimento adequadamente, conte até dois antes de clicar e recompensá-lo. Assim, você já está começando a ensiná-lo a "ficar".
3. Aumente a quantidade de segundos entre o momento em que ele senta e o clique e a recompensa, até que ele esteja conseguindo manter-se sentado por dez segundos a cada tentativa.
4. Assim que ele estiver conseguindo se manter sentado por dez segundos entre os cliques e as recompensas, prossiga e marque o comportamento dizendo em voz alta o comando "fica". Se desejar, use paralelamente um gesto com a mão – por exemplo, o dedo indicador.
5. Ajude-o a generalizar esse comportamento levando-o a algum lugar novo ou colocando outras distrações na situação. Pode ser que você tenha de abrandar as regras e começar desde o início até que ele aprenda a ignorar as distrações para prestar atenção em você.

CAPÍTULO 4: ADESTRAMENTO COM *CLICKER*

6. Peça para uma pessoa se aproximar dele pela lateral sem estabelecer contato visual.
7. Faça o mesmo, agora pedindo para que a pessoa se aproxime pela frente e olhe para ele.
8. Peça para alguém acariciá-lo ou conversar com ele.
9. Continue variando as situações até que ele consiga manter-se na posição senta/fica independentemente da distração.
10. Quando ele começar a conseguir controlar as distrações e a trabalhar por mais tempo e de maneira mais persistente, faça com que se desacostume do *clicker* e das recompensas. Assim, ele manifestará um determinado comportamento simplesmente pela recompensa de conseguir agradar a pessoa.

ATENÇÃO! Os cães não são bons para generalizar comportamentos. Eles não os transferem automaticamente para outras situações. Por exemplo, ele pode se sentar na cozinha na primeira tentativa e nunca se sentar em um *pet shop* ou em um parque. Se quiser ter controle sobre o comportamento dele em todos os lugares, terá de treiná-lo em todos os locais.

Usando esse plano de modelagem, você poderá ensinar seu cachorro a se sentar independentemente do que estiver ocorrendo no ambiente ou de quem ele estiver cumprimentando. As etapas a seguir apresentam com detalhes um método menos formal de ensinar a mesma coisa. Você pode tentar ambos os planos de modelagem, para ver qual deles se encaixa melhor ao seu estilo de treinamento. O plano de modelagem a seguir não utiliza petiscos para seduzir o cachorro e ajudá-lo quando ele faz a opção errada. Na verdade, essa sequência de modelagem permite que ele escolha. Você clica apenas nas vezes em que ele se sentar e ficar.

ATENÇÃO! Não é raro o cachorro regredir a antigos hábitos, como pular e choramingar. Basta ignorar aquilo que você não quiser. Logo ele perceberá que esses comportamentos não são recompensados e começará a prestar atenção somente aos comportamentos para os quais ouve o clique.

1. A princípio, comece a clicar e a recompensá-lo por qualquer comportamento (ficar, sentar, deitar, dar uma volta), exceto pular.
2. No segundo minuto, escolha algo específico e clique e recompense-o toda vez que ele manifestar o comportamento. Escolha algo fácil, como ficar parado por um segundo ou caminhar sem choramingar, de modo que ele consiga realizar facilmente.
3. Se seu cachorro for ativo e apresentar comportamentos variados, você deve restringir as opções colocando nele uma guia. Por exemplo, quando ele se mover, pise na guia para impedi-lo de pular.
4. Continue trabalhando com ele em sessões mais curtas até que ele dê sinais de estar ficando alerta com o som do clique mantendo-se na posição por um segundo.
5. Em seguida, deixe de usar o clique por um instante e observe o que acontece. Em geral, os cães se sentam por estarem confusos ou entediados. Nesse momento, você poderá clicar e recompensar esse comportamento.
6. Logo que ele se sentar (por conta própria, sem ser induzido a isso), clique e recompense-o.
7. Repita isso diversas vezes e aumente aos poucos a quantidade de segundos que ele tem de permanecer sentado para receber o clique e a recompensa. Faça isso até que ele consiga se manter sentado por um período de tempo razoável (cerca de dez segundos).
8. Você pode utilizar a forma que desejar para continuar treinando seu cachorro a se sentar para cumprimentar as visitas.

Independentemente do plano de modelagem que escolher, perceberá que haverá momentos em que as coisas ocorrerão rápida e facilmente. Pode ser até que você pule etapas ou avance rapidamente em relação ao plano de modelagem que traçou. Entretanto, haverá momentos em que não conseguirá nenhum progresso, em geral quando seu cachorro ficar desnorteado e confuso e não souber o que você espera que ele faça. Nesse caso, você precisará reavaliar seu plano e decompô-lo em mais etapas ou ajudar seu cachorro de alguma forma. Se aprender a modelar comportamentos, poderá se aperfeiçoar enquanto treinador, tornando essa atividade bem mais divertida.

CAPÍTULO 4: ADESTRAMENTO COM *CLICKER*

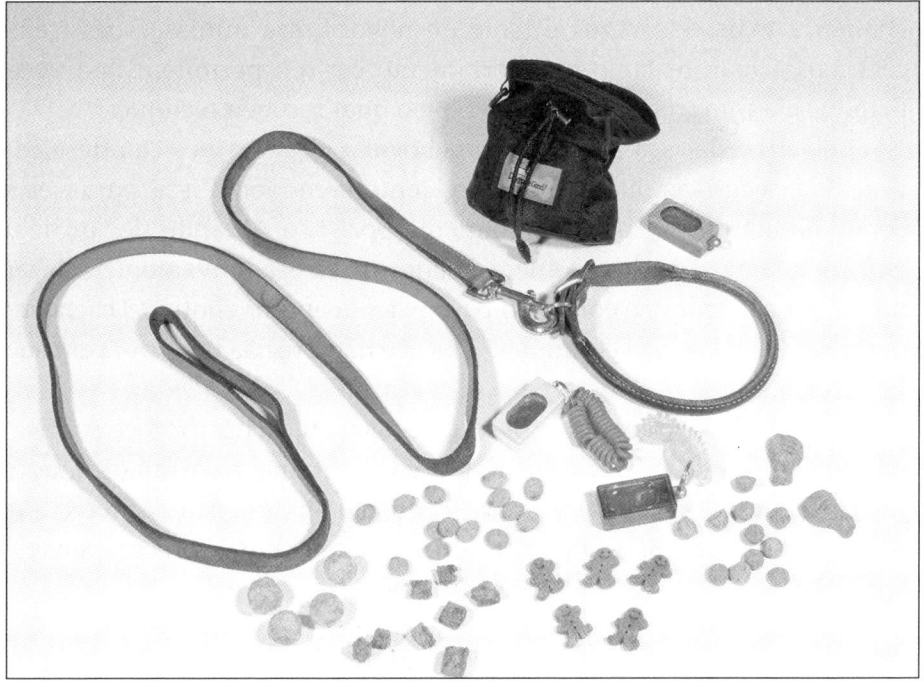

Ferramentas de trabalho: iscas (chamariz), coleira, guia, *clicker* e petiscos pequenos.

Utilização de iscas no treinamento

A isca ou chamariz é um petisco usado para obter determinado comportamento. O objetivo é ajudar o cachorro a se posicionar corretamente para receber o clique e a recompensa. No começo, como você ainda está iniciando sua "carreira" de adestrador, é comum ficar frustrado e demorar a fazer seu cachorro manifestar o comportamento certo. A isca ou petisco (chamariz) dá conta do recado. O problema das iscas é a dependência que elas podem criar nos cães (e nas pessoas) com relação ao comportamento desejado, a não ser que sejam descontinuadas. Se não deixar de utilizar as iscas, não conseguirá treinar seu cachorro a manifestar comportamentos por meio de sinais e comandos. Na verdade, ele só obedecerá em troca de comida.

Como norma, use a isca seis vezes consecutivas para seduzi-lo. Na sétima, faça os mesmos movimentos com o corpo, mas sem usar a isca na mão. Se ele manifestar o comportamento corretamente, clique e recompense-o. Se não apresentar o comportamento adequadamente, volte e use a isca como chamariz mais seis vezes e tente de novo. Essas minissessões treinam o cachorro a manifestar o comportamento certo e permitem que você confirme se ele compreendeu o motivo pelo qual recebeu o clique.

O objetivo da isca é ajudar o cachorro a ficar na posição desejada seis vezes consecutivas. Na sétima vez, tente esconder a isca para ver se ele começa a manifestar o comportamento por si só. Quando deixar de usar a isca em sua mão, poderá começar a suprimi-la gradativamente colocando-a numa mesa próxima e correndo para pegá-la após o clique. O cachorro sabe que a isca está lá e fica estimulado, e você não precisa mostrá-la em sua mão para conseguir fazê-lo ficar na posição certa.

Para deixar de usar iscas e desacostumar seu cachorro, você precisa fazer com que ele manifeste determinado comportamento, usar o *clicker* e correr para pegar a recompensa. Esse exercício ajudará seu cachorro a aprender que está trabalhando para receber o clique e que a recompensa é algo secundário.

PERGUNTA?

Todos os cachorros respondem a iscas?
Para alguns cães, as iscas representam mais uma distração e um obstáculo do que um auxílio. Nesse caso, você deve deixar as iscas totalmente de lado.

Estabelecendo um alvo ou targeting

O *targeting* funciona como chamariz, no entanto substitui a recompensa por uma ação. Implica ensinar o cachorro a tocar o focinho em um objeto. Você deve usar esse recurso para fazê-lo se movimentar ou para que interaja com algo ou alguém. Qualquer coisa pode ser usada como alvo, porém os três principais alvos são sua mão, uma tampa de iogurte e um bastão ou vareta. (Se quiser comprar um bastão *on-line*, acesse www.clickertraining.com, ou então faça-o você mesmo usando uma pequena cavilha de madeira.)

Usando a mão como alvo

O objetivo de usar um alvo é fazer com que o cachorro comece a manifestar o comportamento e, depois, desacostumá-lo, para que se comporte assertivamente sem o alvo. As mesmas regras aplicadas para descontinuar a isca são aplicadas para descontinuar o alvo. Use o alvo para ativar o comportamento desejado e, depois, faça-o se desacostumar. Para ensinar seu cachorro a tocar sua mão com o focinho, siga estes passos:

1. Com a palma da mão virada para cima e o polegar dobrado em direção ao centro da palma da mão, coloque um petisco embaixo do polegar. Clique e recompense-o por cheirar sua mão.
2. Mantenha o petisco em sua mão por seis vezes consecutivas. Em seguida, deixe de usar o petisco e repita a série, clicando para o cão por tocar o focinho na palma de sua mão.
3. Faça com que ele siga sua mão em todas as direções enquanto você se move de um lado para outro.
4. Peça a ajuda de alguém e faça com que seu cachorro mire sua mão e, em seguida, a mão da outra pessoa para obter cliques e recompensas.
5. Quando ele tocar o focinho em sua mão, marque esse comportamento e diga "toca".
6. Experimente esse novo truque em diferentes lugares e com pessoas distintas, até que seu cachorro esteja fluente. Não hesite em recorrer algumas vezes aos petiscos, caso seu cachorro regrida em virtude de alguma nova distração.

Usando uma tampa como alvo

Ocasionalmente, é recomendável fazer seu cachorro se comportar de determinada forma a uma certa distância de você. Nesse caso, é recomendável ensiná-lo a tocar uma tampa de iogurte com o focinho. Para atingir esse objetivo, siga os passos descritos abaixo:

1. Coloque a tampa em sua mão e posicione um petisco na palma da mão, prendendo-o com o polegar.
2. Quando o focinho dele tocar na tampa, clique e recompense-o. Repita seis vezes.

3. Mostre a tampa sem a recompensa e clique e recompense-o por cheirá-la ou tocar o focinho.
4. Marque o comportamento dizendo "toca de novo" um pouco antes de seu cachorro tocar a tampa.
5. Coloque a tampa no chão, perto de você, e repita, clicando primeiro quando ele se locomover até a tampa e, depois, por realmente tocá-la com o focinho.
6. Mude a posição da tampa, colocando-a em diversas distâncias em relação a você, até que possa mandá-lo atravessar o recinto e tocá-la com o focinho para receber o clique e a recompensa.

Utilizar um objeto como alvo é ideal para aumentar a confiança e ajudar um cachorro assustado a se locomover de um lugar a outro – para o carro, a banheira etc.

Bastão

Outra possibilidade é usar um bastão como alvo. O bastão funciona como um prolongamento de seu braço e é útil para trabalhar com seu cachorro a pequenas distâncias de você. Os passos para ensiná-lo a tocar um bastão com o focinho são os seguintes:

1. Coloque a ponta do bastão na palma da mão com um petisco e clique e recompense-o por cheirá-lo e cutucá-lo com o focinho.
2. Aos poucos, vá deslizando sua mão pelo bastão e somente clique e recompense quando ele tocar o focinho perto da extremidade oposta à sua mão.
3. Experimente colocar o bastão no chão e apenas clique e recompense-o quando ele tocar as extremidades.
4. Locomovendo-se com ele, faça com que ele siga o bastão até que esteja correndo para pegar a ponta e receber o clique e a recompensa.

Se seu cachorro mordiscar o bastão, não clique até que ele faça algo mais adequado, como cutucá-lo com o focinho. Fique atento para clicar apenas quando ele tocar o bastão de forma apropriada e ignore todos os demais.

Pata

Pode ser que você queira que seu cachorro use a pata, e não o focinho, para interagir com um objeto. Essa é outra opção que você pode empregar para ajudá-lo a aprender os truques que deseja lhe ensinar. A diferença entre usar a pata e usar o focinho é fazê-lo prestar atenção na parte do corpo que está tocando o alvo.

1. Estenda a mão ou a tampa para que seu cachorro a veja, mas não clique até que ele se aproxime. Como você já o ensinou a tocar o alvo com o focinho, talvez a princípio ele aja dessa mesma forma. Tenha paciência e aguarde até que ele utilize a pata para se aproximar do alvo.
2. Não clique até que seu cachorro perceba que você deseja que ele execute algo além de tocar o objeto com o focinho e veja o que acontece.
3. Para que ele perceba isso mais facilmente, movimente a tampa ou a mão pelo chão para que assim você possa clicar quando ele se locomover em sua direção. Uma boa opção é colocar a tampa na base de uma escada e clicar quando ele colocar a pata sobre ou próximo dela.

4. Nos momentos em que negar o clique, é provável que ele fique frustrado. Mesmo assim, não tente ajudá-lo a acertar logo em seguida. Espere e observe se ele tocará o alvo com a pata ou se irá em direção ao alvo.
5. Treine-o a tocar o alvo com a pata e com o focinho em sessões distintas e procure utilizar dois sinais diferentes em cada exercício.
6. Sessões de adestramento mais curtas e frequentes, ao contrário das mais longas e confusas, ajudam seu cachorro a perceber mais rápido o que você deseja que ele faça.

Para que o exercício do alvo seja eficaz, você deve praticá-lo com frequência. Quanto mais experiência seu cachorro obtiver com esse método, melhor ele atenderá a seus comandos e sinais ao treiná-lo a executar outros truques.

Ensinar seu cachorro a tocar a pata em sua mão, por exemplo, é um bom começo para ensiná-lo diversos outros comportamentos divertidos e úteis.

CAPÍTULO 4: ADESTRAMENTO COM *CLICKER*

Marcando um comportamento

A principal diferença entre o adestramento com *clicker* e outros tipos de treinamento é que você não marca o comportamento imediatamente. Por quê? Porque as primeiras manifestações do comportamento ainda não são ideais em relação ao comportamento que você de fato deseja que ele manifeste. Por exemplo, no primeiro clique para que ele caminhe ao seu lado ("junto"), a resposta dele será sensivelmente diferente do comportamento que ele terá depois de praticar assiduamente. O objetivo de adiar a marcação do comportamento até que o cachorro o manifeste prontamente é permitir que ele associe o primeiro clique ao comportamento definitivo, e não àquele que ainda está imperfeito. A marcação pode ser acompanhada de uma palavra ou de um sinal com a mão ou de ambos, mas esse recurso só deve ser usado quando o comportamento desejado estiver razoável. Se marcar o comportamento muito rapidamente, seu cachorro responderá de variadas formas. Você deve marcar o comportamento quando ele estiver quase perfeito.

Você pode denominar o comportamento do jeito que quiser, mas sempre que puder, tente marcá-lo com uma palavra simples e se possível monossilábica. Tome cuidado para que as palavras que você costuma usar como comandos para seu cachorro não soem parecidas. Os cães assimilam muito sua linguagem corporal e o volume de sua voz. Contudo, podem ter dificuldade para distinguir palavras semelhantes, como "salta" e "solta".

> **F**
>
> **FATO**
>
> Se você quer que seu cachorro manifeste determinado comportamento, isso pressupõe que o tenha ensinado esse comportamento e que ele compreenda o respectivo comando ou sinal. Use a regra dos dez passos sucessivos antes de solicitar um comportamento específico. O cachorro deve manifestar o comportamento (sem clique, recompensa ou isca) dez vezes em uma série sem errar. Se não atingir 100% de precisão, treine-o mais vezes.

Diminuindo gradativamente o clicker e as recompensas

O *clicker* é uma ferramenta de aprendizagem, um sinal usado para que o cachorro identifique quais comportamentos serão recompensados. Quando ele estiver manifestando o comportamento de maneira confiável (100% de exatidão) em resposta a um sinal, você poderá deixar de usar o *clicker* e as recompensas. O clique e a recompensa sempre andam juntos. Você não deve clicar sem recompensar, pois a eficácia do marcador da recompensa – isto é, o clique – perderá a força e o significado para o cachorro.

Como diminuir gradativamente o clique e a recompensa

Para começar a suspender o clique e a recompensa, é recomendável fazer o cachorro repetir o comportamento mais de uma vez antes de clicar e recompensá-lo. Dessa forma, ele compreenderá que deve continuar a realizar determinado comportamento até ouvir o clique. A pior atitude nesse caso é suspender bruscamente e de uma só vez o *clicker*, as recompensas e a confirmação do comportamento. Se fizer isso, seu cachorro ficará frustrado.

O segredo para desacostumá-lo é suspender esse recurso gradativamente, fazendo com que apresente o comportamento por mais tempo ou que o manifeste positivamente mais vezes. O período em que estiver suspendendo o *clicker* e as recompensas é um bom momento para começar a introduzir outros tipos de recompensa que não sejam comida, como a oportunidade de cumprimentar uma visita depois que ele se sentar ou brincar com outros cães ao atender ao comando de vir até você.

Uma última recomendação quanto ao uso de comida

Comer é a maior alegria da maioria dos cães, um prazer que você pode usar para ajudar seu cachorro a aprender boas maneiras e a se tornar um bem-comportado membro da família. Independentemente do tipo de comida que o cachorro possa preferir, todos eles precisam comer para sobreviver. Não importa se é ou não muito chegado a comida, todos eles responderão em troca de alimento. Talvez você tenha apenas de procurar um pouco para descobrir o tipo certo. O *clicker* é a forma predileta dos instrutores porque ele funciona com todo e qualquer cachorro.

> **PRINCÍPIO BÁSICO**
>
> Não dê biscoitos ricos em caloria como recompensa ao seu cachorro. A quantidade de caloria de um único biscoito canino equivale a uma pequena barra de doce. Use, em vez disso, fatias de cenoura ou petiscos caninos menos calóricos cortados em pequenos pedaços.

O adestramento com *clicker* ganha adeptos porque enfatiza o clique, e não a recompensa. Assim que os cães percebem qual é o jogo, ficam doidos por ele e trabalham com alegria, independentemente do que a comida possa representar para eles. Se seu "amigo" é mimado, experimente diversificar o que você usa para recompensá-lo e também cortar um pouco de suas refeições diárias.

No caso de cachorros que adoram comer, provavelmente o excesso de calorias será um problema. O adestramento com *clicker* utiliza muitas recompensas comestíveis, mas isso não significa que seu cachorro ficará gordo. Os petiscos utilizados devem ser bem pequenos – 70 milímetros ou menos – e podem até ser computados como parte das refeições dele. Se tiver uma sessão de adestramento especialmente longa, poderá oferecer menos comida na próxima refeição ou então usar a refeição para treiná-lo. As sessões devem durar no máximo de cinco a dez minutos, para que seu cachorro não receba muitos petiscos extras de uma única vez. Se ele estiver sob alguma dieta especial, consulte o veterinário e verifique que recompensas comestíveis você pode usar.

O interessante do adestramento com *clicker* é que ele ensina os cães a pensar. É uma maneira amável e não violenta de você ensinar a seu cachorro o que espera dele. Além disso, é um método fácil que diverte tanto o treinador quanto o cachorro e seu efeito é duradouro. Portanto, desfrute umas boas horas de prazer usando esse método para ensinar a seu cachorro tudo o que seu coração mandar, a começar por alguns dos truques mais legais que já existem por aí!

CAPÍTULO 5

Princípios básicos do adestramento de cães

O tempo que você leva para treinar seu cachorro é imprescindível para desenvolver um relacionamento com ele e estimular essa relação. O adestramento em si já é um tipo de relacionamento, porque você se comunica com seu cachorro de uma determinada forma e desenvolve uma linguagem comum por meio de palavras e sinais. É mais legal ter um cachorro treinado para responder a comandos básicos porque você pode direcionar o comportamento dele e tornar a convivência com ele mais agradável.

Invista no futuro

Mesmo os cachorros não adestrados aprendem coisas, não necessariamente aquilo que você quer que eles aprendam. Parte das habilidades de treinamento e comunicação que seu cachorro adquire está relacionada à estrutura que você lhe oferece. É necessário mostrar a ele o que é e o que não é permitido. Esse tempo que você despende para lhe ensinar esses princípios básicos, por meio de várias brincadeiras e atividades recreativas e em novos ambientes, é o que indica se você é ou não um bom dono. Além disso, isso o ajuda a evitar futuros problemas comportamentais. Quanto melhor o treinamento que você aplicar, melhor será a relação entre vocês dois.

A liderança exige o controle de recursos

Por natureza, os cães são animais gregários, isto é, vivem em bando. Eles respondem bem a regras, a atitudes persistentes e às suas expectativas. Estabelecer limites em relação ao que é ou não permitido e à forma como você espera que ele se comporte não é apenas bom, mas essencial para ter um cachorro saudável e bem ajustado. Não se preocupe! Ser um líder firme, convincente e leal não tem nada a ver com imposição e violência. Um verdadeiro líder jamais terá de forçar o cachorro a fazer algo ou lhe aplicar um castigo severo.

Obrigar os cães a obedecer nada tem a ver com liderança. Para ter liderança, você precisa oferecer estrutura e estabelecer limites utilizando alguns recursos que demonstrem autoridade. Quanto mais tempo dedicar para mostrar que você é a melhor pessoa na vida dele, mais controle terá sobre o comportamento dele. E se ele entender que você é quem tem a habilidade para lhe dar acesso a tudo o que é importante, ele se comportará melhor.

> **PRINCÍPIO B BÁSICO**
>
> Liderança significa controlar o acesso às coisas que seu cachorro deseja, como lugares para dormir e descansar, comida, brinquedos, atenção, contato com outros cães e passeios. É você quem tem de estar no comando, e não seu cachorro.

Ter oportunidade de se relacionar com um cachorro bem-comportado implica estabelecer limites e regras em relação às suas expectativas enquanto

CAPÍTULO 5: PRINCÍPIOS BÁSICOS DO ADESTRAMENTO DE CÃES

dono e também ter persistência no adestramento, para que seu cachorro perceba o que você espera dele. Se você desenvolver esse relacionamento por meio de treinamento, sempre conseguirá se comunicar com ele e eliminar possíveis problemas tão logo eles surjam ou então evitá-los de uma vez por todas. Ser firme e convincente é o primeiro passo para evitar que seu cachorro apresente distúrbios comportamentais. Veja a seguir algumas orientações para você se tornar um líder firme e leal:

1. Nada na vida é de graça. Sempre dê uma atividade ao seu cachorro. Faça-o sentar antes de comer, deitar antes de abrir a porta para ele sair e assim por diante.
2. No momento de entrar ou sair por uma porta, subir ou descer escadas, as pessoas devem ter prioridade. Ele não conseguirá fugir pela porta ou derrubá-lo na escada, se sempre estiver atrás de você. Ensine-o a se sentar e a ficar até o momento em que der o comando e liberá-lo.
3. Se você utilizar os comandos "deita/fica", em sessões de cinco a dez minutos, conseguirá ensinar seu cachorro a ter autocontrole e dará a ele uma atividade construtiva quando houver distrações e pessoas por perto.
4. Você não deve permitir que ele suba na cama ou em sofás e poltronas. Os cães jovens devem dormir num caixote ou em sua própria cama, jamais na cama com você. Sua cama é o lugar mais especial e confortável da casa e deve ser reservada apenas a você.
5. Não repita um comando mais de uma vez. Se ele não responder na primeira tentativa, significa que não entendeu o que você lhe pediu.
6. Não fraqueje. Se você pediu para seu cachorro fazer algo e ele não lhe atendeu, em vez de repetir o comando, ajude-o a ficar na posição correta.
7. Ignore-o, caso ele o cutuque pedindo atenção. Os líderes dão atenção quando acham que devem dar, e não quando os cães solicitam.
8. Se seu cachorro estiver constantemente lhe empurrando algum brinquedo para que brinque com ele, ignore-o. O líder é quem inicia as brincadeiras e decide quando elas devem começar e acabar. Isso mantém o cachorro alerta, pois ele nunca sabe em que momento você vai brincar com ele.

9. Trabalhe com consequências. Ignore o que você não gosta e evite gritar com ele por latir ou pular, por exemplo. Do ponto de vista dele, qualquer atenção é melhor do que nada. Portanto, se falar com ele, em geral isso pode funcionar como reforço.
10. Evite punições. Em lugar disso, ensine ao cachorro o que você deseja que ele faça.

Pelo fato de você controlar o que seu cachorro deseja acessar, essa posição de liderança pode ajudá-lo a construir um forte vínculo com ele, fazendo-o acreditar que você é a solução para tudo o que ele deseja. É essa firmeza que lhe dará a estrutura necessária para ensinar seu cachorro a se comportar adequadamente e a se tornar um membro da família querido por todos.

Os dez segredos para um adestramento bem-sucedido

Ao longo deste livro, você aprenderá técnicas que de fato funcionam e que garantirão seu sucesso enquanto treinador e o de seu cachorro enquanto aluno. Esses segredos normalmente são adequados a várias situações, mas é recomendável adaptá-los especificamente para seu cachorro.

1. **Seja paciente.** Cada cachorro aprende num ritmo diferente e, normalmente, não compreende os conceitos tão rapidamente quanto esperamos. Seja paciente com seu cachorro e ajude-o a realizar o que deseja.
2. **Planeje primeiro.** Faça de tudo para que seu cachorro tenha sucesso. Se ele não estiver conseguindo, provavelmente é porque você precisa desmembrar em etapas menores o que você deseja que ele faça.
3. **Seja realista.** Não espere que seu cachorro tenha um determinado comportamento em um ambiente no qual você não o tenha treinado a se comportar como tal.
4. **Seja amável.** Utilize métodos positivos para mostrar a seu cachorro o que você espera dele.
5. **Evite punições.** Não há lugar para castigos severos na fase de aprendizagem do cachorro.
6. **Recompense eficazmente.** Reforce o comportamento adequado com aquilo que motiva seu cachorro. Uma batidinha na cabeça é legal, mas não necessariamente o que ele quer. Lembre-se de que se trata do salário dele: pague à vista!

7. **Seja generoso.** Os treinadores novos tendem a ser parcimoniosos em relação às recompensas. Sempre recompense respostas corretas e não hesite em oferecer recompensas a respostas excepcionalmente boas, com agrados extras, elogios, brinquedos e amor.
8. **Estabeleça metas.** Se não souber aonde quer chegar e não programar a sessão, como saberá se seu cachorro aprendeu alguma coisa?
9. **Pratique com frequência.** Use sessões curtas e frequentes para treinar seu cachorro.
10. **Seja sempre construtivo.** Abandone a aula apenas quando estiver no comando, quando seu cachorro ainda estiver entusiasmado com o treinamento e quiser praticar mais. Um aluno entusiasmado é sempre um ávido aprendiz.

No adestramento, a verdade pura e simples é que conseguimos aquilo a que prestamos atenção. Faça tudo para que seu cachorro consiga se sair bem, limite as opções dele e reforce o que estiver dando certo. Em pouco tempo você terá um cachorro bem-comportado e que todos adoram ter por perto.

Ensinando os princípios básicos

A obediência básica faz parte da maioria dos truques. Quanto melhor seu cachorro responder a comandos como "senta/fica" e "deita/fica", mais fácil será lhe ensinar qualquer outro truque, principalmente os mais complicados. Os princípios dos comandos "senta", "deita", "fica" e "vem" são a mola-mestra da maioria dos truques abordados neste livro. No mínimo, conhecer um pouco desses fundamentos ajudará seu cachorro a ficar suficientemente relaxado para aprender algo novo. Os comandos "senta" e "deita", por exemplo, são ideais para ajudá-lo a conseguir executar outros truques. Você não deve simplesmente esperar que, se trabalhar com seu cachorro uma ou duas sessões, será suficiente para torná-lo confiável em meio a distrações e pessoas novas. Se de fato deseja um cachorro bem-comportado, que responde aos seus comandos sistematicamente, você deve reservar tempo para treiná-lo.

Ensinando o comando senta

Para ensinar o comando "senta", você precisa usar uma isca para fazer seu cachorro ficar nessa posição e só então clicar e recompensá-lo pela resposta correta. Lembre-se de que, quando usar uma isca, é importante deixar de usá-la o mais depressa possível, para não criar dependência e para que seu cachorro permaneça confiante e de fato compreenda o que é sentar. Os passos para ensiná-lo a sentar são os seguintes:

1. Segure um petisco um pouco acima do focinho de seu cachorro e, lentamente, traga o petisco de volta de forma que sua mão passe por cima da cabeça dele.
2. Assim que ele tocar o traseiro no chão, clique e recompense.
3. Se seu cachorro insistir em se mover para trás, pratique esse exercício contra uma parede, para evitar que ele se afaste muito.
4. Repita esse exercício até que ele se sente prontamente.
5. Não use mais a recompensa utilizando a mão. Mantenha a mão na mesma posição e instigue-o a se sentar. Se ele sentar, clique e recompense; se não, volte a usar o petisco em uma nova série de seis a oito repetições.
6. Assim que seu cachorro conseguir realizar esse comando de forma confiável (siga a regra dos dez passos sucessivos), marque verbalmente o comportamento "senta", um pouco antes de o traseiro dele tocar o chão.
7. Repita esses passos em diversos lugares, até que ele esteja respondendo bem, sem apresentar nenhum erro.
8. Agora, sem utilizar um petisco, peça a seu cachorro para repetir o comportamento "senta" mais de uma vez antes de clicar e recompensá-lo. Comece com duas, três ou quatro "sentas" para só então clicar e recompensá-lo. Contudo não siga nenhum padrão.
9. Para ajudá-lo a generalizar o comportamento, comece a praticá-lo em algum lugar novo – em um *pet shop*, no estacionamento, em uma clínica veterinária. Lembre-se de que no processo de aprendizagem esquecer é normal e você terá de voltar atrás para ajudá-lo, com uma recompensa na mão se necessário, se o local em que estiver trabalhando com ele tiver muitas distrações.

CAPÍTULO 5: PRINCÍPIOS BÁSICOS DO ADESTRAMENTO DE CÃES

10. Para testar a quantas anda o treinamento de seu cachorro, experimente a regra dos dez passos sucessivos. Se ele não acertar 100%, volte a praticar antes de dar o comando para o comportamento que deseja naquele ambiente.

Lembre-se de usar a isca somente para fazer com que seu cachorro comece a manifestar o comportamento desejado. Dessa maneira, ele não ficará tão dependente.

Se seu cachorro não conseguir seguir a regra dos dez passos sucessivos, terá de auxiliá-lo algumas vezes antes de aplicar o exercício novamente sem auxílio. É bom retomar os primeiros passos para ajudá-lo a ficar na posição correta, pois dessa forma você mostra o que ele precisa fazer para receber o clique e a recompensa e evita deixá-lo confuso e frustrado.

Ensinando o comando senta/fica

Para passar do comando senta para o "senta/fica", você terá de seguir dois processos: fazer com que ele se mantenha na posição por períodos (permanência ou duração) mais longos e mantê-lo na posição enquanto se afasta (distância). Se ensinar esse comportamento seguindo essas duas etapas, o comportamento de seu cachorro será confiável e não se perderá quando houver distrações. Os passos para ensiná-lo a permanecer na posição são os seguintes:

1. Dê o comando "senta" e, em seguida, conte até dois antes de clicar e recompensá-lo.
2. Aumente em vários segundos, porém aos poucos, o tempo que ele tem de se manter nessa posição antes de clicar e recompensá-lo. Faça isso até conseguir aumentar para dez segundos o tempo entre cada clique e recompensa.
3. Quando conseguir chegar a dez segundos, prossiga e marque verbalmente o comportamento como "fica" e dê o sinal com a mão. (A maioria das pessoas usa como sinal a palma da mão aberta, em sentido vertical, voltada para o cachorro.)
4. Aumente aleatoriamente o tempo entre cada clique e recompensa, para que assim ele fique tentando adivinhar por quanto tempo deve esperar para receber o próximo clique.
5. Utilize distrações. Nesse caso, comece do primeiro passo para recondicionar o comportamento "senta/fica" usando essa nova variável.

PRINCÍPIO BÁSICO

Procure não deixar seu cachorro errar mais de duas vezes antes de ajudá-lo a ficar na posição correta, diminuindo para tanto as distrações ou mudando as variáveis. Se ele cometer mais de dois erros sucessivos, é sinal de que você precisa mudar algo para que ele consiga acertar mais facilmente.

A segunda etapa do comando "senta/fica" é para que o cachorro mantenha-se sentado quando você se afasta dele. Os passos para ensiná-lo a manter a posição dele em relação à sua são:

1. Dê o comando "senta" e em seguida dê um pequeno passo para a direita ou para a esquerda, retornando imediatamente. Se seu cachorro se mantiver na posição, clique e recompense-o. Se não se mantiver, tente com um passo mais curto.
2. Aos poucos, penda o corpo para o lado, mantendo as mãos em frente ao cachorro. Clique e recompense-o por se manter na posição diante de você. Pratique esse movimento gradativo até que ele esteja convencido de que deve permanecer no lugar.
3. No princípio, aumente a distância devagar e não pare de se mover. Mas nunca fique parado em um lugar por muito tempo sem voltar até ele para clicar e recompensá-lo. Se ficar parado logo no início do exercício, seu cachorro correrá até você.
4. Quando ele conseguir se manter na posição enquanto você se move de um lado a outro de uma sala, por exemplo, comece a ficar longe por mais tempo (segundos) antes de voltar.
5. Aumente o tempo devagar, para que consiga associar o tempo que seu cachorro mantém-se na posição (permanência) e sua distância em relação a ele.

Ensinando o comando deita/fica

Quando estiver ensinando seu cachorro a deitar e a ficar por períodos de tempo mais longos, preste atenção à superfície na qual você está pedindo para que ele se deite. Verifique se não está muito quente ou fria e se não é muito dura a ponto de incomodá-lo e fazê-lo se levantar várias vezes por causa do desconforto. Em geral, os cães que têm pouco pelo se sentem muito desconfortáveis em pisos de madeira dura ou linóleo (impermeável). Eles aprenderão a se deitar mais depressa em tapete ou toalha.

1. Dê o comando para que seu cachorro se sente e use uma recompensa para fazer com que ele abaixe o focinho até metade da distância em relação ao chão. Quando ele abaixar a cabeça para seguir a recompensa, clique e recompense.
2. Leve a mão aos poucos para mais perto do chão. Se seu cachorro empacar e não abaixar mais a cabeça, talvez seja necessário recorrer algumas vezes às iscas comestíveis.

3. No momento em que a recompensa já estiver quase tocando o chão, experimente mantê-la sob sua mão ou mais perto e abaixo do peito dele e espere. A maioria dos cães irá brincar por um tempo tentando pegar a recompensa antes de deitar. Quando seu cão estiver completamente deitado, clique e recompense.
4. Repita esse exercício seis vezes com uma recompensa na mão, clicando e recompensando-o toda vez que ele se abaixar totalmente.
5. Agora, sem a recompensa na mão, faça o mesmo movimento com a mão e clique e recompense seu cachorro toda vez que ele tentar se deitar.
6. Se seu cachorro errar mais de duas vezes, volte a usar a recompensa por mais seis vezes para só então tentar novamente.
7. Leve-o para passear. Quando em lugares novos ou diante de distrações diferentes, como outros cachorros ou pessoas, é provável que o comportamento de seu cachorro regrida um pouco. Não tenha receio de voltar a usar uma isca comestível para mostrar o que ele deve fazer, mas deixe de usá-la assim que ele manifestar o comportamento de forma confiável.

Alguns cães têm dificuldade para se deitar e parecem ficar empacados no "senta". Veja a seguir algumas dicas para lidar com cães que costumam empacar.

- A princípio, pratique numa superfície macia, longe de distrações.
- Use recompensas diferentes, que o cachorro adore, mas dificilmente receba.
- Para mostrar ao cachorro o que você deseja que ele faça, use uma mesa baixa, o tampo de uma cadeira ou mesmo a perna estendida para que ele abaixe até o chão e entre debaixo.
- Experimente segurar a recompensa próxima ao corpo dele e entre as patas da frente, perto do peito, ou mais distante do focinho, num ângulo de 45°.
- Evite empurrá-lo para fazê-lo se deitar. Quando você começa a empurrá-lo e a cutucá-lo, ele desliga o cérebro e para de pensar no que está fazendo, deixando esse trabalho a seu cargo. Se quiser ensiná-lo a pensar, não o force a ficar na posição.

Enquanto estiver treinando seu cachorro, principalmente nos momentos em que empacar em alguma das aulas, o mais importante é se lembrar de ser paciente e praticar com frequência. Sessões mais curtas e frequentes serão muito mais eficazes para você e seu cachorro do que sessões que exijam grande resistência física.

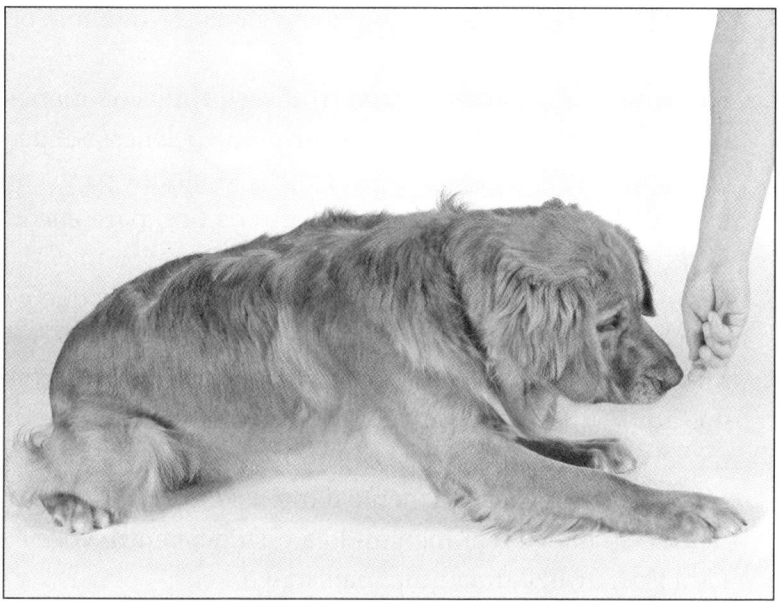

Persista até que os cotovelos do cachorro toquem o chão para clicar e então entregar a recompensa.

Ensinando a seu cachorro o comando vem ou aqui

Ao ensinar seu cachorro a vir até você no momento em que o chamar, você perceberá que esse aprendizado está mais relacionado à firmeza de sua relação com ele do que com qualquer outra coisa que tenha feito até o momento. Se seu cachorro acredita que você é quem está no comando, ele sabe que você controla tudo o que é bom e que ele sempre deverá recorrer a você para ter acesso às coisas que deseja. Reveja a seção sobre liderança, no início deste capítulo, e batalhe para se tornar um líder convincente e leal.

Do ponto de vista do treinamento, a primeira coisa que o cachorro deve fazer para atender ao comando "vem" ou "aqui" é desviar a atenção do que gosta e olhar de volta, em sua direção. Para utilizar um motivo consistente para ensinar o comando "vem" a seu cachorro, siga estes passos:

1. Primeiramente, escolha uma área de lazer com poucas distrações, longe das coisas de que ele gosta e com ele preso à guia. Espere até que ele olhe para você e, então, clique e recompense.
2. Repita esse passo até que ele não desvie mais o olhar de você.
3. Mude a distração. Vá a algum lugar mais estimulante ou se aproxime mais das distrações e repita.
4. Se ele não olhar para você em trinta segundos ou menos, afaste-se da distração até que ele consiga olhar para você nesse espaço de tempo.
5. Quando você conseguir prever que ele olhará para você, corra para trás ao clicar e dê a recompensa com os pés, para encorajá-lo a pegar você.
6. Quando ele assimilar bem essa etapa, espere até que esteja voltando até você para clicar.
7. Marque verbalmente esse comportamento com o comando "vem" ou "aqui" quando ele estiver se aproximando de você para receber a recompensa e comê-la.
8. Mude as distrações. Aumente a intensidade de uma distração aproximando-se mais ou aumentando a distância entre você e seu cachorro. Para isso, utilize uma guia mais longa.
9. Se ele não olhar para trás em um espaço de tempo razoável, não tenha receio de se afastar da distração.

Ao ensinar o comando "vem", o segredo é preparar seu cachorro para que se saia bem. Caso ele não esteja seguro, não o deixe solto sem a guia e pratique muito! Depois que você prepará-lo bem para responder ao comando "vem" por meio de uma guia de seis passos de comprimento, use uma guia mais longa e recapitule todos os passos desde o início. Alguns cães farão grande progresso rapidamente. Outros, porém, exigirão que você vá bem mais devagar para que consigam responder adequadamente.

ATENÇÃO! Os cães são impulsivos e adoram perseguir qualquer coisa que passe correndo perto deles. Sempre tome cuidado ao deixá-lo livre em áreas abertas. Seu cachorro pode ser o mais bem treinado da vizinhança, mas se um gato passar correndo na rua, provavelmente, ele o seguirá. Use uma guia para caminhar na rua e tome cuidado ao tirá-la e deixá-lo livre.

CAPÍTULO 5: PRINCÍPIOS BÁSICOS DO ADESTRAMENTO DE CÃES

Aos poucos, aumente o comprimento da guia a uma distância em que seu cachorro consiga desviar o olhar do que ele deseja (que é o fundamento do comando vem, quando chamado) e retornar a você com facilidade. Continue soltando a guia e permita que ele a arraste. No devido tempo, retire a guia ao recapitular todos os passos empregados para ensinar o comando "vem". Quando tirar a guia pela primeira vez, é melhor fazê-lo em uma área cercada ou protegida, para evitar transtornos, caso você tenha avançado muito rápido no treinamento e seu cachorro fuja e não volte. Isso significa que você terá de retroceder alguns passos e usar novamente a guia durante algum tempo.

Embora esse processo pareça um pouco longo e cansativo, vale a pena se esforçar para que seu cachorro atenda ao comando "vem" com confiança quando chamado. No momento em que ele assimilar bem esse comando, você poderá começar a lhe oferecer recompensas verdadeiras junto com recompensas comestíveis, como liberdade para voltar a brincar com outro cachorro, oportunidade de farejar uma mancha malcheirosa no chão ou a chance de perseguir um gato. Se oferecer essas oportunidades como recompensa, seu cachorro perceberá que é muito bom sempre voltar a você e examinar se está tudo bem. Entretanto, independentemente da firmeza com que seu cachorro aprenda a voltar a você quando chamado, lembre-se de nunca o deixar sem guia em áreas perigosas, em que um único descuido possa custar a vida dele.

Suavizando os sinais ao mínimo

Logo no início do adestramento, o primeiro sinal que você utiliza para que o cachorro responda é grosseiro. Quando aprimorar o truque, use algo mais sutil ou, em vez de uma palavra, use um sinal com as mãos.

Para mudar o primeiro sinal e utilizar um novo, a ordem em que você introduz o novo comando é muito importante. A norma que se segue para se estabelecer um novo comando é: sinal novo seguido do sinal antigo. Se você não usar o novo sinal primeiro, seu cachorro vai ignorá-lo e continuará a responder ao sinal antigo. Você só conseguirá eliminar o sinal antigo se seguir essa ordem e utilizar antes o novo sinal.

Rolar é um bom exemplo de truque em que é aconselhável suavizar o primeiro sinal ou substituí-lo por completo. Na primeira sessão de treinamento, provavelmente você vai girar o braço em círculo próximo ao corpo do cachorro para que ele role por conta própria. Com o tempo, talvez queira suavizá-lo, fazendo um movimento circular mais sutil ou mesmo usar o punho fechado.

Passos para o sucesso

O sucesso do treinamento depende de você – o líder – ter um objetivo claro e um plano para chegar lá.

Trace um plano e mapeie seu progresso

Traçar um plano significa desmembrar cada truque em passos individuais e acompanhar ou registrar o progresso de seu cachorro ou os obstáculos. Adquira o hábito de avaliar o grau de sucesso de seu cachorro, reavalie seu plano de modelagem periodicamente e, se necessário, faça ajustes. Use a regra dos dez passos sucessivos como guia. Se seu cachorro conseguir repetir um passo com 100% de precisão, você está pronto para avançar para o passo seguinte. Se ele cometer uma série de erros ou mostrar desinteresse, fragmente os exercícios em passos menores ou mude, de alguma forma, sua abordagem.

> **PRINCÍPIO BÁSICO**
>
> Toda vez em que estiver ensinando um novo comportamento, clique e recompense seu cachorro com frequência. Se perceber que está tendo de esperar certo tempo para que ele manifeste o comportamento corretamente, é porque precisa desmembrar o comportamento em passos mais curtos. Ao ensinar novos comandos, faça o possível para que seu cachorro tenha várias oportunidades de acertar.

A cada truque ou comportamento que ensinar, anote cada passo de acordo com a sequência utilizada e estabeleça metas mais leves para cada sessão de adestramento. Se usar sessões curtas (com menos de dez minutos) e tiver um objetivo claro em mente, perceberá com mais nitidez se você precisa facilitar as coisas para seu cachorro. As anotações sobre as sessões de treinamento são fundamentais no programa de treinamento porque de certa forma mostra seu progresso. Se você se deparar com alguma dificuldade ao longo do caminho, poderá rever os passos em que obteve mais sucesso, ver o que funcionou e fazer alterações, para que possa seguir em frente.

A importância de praticar

Os cães aprendem coisas repetindo-as diversas vezes. Quanto mais vocês praticarem juntos, melhor e mais seguramente ele manifestará o comportamento desejado ao receber o sinal. Os cachorros não são bons para generalizar comportamentos. O fato de obedecerem ao comando "deita" quando estão na cozinha não significa que vão obedecer ao mesmo comando no parque ou na clínica veterinária.

A melhor maneira de agilizar sua resposta e melhorar a segurança de seu cachorro em relação aos comandos é praticar com frequência em vários ambientes diferentes. O segredo para que seu cachorro obedeça a um comando onde haja distrações e igualmente pessoas e outros cães é introduzi-lo aos poucos nessas situações. Ajude-o a conseguir se sair bem. Os cães não precisam ser corrigidos quando não realizam determinado comportamento em um ambiente novo; eles precisam que você lhes mostre o que devem fazer até que consigam manifestar o comportamento por conta própria. Se achar que é necessário corrigi-lo, é porque não o preparou adequadamente para que ele se saísse bem. Volte a seu plano e elabore suas sessões novamente.

Aprimorando a qualidade do truque

Aprimorar a qualidade do truque é importante porque você pode incrementá-lo. Distância, velocidade e permanência (ou duração) são fatores que o ajudam a melhorar seus truques e a elaborá-los mais. A distância está relacionada à extensão que você pode se afastar de seu cachorro e ainda assim fazer com que ele realize um truque; a velocidade está relacionada à rapidez com que ele consegue executar o truque; e a permanência indica por quanto tempo ele conseguirá manter tal truque.

O segredo é aperfeiçoar um aspecto por vez do desempenho de seu cachorro. Por exemplo, se deseja ensiná-lo a acenar para você a distância, não deve lhe pedir para manter o aceno (duração) por mais tempo do que ele geralmente costuma manter. Do mesmo modo, você não deve trabalhar com ele a distância, caso esteja tentando melhorar a duração do aceno. Se você distinguir essas variáveis do treinamento de truques, ajudará seu cachorro a aprender mais rápido, de forma mais sistemática e confiável.

> **FATO**
>
> No adestramento, a verdade pura e simples é que conseguimos aquilo a que prestamos atenção. Batalhe para que seu cachorro consiga se sair bem, limite as opções dele e reforce o que estiver dando certo. Em pouco tempo você terá um cachorro bem-comportado e que todos adoram ter por perto.

Distância

Para aumentar o espaço entre você e seu cachorro, basta diminuir seus parâmetros em relação a todos os demais aspectos do truque, exceto a habilidade do cachorro de manifestar o comportamento (embora desleixadamente) em distâncias cada vez maiores. Para começar, mantenha-o perto de você e reforce-o para aumentar gradativamente a distância. Você perceberá se foi longe demais, pois ele cometerá erros. Isso significa que você deve reduzir a distância – até que ele consiga comportar-se com confiança – e prosseguir mais devagar.

Logo que ele estiver se comportando de maneira confiável em determinada distância, vá em frente e aumente-a aos poucos até que esteja satisfeito com o desempenho dele. Não tenha receio de voltar ao início, caso seu cachorro regrida e você tenha de começar tudo do zero novamente para ensinar-lhe um determinado comportamento. Se isso ocorrer, seu cachorro aprenderá mais depressa e terá até mesmo um desempenho mais adequado.

Agilidade

A velocidade com a qual seu cachorro realiza determinado truque refere-se ao espaço de tempo entre o momento em que você dá o comando e o momento em que de fato ele começa a manifestar tal comportamento. Para melhorar a agilidade de seu cachorro, é recomendável definir um tempo em segundos em que ele deve realizar determinado truque e somente recompensar aquelas repetições que estiverem de acordo com o limite de tempo estabelecido. Qualquer outro tempo que ele apresentar deve ser ignorado. Em pouco tempo a maioria dos cães percebe que a rapidez com que executam um comportamento é o que conta. Não se esqueça de que, se estiver tentando melhorar a velocidade, deverá diminuir seus parâmetros em relação a outros aspectos do truque.

CAPÍTULO 5: PRINCÍPIOS BÁSICOS DO ADESTRAMENTO DE CÃES

PERGUNTA?

O que você deve fazer se seu cachorro se recusar a manifestar um comportamento que você imagina que ele saiba executar?

Se seu cachorro não responder a um comando que você imagina que ele saiba, tente ensiná-lo novamente, usando um alimento como recompensa ou movimentos com a mão para ajudá-lo. Repita esse exercício meia dúzia de vezes e, em seguida, tente uma vez mais. Os cachorros que não respondem a comandos costumam ficar distraídos quando estão em ambientes que não conhecem.

Duração ou permanência

Esse aspecto também tem a ver com tempo, especificamente com a quantidade de tempo que o cachorro deve manter o comportamento, como levantar a pata para acenar, antes de você recompensá-lo. Para ensiná-lo a permanecer ou a manter um comportamento, atrase o clique usando vários tempos diferentes e só recompense as repetições que ultrapassarem a média. Quando estiver aumentando a permanência, tome o cuidado de ir devagar para não perder tudo o que já conseguiu. Se aumentar muito depressa e seu cachorro não manifestar mais o comportamento, volte e comece tudo de novo. Você perceberá que, se for flexível, fará um tremendo progresso num período de tempo relativamente curto.

Se você utilizar esses recursos enquanto estiver ensinando a seu cachorro algum truque de sua preferência, verá que o processo de aprendizagem será mais divertido e interessante para ele. Preocupe-se em ensinar os princípios básicos usando esses métodos comuns antes de começar a ensinar truques. Quanto mais opções tiver, para você será mais divertido treiná-lo e para ele será mais divertido aprender o que você deseja lhe ensinar. Se seguir o plano básico descrito nesse capítulo para se firmar como líder e ensinar os comandos básicos "senta/fica", "deita/fica" e "vem", sairá ganhando, pois colherá as recompensas de ter em casa um cão bem-comportado.

CAPÍTULO 6

Truques básicos e cativantes

Não há necessidade de malabarismos para ensinar truques. Até mesmo os treinadores novatos podem ensinar um truque divertido a um cachorro. Isso dá a ambos, treinador e cachorro, uma sensação de realização. Os truques descritos neste capítulo são simples e fáceis de ensinar. São, inclusive, adequados para filhotes, cuja capacidade de compreensão ainda é limitada para entender a manha do treinamento.

Ensinando alguns truques básicos

Cada cachorro tem um estilo próprio de aprender. Portanto, é obrigação sua enquanto treinador encontrar as melhores técnicas para lhe explicar o truque que estiver tentando lhe ensinar. A quantidade de sessões que um cachorro precisa para aprender um truque varia de acordo com o cachorro. Mas é bom saber que, se você estiver conseguindo passar de um passo para outro, isso significa que está tendo sucesso. Veja alguns outros pontos que você deve ter em mente enquanto estiver ensinando novos truques a seu cachorro:

- Introduza apenas um exercício novo por sessão. Ficar passando aleatoriamente de uma coisa para outra pode confundir o cachorro e desencorajar totalmente os cães mais sensíveis.
- Lembre-se de que as linhas gerais da modelagem comportamental são elementos fundamentais quando você deseja atingir um objetivo final. Como na maioria dos objetivos, você consegue ensinar um truque se começar do princípio, isto é, do primeiro passo, e avançar gradativamente para chegar ao fim acrescentando um passo de cada vez, até que todas as etapas possam ser apresentadas de uma só vez para compor um truque.
- Assim que estabelecer alguns princípios básicos, é bom rever algumas habilidades ou passos anteriores para dar uma aquecida.
- Tente trabalhar em duas ou três sessões por dia para obter melhorias e desenvolver habilidades reais no prazo de uma semana. Contudo, deve haver pelo menos duas horas de intervalo entre uma sessão e outra.
- Os cães levam tempo para processar o que aprendem. Às vezes, os intervalos são bons porque dão tempo para que eles organizem melhor alguns conceitos mais complexos.

Você pode ensinar muito mais facilmente os truques descritos a seguir se usar uma das três ferramentas mencionadas no Capítulo 4 – chamariz (iscas), modelagem livre ou *targeting*. É aconselhável recapitular os princípios básicos para reforçar suas habilidades gerais antes de tentar ensinar esses truques.

Cumprimentos educados com a pata

Muitos cães são capazes de fazer esses truques simples com muito pouco estímulo, pois eles já utilizam as patas para brincar ou receber atenção. Se seu cachorro pertence a essa categoria de cães, provavelmente você não terá dificuldade para lhe ensinar esses truques.

Dá a pata

Para aqueles cães que tendem a dar a pata naturalmente, pedir para que deem a patinha (ou, se preferir, "dá a pata") é a coisa mais natural do mundo. Entretanto, esse truque serve também como base para outros truques que utilizam a pata. Portanto, aperfeiçoe essa habilidade nele primeiro. As etapas de modelagem para ensiná-lo a dar a patinha são:

1. Descubra o que normalmente faz com que seu cachorro lhe dê a pata e use essa dica para que ele lhe dê a pata. Quando ele começar a levantar a pata, com ela ainda no ar, clique e recompense.
2. Repita quinze ou vinte vezes até que ele esteja lhe oferecendo a pata sem dificuldade.
3. Agora, estenda a mão e espere seu cachorro se manifestar; não o estimule a mais nada e veja o que ocorre. Se, por fim, ele erguer a pata, clique e recompense.
4. Se após alguns segundos ele não levantar a pata, volte a ajudá-lo, repetindo de dez a quinze vezes antes de tentar novamente. O objetivo é que seu cachorro entenda que levantar a pata é que faz com que ele receba o clique e a recompensa.

Esse truque pode ser muito útil quando estiver ensinando a ele como deve cumprimentar na presença de convidados.

5. Se usar a mão estendida como estímulo para que ele dê a pata, você pode usar esse estímulo como sinal para o comportamento. Mostre a mão e clique e recompense quando ele estiver estendendo a pata.
6. Acrescente o comando verbal "dá a pata" quando seu cachorro estiver levantando a pata para tocar sua mão.
7. Pratique esse truque em diferentes ambientes utilizando várias distrações, mas tome cuidado para não sobrecarregá-lo. Se ele não conseguir dar a pata nesse novo local, não hesite em facilitar as coisas para ele e em ajudá-lo a se sair bem.
8. Evite ser muito repetitivo. Dê um sinal, espere pela resposta e clique e recompense. Se a resposta não for rápida o suficiente, volte a ajudá-lo, utilizando seis a oito repetições antes de tentar novamente.

PRINCÍPIO BÁSICO

Se seu cachorro não levanta a pata habitualmente, tente provocá-lo com uma recompensa realmente apetitosa. Coloque o petisco na palma da mão e cerre o punho. Leve a mão até o focinho e coce o peito dele ou então toque as unhas dele com o dedo. A maioria dos cães levantará a pata, dando a você uma chance para clicar e recompensá-lo.

Toca aqui ou high five

O "toca aqui" ou *high five* não passa de uma variação do truque "dá a pata", só que acrescido de alguns pequenos ajustes:

1. Ensine seu cachorro a tocar sua mão com a pata para receber o clique e recompensa (consulte o Capítulo 4).
2. Usando a mão como alvo, estenda-a em várias posições até conseguir mantê-la no alto, com a palma virada para o cachorro e os dedos voltados para o teto. Clique e recompense seu cachorro por tocar sua mão com a pata.
3. Pratique até que ele levante rapidamente a pata toda vez que vir você erguendo a mão para o alto.
4. Marque verbalmente o comportamento "toca aqui" quando ele estiver ocorrendo regularmente.
5. Utilize distrações e treine-o para que ele consiga manifestar esse comportamento também com outras pessoas.

CAPÍTULO 6: TRUQUES BÁSICOS E CATIVANTES

Pode ser que você queira usar um sinal diferente ou um gesto, e não o sinal que utilizou originalmente para lhe ensinar o truque. Para que seu cachorro manifeste o comportamento com um novo sinal, é necessário seguir uma sequência. Você deve primeiro apresentar o novo sinal e depois o antigo. Do contrário, ele não prestará atenção ao novo sinal.

Acena

O aceno é um truque gracioso e eficaz que melhora as relações públicas de seu cachorrinho porque aprende a cumprimentar as pessoas de maneira apropriada. Um dos segredos para que o cachorro pare de pular nas pessoas, por exemplo, é fixar nele um comportamento aceitável, como acenar. Para realizar esse truque, o cachorro deve erguer a pata no ar, mantendo-se parado. Você pode ensinar esse truque associando o *targeting* e a modelagem. Os passos da modelagem são:

1. Utilize primeiro o comando "senta/fica" e dê alguns passos para trás para se afastar dele. Vá e volte com um intervalo de alguns segundos para recompensar seu cachorro por não lhe seguir até completar um minuto.
2. Fique em pé na frente dele, peça a pata e clique e recompense-o por lhe dar a pata várias vezes consecutivas.
3. Agora, posicione-se a um passo de distância de seu cachorro e peça para ele lhe dar a pata. Clique e recompense-o ao menor esforço que ele fizer para erguer a pata sem tentar se mover em sua direção. Talvez você precise recompensá-lo por ficar

Para receber um amável aceno, lembre-se de clicar quando seu cachorro estiver erguendo a pata, e não quando a pata dele estiver voltando para baixo.

no lugar durante algumas repetições antes de se colocar em posição e levantar a pata.
4. Assim que seu cachorro levantar a pata para tocar sua mão quando você a estender, comece a eliminar esse sinal tirando a mão rapidamente. Clique e recompense seu cachorro por tocá-la no ar.
5. Repita esse passo até que ele comece a levantar a pata toda vez que vir sua mão estendida.
6. Assim que ele começar a tocar o ar facilmente sem se mover para a frente, você poderá começar a marcar verbalmente esse novo comportamento com o comando "acena".
7. Mude o sinal com a mão para um aceno real, alterando a posição da mão – em vez de estendê-la, acene. Use esse novo sinal (o aceno) antes do sinal antigo (a mão estendida), eliminando gradativamente o sinal antigo, até que seu cachorro manifeste o comportamento assim que você acenar para ele.
8. Utilize distrações e pratique em novos locais até o momento em que ele manifestar esse comportamento com segurança.

Cães tranquilos

O adestramento envolve vários elementos, mas você precisa se lembrar de duas coisas. Primeiro, aproveite ao máximo o comportamento natural de seu cachorro, como demonstram os truques com a pata. Segundo, utilize o adestramento para obter o comportamento desejado – por exemplo, comportar-se na presença de outras pessoas ou de outros cães. Os truques a seguir podem ajudar seu cachorro a se acalmar e deixarão seus convidados relaxados.

F

FATO

Para obter bons resultados ao ensinar truques, você tem de trabalhar em um ritmo em que o cachorro receba clique e recompensa regularmente. Ao aumentar a dificuldade de um determinado truque, evite que o cachorro cometa mais de dois ou três erros antes de você conseguir lhe mostrar o que deseja que ele faça.

CAPÍTULO 6: TRUQUES BÁSICOS E CATIVANTES

Reverência

Se ensinar seu cachorro a reverenciar utilizando para isso um comando, terá um truque sensacional para exibir e também para acalmar um cachorro que estiver lhe fazendo uma visita. Os cães se convidam entre eles para brincar nessa posição. Portanto, essa é uma excelente maneira de seu cachorro aprender a fazer amigos. Para realizar esse truque, o cachorro primeiro fica em pé nas quatro patas e vai abaixando a metade frontal do corpo até os cotovelos tocarem o chão. Veja os passos para modelar esse comportamento:

1. Para começar, seu cachorro deve estar em pé nas quatro patas. Mantenha a mão abaixo do queixo dele (cerca de 10 cm) e faça com que ele toque sua mão. Em seguida, clique e recompense.
2. Aos poucos, dificulte o exercício, colocando a mão cada vez mais perto do chão. A cada nova tentativa, diminua a distância em alguns centímetros. Clique e recompense seu cachorro quando ele tentar abaixar mais a cabeça para tocar sua mão.
3. Quando sua mão já estiver tocando o chão, clique e recompense seu cachorro quando ele a tocar com o focinho sem se deitar completamente. Se ele insistir em deitar, erga a mão a alguns centímetros do chão e exercite assim por algum tempo para só depois prosseguir.

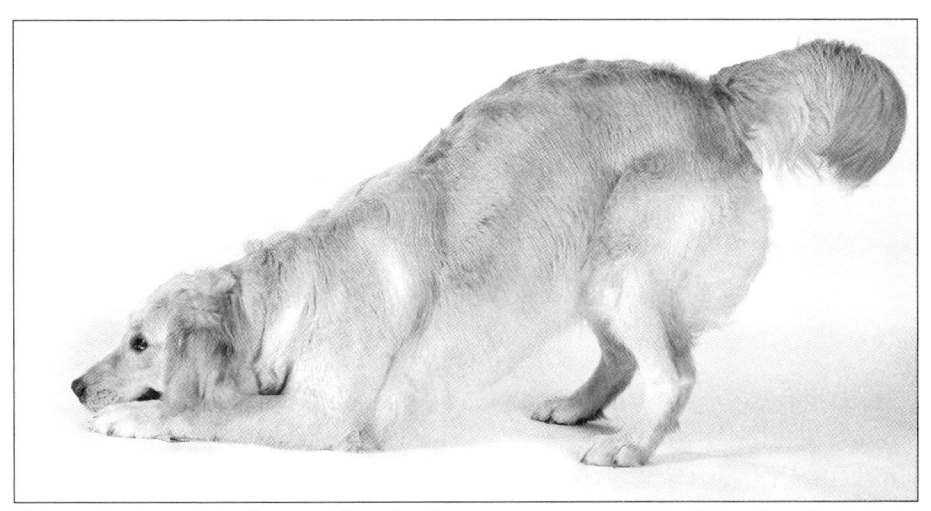

Para prolongar a duração, experimente oferecer a recompensa exatamente entre as patas dianteiras logo após o clique.

4. Lembre-se de observar seu cachorro cuidadosamente e clique e recompense qualquer esforço que ele faça para dobrar os cotovelos.
5. Assim que ele começar a abaixar a metade superior do corpo, passe a ajudá-lo menos não usando tanto a mão como alvo para ele tocar.
6. Aos poucos, deixe de utilizar a mão como alvo, até que ele abaixe a cabeça assim que você começar a fazer o movimento com a mão.
7. Aumente a dificuldade apenas clicando e recompensando as repetições em que ele baixar a cabeça mais depressa.
8. Para aumentar a dificuldade, prolongue a duração (o período de tempo em que ele mantiver o comportamento) acrescentando o comando "parado" ou "fica" e atrase o clique por um ou dois segundos, aumentando esse tempo gradativamente.
9. Utilize o comando verbal "reverência" ou "cumprimenta" um pouco antes de seu cachorro manifestar o comportamento.
10. Leve-o para passear e pratique esse exercício em novos locais.

Se seu cachorro insistir em baixar metade do traseiro assim como a parte superior do corpo, experimente seduzi-lo com uma recompensa debaixo de uma mesinha de centro ou de uma cadeira. Essa técnica costuma corrigir esse vício.

FATO

Primeiro, repasse o comando "fica". Em seguida, usando distâncias cada vez maiores, utilize o sinal/comando do comportamento. Apenas se afaste mais se ele manifestar o comportamento confiantemente. Não hesite em corrigir o "fica", caso o comportamento não lhe pareça adequado.

Morto

O "morto" é um truque de parar o trânsito. Se ensinar seu cachorro a se fingir de morto, com certeza atrairá até mesmo as pessoas que não têm interresse por cachorro. Esse truque exige que o animal se deite de costas com as patas para o ar e mantenha-se assim até ser liberado.

CAPÍTULO 6: TRUQUES BÁSICOS E CATIVANTES

1. Dê o comando "deita" para seu cachorro e, em seguida, clique e recompense.
2. Utilize um petisco para fazê-lo virar de lado e então clique e recompense.
3. Para deixar de usar a isca, faça seis repetições sucessivas. Em seguida, na sétima repetição, agora sem isca, clique e recompense-o por manifestar o comportamento.
4. Reintroduza a isca, para que ele role sobre as costas, e clique e recompense. Diminua gradativamente a isca após a sexta repetição.
5. Volte ao início e utilize os três primeiros passos juntos, para que ele realize todos eles num único movimento contínuo e receba um único clique e recompensa.
6. Para eliminar a isca, utilize comida em seis repetições. Em seguida, faça duas repetições sem comida. Repita várias vezes até que ele responda ao comando, com ou sem comida. Observação: o modo como você mantiver a mão será considerado por ele o sinal de comando original do comportamento e, como vimos, na primeira vez em que ensinamos um truque, nossos sinais são grosseiros.
7. Substitua o antigo sinal por um novo. Para isso, use o novo sinal antes do movimento que usou para estabelecer o comportamento. Por exemplo, apontar o polegar e o dedo indicador como um revólver e dizer "bum!" é sensacional.
8. Melhore a velocidade apenas recompensando o cachorro quando ele responder rapidamente ao novo sinal. Determine em quantos segundos ele tem de começar a manifestar o comportamento e clique e recompense-o antes mesmo que ele termine. Clicar no meio do comportamento é o que faz a velocidade aumentar.

Barriga pra cima

Esse truque é parecido com o finge de morto. Só não é igual por um detalhe: alguém pode tocar o cachorro enquanto ele está deitado de costas. Nem todos os cachorros se sentem confortáveis com esse truque. Portanto, conheça bem seu cachorro antes de lhe pedir para fazer esse truque na frente de estranhos.

Quando seu cachorro aprende a ficar de barriga pra cima, é muito mais fácil cuidar de sua aparência e higiene.

1. Dê o comando "deita" e, em seguida, clique e recompense-o.
2. Use uma isca para que ele se deite de lado e depois clique e recompense.
3. Use uma isca para que ele vire sobre um dos quadris e depois clique e recompense.
4. Use uma isca para que ele se vire totalmente de costas; depois clique e lhe dê um prêmio especial (você pode lhe dar inúmeras pequenas recompensas) na primeira vez e finalize a sessão.
5. Assim que ele estiver rolando sobre as costas com facilidade, diminua gradativamente a isca depois de seis repetições e veja o que acontece. Se ele ficar de barriga para cima, clique e recompense. Se não, use a isca por mais seis vezes e tente outra vez.
6. Quando ele estiver rolando sobre as costas com facilidade, marque esse comportamento com o comando "barriga para cima" um pouco antes de ele manifestá-lo.
7. Atrase o clique assim que ele se colocar de barriga para cima. A princípio, atrase alguns poucos segundos; depois, aumente gradativamente esse tempo até que ele se mantenha nessa posição por períodos mais longos.
8. Experimente tocar a barriga dele e clique e recompense-o por ele se manter de barriga para cima enquanto você o toca.

9. Depois, experimente pedir a uma pessoa estranha para tocar a barriga dele e clique e recompense-o por ele se manter de barriga para cima enquanto é acariciado por essa pessoa.
10. Leve-o para passear. Pratique em novos lugares e com novas pessoas. Não hesite em ajudá-lo a se colocar na posição caso ele fique confuso por estar em um lugar estranho.

Quem é que a-d-o-r-a plateia?

Embora parte do objetivo do treinamento seja modificar comportamentos, a outra parte é pura diversão. Assim que treinar seu cachorro a ser bem-comportado e socialmente aceitável, envolva o máximo de pessoas nas brincadeiras!

Rola

Rolar exige que seu cachorro se deite encostando a barriga no chão, role o corpo totalmente e volte a ficar de pé. Apesar de aparentemente simples, esse truque nem sempre é fácil de realizar. No caso de raças cujos cães tenham coluna alongada, como os *dachshunds*[1] ou os *basset hounds* (ou apenas bassê), esse truque provavelmente não é tão bom quanto para outras raças, em virtude da constituição física desses cachorros.

Examine bem seu cachorro, para verificar se não está se machucando ou torcendo a coluna. Se mesmo com muito esforço da sua parte, ele se recusar a ficar deitado de costas, ignore esse truque e experimente outro. Seu cachorro pode estar machucado ou se sentindo desconfortável e esse talvez seja o único jeito que ele tem de expressar o que está sentindo. Para ensinar esse truque, use se possível uma superfície macia, como uma toalha ou tapete, para que ele se sinta mais confortável.

1. Dê o comando para que seu cachorro se deite tocando a barriga no chão e, em seguida, clique e recompense.
2. Utilize uma recompensa ou um brinquedo para que ele vire a cabeça até ficar sobre um dos quadris; clique e recompense.

---

[1] Também conhecidos por "salsicha", "linguicinha", "*tekel*" ou "Cofap", em referência a uma série de comerciais exibidos pela TV brasileira, em 1989, sobre os amortecedores da empresa que leva esse nome. (N. da T.)

3. Segure uma recompensa ou um brinquedo perto do ombro de seu cachorro para que ele fique totalmente de lado; clique e recompense.
4. Movimente aos poucos a recompensa (ou o brinquedo), enquanto ele a estiver mastigando, para que ele vire e fique deitado de costas e com o tempo consiga rolar totalmente. Normalmente, é necessário treinar muito esse passo para que seu cachorro se sinta suficientemetne confortável para se deitar de costas.
5. Antes que ele se vire mais para ganhar o clique e recompensa, clique e recompense seus primeiros esforços para se movimentar na direção da recompensa.
6. Assim que ele estiver rolando com facilidade, é o momento de começar a diminuir gradativamente todos os sinais extras e fazer com que ele ofereça mais antes de você clicar.
7. Assim que ele conseguir rolar sem muita ajuda, você poderá começar a marcar esse truque verbalmente como "rola". O que quer que você faça com a mão ou o punho também poderá se tornar um sinal manual para o comportamento.
8. Utilize distrações, uma por vez, e prepare-se para ajudá-lo a realizar o truque até o fim, caso ele encontre algum problema para se concentrar.

Clique enquanto seu cachorro ainda estiver se movendo para que ele aprimore o movimento de rolar.

CAPÍTULO 6: TRUQUES BÁSICOS E CATIVANTES

ATENÇÃO! Os cães que têm coluna alongada às vezes se sentem desconfortáveis e desajeitados para rolar sobre as costas e em seguida voltar a ficar de pé. Aqueles que estão acima do peso ou que tenham lesado a coluna no passado também podem encontrar dificuldade.

Gira

Nesse exercício, seu cachorro precisa girar 360° em qualquer direção. Assim que ele ganhar habilidade para executar esse truque, você poderá fazer com que ele fique girando até que lhe diga para parar. Se estiver tentando ensinar esse truque com uma isca ou um petisco, é porque provavelmente percebeu que é difícil se livrar dela. Em vez disso, use como alvo sua mão ou um bastão para lhe mostrar o que você deseja que ele faça.

1. Com seu cachorro de frente para você, utilize a mão como alvo para que ele siga sua mão e gire até 90° (um quarto de círculo). Em seguida, clique e recompense.
2. Agora, mantenha a mão nessa marca de 90° e espere até que seu cachorro, por si só, toque sua mão com o focinho e só então clique e recompense-o. Pratique esse truque até que ele o esteja realizando facilmente.
3. Em seguida, um pouco antes de seu cachorro tocar sua mão, gire-a até 180° (metade do círculo) e clique e recompense-o por segui-lo, mas antes que ele realmente a toque.
4. Nesse momento, quando você soltar a mão, talvez ele complete o giro em torno de si mesmo. Porém, continue a clicar e a recompensá-lo quando ele girar até a metade do trajeto, a fim de melhorar a velocidade.
5. Use a mão para começar a fazê-lo virar, mas em seguida afaste-a rapidamente. Clique e recompense seu cachorro por tentar virar sem o alvo usado para guiá-lo.
6. Determine o tempo do clique para quando seu cachorro chegar ao meio do trajeto.

7. Continue a reduzir o tempo pelo qual você utiliza a mão como alvo e clique toda vez que seu cachorro girar sem sua ajuda.
8. Em vez de utilizar a mão como alvo, experimente usar apenas um movimento para a esquerda ou para a direita.
9. Substitua o alvo por um sinal simples para ele virar para a esquerda ou para a direita. O dedo indicador apontado é ideal como sinal definitivo.

Quando você e seu cachorro conseguirem executar habilmente esse exercício em dez passos consecutivos, você poderá começar a tentar melhorar a velocidade (consulte o Capítulo 5). Estabeleça um limite de tempo para que ele manifeste esse comportamento e clique e recompense-o somente nas repetições em que o objetivo for atingido. Para treiná-lo a girar em outra direção, basta voltar ao primeiro passo e tentar completar os demais.

Tá com medo?

Esse truque pode fazer muita gente rir, principalmente as crianças. Para mostrar "medo", o cachorro corre para baixo de uma mesa ou cama e fica espiando por debaixo da toalha de mesa ou da colcha da cama. Os passos de modelagem para ensinar o truque "tá com medo?" são os seguintes:

1. Primeiro, faça-o ir para baixo da mesa. Use a voz ou uma recompensa para fazê-lo dar uma olhadinha. Clique e recompense.
2. Lembre-se de cronometrar o clique para quando ele apontar a carinha pela primeira vez por debaixo do pano.
3. Repita esse exercício de seis a oito vezes. Depois, tente colocá-lo debaixo da mesa novamente e espere para ver se ele dá uma espiada por iniciativa própria.
4. Assim que ele vencer essa etapa, ensine-o a ir para baixo da mesa usando uma tampa como alvo (consulte o Capítulo 4 para obter informações sobre utilizar uma tampa como alvo e ensiná-lo a tocá-la com o focinho).
5. Primeiro, incremente o alvo com uma recompensa, a fim de encorajá-lo a ir para baixo da mesa e clique e recompense-o sempre que ele for.

CAPÍTULO 6: TRUQUES BÁSICOS E CATIVANTES

6. Não use mais a recompensa no alvo, mas deixe o alvo debaixo da mesa ou da cama e dê o comando para que ele vá até lá novamente. Clique e recompense-o por ter ido procurar o alvo debaixo da mesa ou da cama.
7. Para fazê-lo dar uma espiadela, repita o primeiro passo até que ele o realize prontamente. Em seguida, atrase o clique. Pelo fato de não ouvir o clique, provavelmente apontará a carinha para ver o que está errado. Clique e recompense-o assim que ele der uma espiada por debaixo do pano.
8. Repita esse exercício até que ele corra para baixo da mesa ou da cama e comece a espiar imediatamente; em seguida, marque o "tá com medo?" verbalmente.

PERGUNTA?

O que fazer se seu cachorro não espiar?
Se tiver dificuldade para fazê-lo espiar porque ele sempre corre em disparada quando sai de baixo da cama ou da colcha, isso significa que você precisa clicar mais rápido. Se antecipar o clique, pegará o cachorro bem no momento em que ele estiver saindo para fora e lhe passará a ideia de que espiar é o comportamento que está recebendo o clique.

Quem é valente?

Esse truque é parecido com o "tá com medo?". A diferença é que o cachorro anda de um lado a outro atrás do treinador e passando por entre suas pernas, até o momento em que olha para a cara do treinador. Os passos de modelagem para ensinar "quem é valente?" são os seguintes:

1. Primeiro, faça com que ele se sente de frente para você. Use um bastão (consulte o Capítulo 4) para fazer com que ele se mova em torno de você pela esquerda ou pela direita.
2. Pratique esse exercício até que seu cachorro corra por detrás de suas pernas e toque o alvo para receber o clique e recompensa.

3. Movimente vagarosamente o alvo entre seus pés, para que ele se coloque entre suas pernas e consiga olhar para você.
4. Retenha o clique depois que ele começar a entender o que deve fazer para passar entre suas pernas e veja se ele olha para você. Só então clique e recompense-o.
5. Se ele correr direto para suas pernas, use o bastão para lhe mostrar em que lugar deve parar e clique e recompense-o antes que ele de fato o toque.
6. Você pode usar "quem é valente?" para marcar esse comportamento, proferindo esse comando exatamente antes de dar o sinal que ativa o comportamento – por exemplo, apontar ou o que quer que você tenha feito para encorajar seu cachorro a se mover em volta de você.
7. Assim que ele começar a manifestar o comportamento imediatamente, retire o alvo devagar. Para isso, mostre o alvo para que ele comece a manifestar o comportamento e, então, faça o alvo desaparecer.
8. Utilize distrações e lembre-se de voltar atrás para ajudá-lo com o bastão, caso o comportamento dele regrida.

O olhar aparentemente preocupado dessa bela "garota" é uma habilidade aprendida.

CAPÍTULO 6: TRUQUES BÁSICOS E CATIVANTES

Independentemente do nível de habilidade de seu cachorro, qualquer um pode se divertir ensinando esses truques básicos. Lembre-se de que o objetivo final é que você de fato se divirta na companhia de seu melhor amigo. Não importa se você lhe ensina truques para distrair os amigos e sua família ou para levá-lo a hospitais e clínicas para realizar trabalhos terapêuticos, se você o estimula e o habilita a realizar truques, lhe permite revelar todos os maravilhosos atributos que ele possui. Passar algum tempo juntos aprendendo algo novo, estreitará os laços entre vocês e fortalecerá sua relação, melhorando a qualidade de vida de ambos.

Comportamento social e boas maneiras

Pois então, seu cachorro vai dar "apertos de mão" e reverenciar – não é o máximo? Bem, claro que você pode ampliar as habilidades sociais dele, incluindo alguns beijos e um "papo" agradável. A alegria de ter um cachorro é a reciprocidade dessa relação. Os dois comportamentos descritos a seguir aproveitam ao máximo essa interação.

Beija

Para ensinar esse comportamento, você precisará usar associadamente chamariz e modelagem livre. Você o fisgará no momento exato em que ele manifestar o comportamento e recompensá-lo. Porém, conseguirá fazer que o comportamento comece se lhe der primeiro um estímulo. Os passos da modelagem para ensinar o "beija" são os seguintes:

1. Para estimular seu cachorro no início, o segredo é usar comida. Dê a ele alguns pequenos pedaços de petisco. Utilize um petisco que você também possa comer. Depois, estenda o queixo para ele e espere.
2. Ao primeiro sinal de qualquer tentativa dele de abrir a boca para lhe dar uma lambida, clique e recompense.
3. Experimente colocar a recompensa em sua boca e mostre a ele que ela está lá. Clique e recompense qualquer tentativa dele de lamber você.
4. Acrescente o comando verbal "beija" imediatamente antes do instante que você acredita que ele vá manifestar o comportamento. Clique e recompense-o assim que o comportamento ocorrer.

Não há nada melhor do que o beijo de um amigo para nos alegrar e animar!

5. Diminua gradativamente a comida. Para isso, primeiro mostre-a ao cachorro e depois a coloque em algum lugar distante – em cima de uma mesa, por exemplo – e dê o comando "beija". Assim que ele beijá-lo, clique e recompense e corra para pegar a recompensa.
6. Repita esse passo até que ele comece a lhe oferecer o beijo assim que você lhe estender o queixo.

Late

O chamariz e a modelagem livre, ou ambos, são as melhores ferramentas para ensinar esse truque. O truque, por si só, exige que seu cachorro lata assim que receber um sinal.

1. Descubra algo que faça seu cachorro latir, como bater à porta ou manter uma recompensa longe do alcance dele. Clique e recompense-o assim que ele latir.
2. Repita esse passo pelo menos 20 ou 25 vezes.
3. Imite o motivo para ele latir (a batida). Se ele começar a latir, clique e recompense.

CAPÍTULO 6: TRUQUES BÁSICOS E CATIVANTES

4. Marque o comportamento verbalmente com o comando "late" um pouco antes de seu cachorro latir.
5. Não clique e recompense nenhum outro latido que você não tenha requisitado.
6. Se seu cachorro latir em momentos inapropriados, seja claro: vire o tronco para o lado para mostrar que ele não será recompensado se latir à toa.

> **PRINCÍPIO BÁSICO**
>
> Se você experimentar usar diferentes tipos de recompensa, ganhará versatilidade e suas chances de sucesso enquanto treinador serão maiores. Experimente usar recompensas comestíveis, jogos, brinquedos e eventos sociais, como deixá-lo cumprimentar uma pessoa depois que ele se sentar. Saiba onde e quando usar essas recompensas para aprimorar o programa de adestramento de seu cachorro.

Depois das habilidades básicas de obediência ("senta", "fica" e "vem"), esses truques simples são a melhor oportunidade para você e seu cachorro construírem uma relação de confiança e cooperação. Você conseguirá compreender melhor como seu cachorro pensa e o que o motiva, e ele aprenderá a ler seus sinais. Não tenha pressa para treinar bem seu cachorro. Assim, ambos colherão os melhores resultados possíveis.

CAPÍTULO 7

Truques de busca (*retrieving*[1])

Qualquer cachorro pode aprender a apanhar alguma coisa com a boca e levá-la ao treinador ou ao dono. Embora alguns tenham um talento instintivo para isso, mesmo os cachorros mais relutantes podem aprender a apanhar um objeto ou qualquer outra coisa ao receber um clique e uma recompensa.

---

[1] Trabalho de cobro ou cinegético (de apanhar a caça ou algum objeto). (N. da T.)

Modelando seu cachorro para apanhar objetos

Para modelar o comportamento de um cachorro para que ele busque objetos, decomponha esse exercício em várias partes, aumentando aos poucos a dificuldade. Mesmo aqueles cachorros que adoram apanhar objetos se recusam a pegar chaves ou ferramentas, por exemplo. Se você usar o condicionamento operante para modelar esse comportamento, seu cachorro se tornará um verdadeiro cão de busca (*retriever*). Além disso, essa é uma ótima base para você lhe ensinar os truques de busca (*retrieving*) que descrevemos a seguir.

PERGUNTA?

Qual a diferença entre comportamento operante e condicionamento clássico?
O condicionamento operante (clique e recompensa) reconhece e, portanto, estimula o comportamento desejável. O condicionamento clássico cria associações positivas entre dois acontecimentos.

Quando estiver ensinando esses truques a seu cachorro, é melhor escolher um objeto fácil de apanhar para começar a treiná-lo, algo que provavelmente ele apanharia por si só. Se você não souber ao certo que textura é mais atraente para seu cachorro, coloque na frente dele um punhado de objetos e veja qual ele mesmo escolherá para brincar. A maioria dos cães não gosta de objetos de metal e tem dificuldade de apanhar objetos pequenos que exijam que eles rocem e comprimam o focinho no chão para tentar agarrá-los com a boca. Escolha algo que ele consiga agarrar facilmente, como um pano, um haltere de borracha ou uma pequena caixa vazia.

Se você usar um objeto diferente, é mais provável que ele pelo menos se sinta estimulado a examinar o que é. Esse é seu ponto de partida para modelar a busca. Para ensiná-lo a apanhar objetos, divida esse exercício em vários passos, o mais básico possível, para que ele não perca esse comportamento posteriormente. Os passos de modelagem para treiná-lo a apanhar objetos são os seguintes:

1. Coloque um objeto no chão, a mais ou menos três passos de distância de seu cachorro.

CAPÍTULO 7: TRUQUES DE BUSCA *(RETRIEVING)*

2. Clique e recompense-o por se locomover até o objeto.
3. Clique e recompense-o por tocar o focinho no objeto.
4. Repita esse passo uma dúzia de vezes e, na última, adie o clique.
5. Se ele de alguma maneira tocar a boca no objeto, clique e recompense-o.
6. Assim que ele estiver tocando a boca no objeto, adie o clique até que ele de fato o apanhe.
7. Atrase o clique uma vez mais e aumente o tempo durante o qual ele permanecerá com o objeto na boca.
8. Aumente a distância. Para isso, primeiro coloque o objeto a uma pequena distância e, depois, aumente-a gradativamente.
9. Quando ele já estiver apanhando o objeto, marque o comportamento usando o comando verbal "pega".
10. Utilize o comando "dá" ou "solta", para marcar esse comportamento.

PRINCÍPIO B BÁSICO

Quando estiver treinando seu cachorro a apanhar objetos, utilize algo que você possa guardar no momento em que finalizar a sessão. Faça com que ele seja "especial" para seu cachorro, para que ele não veja a hora de se exercitar com esse objeto toda vez que você o treinar.

Elos e cadeias comportamentais

À medida que os truques se tornam mais difíceis e complexos, percebemos que um determinado comando engloba na realidade vários comportamentos — uma cadeia de comportamentos. Ao treinar seu cachorro a executar essas tarefas mais complicadas, você pode usar dois métodos: a cadeia comportamental ou o encadeamento reverso ou regressivo. Na verdade, a única diferença é o ponto de onde partimos, isto é, se começamos do começo ou se trabalhamos de trás para a frente a partir de um passo bem-sucedido.

Cadeias comportamentais

O conceito de cadeia comportamental é relativamente simples. Para que seu cachorro traga a guia até você ao ouvir o comando "pega a guia", ele precisa saber onde a guia está, pegá-la com a boca (e isso talvez exija que ele a pegue no chão ou a puxe da maçaneta da porta), leve-a até você mantendo-a na boca e solte-a em sua mão. Cada um desses passos é um elo da cadeia comportamental, e essa cadeia é tão forte quanto seu elo mais fraco.

Se seu cachorro não tiver facilidade para transportar objetos e caso você precise usar um monte de comandos suplementares, os truques que utilizam a cadeia comportamental serão instáveis e desinteressantes. Se você decompuser essa cadeia em pequenas partes, o truque ficará menos complexo e seu cachorro melhorará seu desempenho. Em poucas palavras, a cadeia comportamental é a decomposição (divisão) do que o cachorro deve fazer para realizar o comportamento por inteiro.

Encadeamento reverso

O encadeamento reverso está relacionado com a cadeia comportamental. A diferença é que, em vez de treinar o passo 1, o passo 2, o passo 3, você o treina retroativamente — passo 3, passo 2, passo 1. A ideia é a seguinte: se você o treinar a fazer algo de trás para a frente, ele manifestará o comportamento de forma mais confiável e com maior agilidade e entusiasmo porque está indo em direção a alguma coisa que já conhece bem. Ao ensinar a ele uma tarefa de vários passos de trás para a frente, você está lhe ensinando a se lembrar mais facilmente dos passos porque ele aprendeu o último passo em primeiro lugar. Portanto, o truque de levar a guia até você envolveria os seguintes passos: pegá-la e soltá-la em sua mão, levá-la até você estando a uma certa distância, apanhá-la com a boca e ir procurá-la.

Talvez você precise subdividir cada um desses passos para atender às necessidades específicas de seu cachorro, mas o conceito básico é o mesmo. Quando ele executar o truque completo, na verdade ele se moverá dos passos menos familiares para os passos mais familiares. Pelo fato de ter aprendido a última parte do truque primeiro, ficará mais confiante e exibido quando chegar ao fim e mais seguro de um modo geral para executar o truque.

ATENÇÃO! Não clique e recompense seu cachorro enquanto ele não ficar suficientemente frustrado e de fato pegar o objeto com a boca. É mais do que provável que ele pegue rapidamente o objeto e o solte. Portanto, fique atento para clicar e lhe dar uma recompensa especial.

Truques de busca (retrieving)

Todos esses truques requerem que o cachorro apanhe ou pegue alguma coisa com a boca e a leve a alguém. Se seu cachorro tiver alguma dificuldade para pegar o objeto que você está usando, não hesite em voltar aos passos básicos da busca usando um novo objeto. Você perceberá que voltar aos passos básicos ajudará seu cachorro a entender a busca como um todo e o tornará menos propenso a se recusar a cooperar.

Apanhando a guia

Nesse truque, o cachorro deve apanhar a guia e levá-la até você. Para que essa tarefa fique mais fácil para o seu cachorro, é aconselhável escolher um lugar e deixar a guia sempre lá. Por exemplo, a maçaneta da porta ou em algum lugar próximo à porta da frente. Ele tem de ir até o lugar em que a guia fica e puxá-la com a boca. E precisa carregá-la até você mantendo-a presa à boca até que você a pegue.

> **PRINCÍPIO BÁSICO**
> Se você por acaso utilizar um objeto que seu cachorro se recuse a apanhar, volte e modele novamente a busca usando esse mesmo objeto. Se ele não estiver executando adequadamente a parte em que tem de apanhar o objeto porque não está se sentindo confortável com esse objeto específico, ele executará o truque de qualquer jeito e de uma maneira não confiável.

Se você usar o encadeamento reverso para lhe ensinar esse comportamento e os demais comportamentos descritos a seguir, perceberá que ele terá mais facilidade para executá-los porque, dessa forma, partirá sempre dos passos mais familiares para os menos familiares. Os passos de modelagem são os seguintes:

1. Segure a guia e peça a seu cachorro para pegá-la. Clique e recompense-o no momento exato em que ele a pegar com a boca.
2. Dê um passo para trás e observe se ele o seguirá. Clique e recompense-o por se mover com a guia na boca.
3. Coloque a guia no chão e peça para ele pegá-la. Assim que ele a pegar, clique e recompense.

4. Coloque a guia no chão, mas só clique e recompense quando ele a pegar e der vários passos em sua direção.
5. Coloque a guia em vários locais e distâncias diferentes e repita. Clique e recompense-o por pegar a guia nessas circunstâncias.
6. Aos poucos, vá levando a guia até o lugar em que ele espera encontrá-la e clique e recompense-o por se dirigir até esse local.
7. Substitua o comando "pega" por "guia", dizendo a palavra guia logo após o comando antigo. Aos poucos, deixe de usar o antigo, para que ele manifeste o comportamento apenas quando ouvir o novo comando.

Apanhando a correspondência ou o jornal

Esse truque funcionará bem se houver um porta-cartas na porta de entrada ou se você receber diariamente o jornal em casa. Nesse truque, seu cachorro tem de ir até o local em que o jornal e as correspondências são deixados, apanhá-los, levá-los até você e soltá-los em sua mão. Os passos de modelagem são os seguintes:

1. Antes de ensinar seu cachorro a buscar alguma carta importante, use folhetos de propaganda ou correspondências sem importância para ensiná-lo

Ele levará o jornal até você sem pedir nenhuma gorjeta!

a apanhá-las sem rasgar. (Ninguém ficará contente em saber que o cachorro acabou comendo a fatura da hipoteca.) Para ensiná-lo a não rasgar suas correspondências, clique e recompense-o por apanhá-las sem mastigar.

CAPÍTULO 7: TRUQUES DE BUSCA (RETRIEVING)

2. Afaste-se um ou dois passos e faça-o trazer a correspondência ou o jornal até você. Clique e recompense-o por qualquer movimento ou se ele se mover até você.
3. Coloque a correspondência no chão e peça-lhe para pegá-la. É recomendável usar uma correspondência qualquer para exercitar esse passo, até que seu cachorro aprimore a técnica de apanhar algo que esteja muito colado ao chão.
4. Quando ele já estiver apanhando delicadamente os objetos, comece a usar correspondências importantes ou o jornal para treiná-lo.
5. Marque esse comportamento com o comando verbal "carta" ou "jornal" proferindo esse novo comando antes do comando que estiver usando – por exemplo, "pega"; em pouco tempo ele buscará sua correspondência com entusiasmo, sem as rasgar.

Procurando o controle

As visitas, especialmente aquelas que têm algum interesse por cachorros, adoram esse truque. Elas sempre ficam impressionadas quando um cachorro consegue fazer alguma coisa que elas consideram útil. Se alguém em sua casa costuma monopolizar o controle remoto, seu cachorro pode agir em sua defesa e apanhá-lo e ainda por cima fazer alguém sorrir. Nesse truque, ele tem de achar o controle remoto, pegá-lo, levá-lo até você e soltá-lo em sua mão.

1. Dê o controle remoto a seu cachorro e clique e recompense-o por mantê-lo na boca.
2. Dê um ou dois passos para trás e clique e recompense-o por levá-lo até você.
3. Coloque o controle sobre o sofá ou a mesinha de centro e peça para que ele pegue. Clique e recompense-o por apanhá-lo com a boca.
4. Leve seu cachorro para a sala e aumente gradativamente a distância até o controle. Clique e recompense-o toda vez que ele encontrá-lo.
5. Chame-o até você quando ele perceber qual é o truque e clique e recompense-o por manter o controle na boca até que você estenda a mão para pegá-lo.
6. Substitua o comando antigo "pega" pelo comando "controle" apresentando esse novo antes do antigo.

Apanhando o telefone

Nada melhor do que ter um serviço personalizado ou alguém especial para atender ao telefone. Nesse truque, seu cachorro tem de apanhar o telefone e levá-lo até você. É recomendável usar um telefone sem fio e deixá-lo sobre uma mesa baixa ou no chão para ficar mais fácil de apanhá-lo.

Embora o ideal seja usar um telefone sem fio nesse truque, é melhor começar a praticá-lo com um aparelho antigo para evitar que seu cachorro danifique o telefone que é de uso da casa. Assim que ele estiver apanhando o telefone de maneira satisfatória, sem danificá-lo, passe a utilizar seu telefone usual, deixando-o em algum lugar de fácil acesso, para que seu cachorro não o deixe cair no chão nem o derrube da mesa.

1. Dê o telefone a seu cachorro e diga-lhe para pegá-lo. Clique e recompense-o por pegá-lo e mantê-lo por alguns segundos na boca.
2. Agora, dê-lhe o telefone e afaste-se dele, para estimulá-lo a ir atrás de você. Clique e recompense-o por levar o telefone até você. Tome cuidado para dar o clique quando ele estiver indo até você, e não no momento em que ele chegar.
3. Repita uma vez mais esse passo, mas não clique nem o recompense por soltar o telefone.
4. Coloque o telefone no chão e peça-lhe para pegá-lo. Clique e recompense-o por apanhar o telefone.
5. Coloque o telefone a uma distância maior e peça-lhe para apanhá-lo. Cronometre o tempo para dar o clique e a recompensa no momento em que ele encostar a boca no telefone.

Ao ensinar seu cachorro a apanhar o telefone, experimente deixar o aparelho em uma mesa baixa para que ele consiga acessá-lo facilmente.

6. Aumente a dificuldade. Para isso, atrase o clique até que ele pegue o telefone e vire-se em sua direção. Você pode usar um incentivo, como o nome dele ou o comando "vem".
7. Marque esse comportamento usando "pega o telefone" antes do comando "pega e vem", até que você consiga diminuir gradativamente os comandos antigos e substituí-los pelo novo.
8. Use sessões curtas, até que ele comece a se mover em direção ao telefone ao ouvir o comando "pega o telefone".

Apanhando a tigela

Esse truque é uma excelente maneira de exibir a inteligência de seu cachorro para outras pessoas. É recomendável deixar a tigela no lugar em que ele está acostumado a comer. Nesse truque, seu cachorro irá até o local em que a tigela costuma ficar e a levará até você. Portanto, lembre-se de esvaziá-la antes. Alguns cães têm dificuldade de apanhar tigelas de metal. Nesse caso, é aconselhável usar uma de plástico. Se decidir usar a de metal, não hesite em recapitular os passos da busca usando esse novo objeto. Os passos de modelagem são os seguintes:

1. Estenda a tigela para seu cachorro e dê o comando para que ele a pegue. Clique e recompense-o por manter a tigela na boca.
2. Dê um passo para trás e chame-o até você. Clique e recompense-o por se mover em sua direção com a tigela na boca.
3. Coloque a tigela no chão e dê o comando para ele a pegar. Clique e recompense-o por pegá-la.
4. Repita esse passo, mas dê um passo para trás e clique e recompense-o por pegar a tigela e mover-se em sua direção.
5. Coloque a tigela cada vez mais perto do lugar em que você costuma deixá-la e peça para que ele vá buscá-la. Use distâncias cada vez maiores.
6. Quando seu cachorro estiver fazendo esse truque adequadamente, substitua o comando "pega" por um novo comando — por exemplo, "quer ficar gordo?" —, antes do comando antigo, até que ele comece a manifestar o comportamento ao ouvir apenas o novo.

> **FATO**
>
> Alguns cachorros detestam manter objetos de metal na boca. Nesse caso, é aconselhável voltar aos truques básicos e ensiná-lo a apanhar objetos de metal. Veja os passos de modelagem para lhe ensinar a busca e substitua o objeto por uma tigela de metal.

Procurando a chave do carro

Se você vive perdendo suas chaves, esse truque pode lhe poupar um bom tempo. Seu cachorro terá de usar os olhos e sentir o cheiro para localizar a chave. Em seguida, terá de apanhá-la, levá-la até você e soltá-la em sua mão já estendida. Os passos de modelagem são os seguintes:

1. Dê um molho de chaves a seu cachorro e o comando para ele pegar. Clique e recompense-o por isso.
2. Dê alguns passos para trás e chame-o até você. Clique e recompense-o por se mover em sua direção com o molho de chaves na boca.
3. Coloque as chaves no chão e peça-lhe para pegá-las. Clique e recompense-o por apanhar as chaves.
4. Repita o passo anterior, mas dê alguns passos para trás. Clique e recompense-o por apanhar as chaves e se mover em sua direção.
5. Coloque as chaves em diferentes lugares e em distâncias variadas e clique e recompense-o por encontrá-las. Ao diversificar os lugares em que as colocará, procure deixá-las algumas vezes em algum lugar à vista e outras vezes camufladas.
6. Pratique esse passo aos poucos até que seu cachorro esteja procurando efetivamente as chaves. Quando chegar a esse ponto, prossiga e marque esse comportamento com a palavra "chave". Substitua o comando "pega" dando o novo comando (chave) antes do antigo. Depois, elimine aos poucos o comando antigo.
7. Pratique esse truque assiduamente para que seu cachorro fique sempre motivado a procurar suas chaves.

CAPÍTULO 7: TRUQUES DE BUSCA (RETRIEVING)

PRINCÍPIO BÁSICO

Pratique a busca na rua. Como os truques de busca são difíceis de praticar em lugares públicos, se exercitá-los desde o início em locais diferentes, seu cachorro se sentirá à vontade em qualquer lugar.

Truques de busca e entrega

A habilidade básica explorada pelos truques de busca é a capacidade do cachorro de apanhar um objeto com a boca. A segunda habilidade é sua capacidade de transportar objetos na boca *de* um lugar *para* outro. Os truques de busca e entrega na verdade só trocam o "de" pelo "para", e isso pode ser divertido e prático, como demonstrarão os truques a seguir.

Juntando os brinquedos

Esse truque impressionará até aqueles amigos mais práticos que não gostam de cachorro. O cachorro que consegue juntar os próprios brinquedos bota no chinelo aquele adulto ou criança que nunca consegue colocar a roupa suja no cesto nem a louça suja na pia. Nesse truque, o cachorro tem de apanhar um brinquedo de cada vez e colocá-lo em sua caixa ou cesto de brinquedos. Os passos de modelagem são os seguintes:

Se ao menos conseguíssemos ensinar as crianças a fazer a mesma coisa!

1. Estenda um brinquedo ao seu cachorro e peça-lhe para pegá-lo. Quando ele já estiver com o brinquedo na boca, clique e recompense-o por prendê-lo.
2. Coloque o cesto de brinquedos entre seus pés e estimule-o a vir até você. Clique e recompense-o por prender o brinquedo na boca, mantendo a cabeça acima do cesto.
3. Repita o passo anterior, mas agora peça a seu cachorro para soltá-lo quando ele já estiver com o brinquedo sobre o cesto.
4. Coloque o brinquedo no chão e peça-lhe para pegá-lo. Clique e recompense-o por apanhar o brinquedo.
5. Repita o passo anterior colocando mais de um brinquedo no chão a cada repetição.
6. Substitua os comandos "pega" e "solta" pelo comando "junta os brinquedos" depois do antigo. Diminua aos poucos o comando o antigo.

Traz pro papai/mamãe

Esse truque é excelente para aqueles cães que estão procurando algo para fazer. Você pode ter um serviço canino de entrega personalizado e ainda por cima oferecer a seu cachorro uma ótima oportunidade de ganhar seu próprio sustento. Nesse truque, seu cachorro terá de apanhar um objeto — um envelope, uma ferramenta ou qualquer objeto de tamanho razoável que ele consiga transportar — e levá-lo a uma outra pessoa na casa. Os passos de modelagem são os seguintes:

1. Estenda o objeto a seu cachorro utilizando o comando "pega". Posicione uma pessoa a um ou dois passos de distância de seu cachorro e peça para ela o chamar. Clique e recompense-o por se dirigir a essa pessoa.
2. Aumente gradativamente a distância entre a pessoa e o cachorro e clique e recompense-o por sair de perto de você e se dirigir à pessoa.
3. Aos poucos, deixe de usar essa outra pessoa para chamar seu cachorro, até que ela desapareça de vista.
4. Substitua o comando "pega" por "traz pro papai" (ou "traz pra mamãe"). Diga o novo comando antes do antigo. Clique e recom-

CAPÍTULO 7: TRUQUES DE BUSCA *(RETRIEVING)*

pense-o por apanhar o objeto e se mover em direção à pessoa. Elimine aos poucos o comando antigo.

5. Diversifique os objetos que deseja que seu cachorro transporte de um lado a outro e pratique esse truque com frequência. Esse é o tipo de truque que quanto mais você praticar com seu cachorro, mais ele se aperfeiçoará.

> **PRINCÍPIO BÁSICO**
>
> Para se tornar um bom treinador, você precisa saber planejar. Os treinadores que planejam e delineiam as sessões de treinamento tendem a se sair melhor do que aqueles que não procedem da mesma forma. Se tiver metas claras e souber com certeza que passos você empregará para atingi-las, saberá quando seu cachorro se saiu bem!

Colocando uma carta na caixa de correio

Esse truque para colocar cartas na caixa de correio é divertido e prático, exige muita energia do cachorro e é gostoso de ver. Ele precisa apanhar a carta com a boca, saltar, colocando ambas as patas dianteiras na caixa de correio, e empurrar a carta pelo orifício da caixa. Você precisará ajudá-lo a levantar a alavanca da caixa para que ele consiga soltar a carta no lugar certo. Esse truque provavelmente é mais adequado para os cães suficientemente altos para alcançar a caixa, a menos que você dê uma forcinha para os mais baixinhos. Os passos para ensinar esse truque são os seguintes:

1. Usando o comando "toca", peça a seu cachorro para tocar o focinho na carta e empurrá-la pelo orifício. Clique e recompense-o por tocar o focinho na carta.
2. Adie o clique e a recompensa para o momento em que ele conseguir empurrar um pouco mais a carta pelo orifício.
3. Faça com que ele coloque ambas as patas dianteiras na caixa de correio e clique e recompense-o por ficar nessa posição por períodos mais longos. Se seu cachorro for pequeno, é recomendável segurá-lo próximo à caixa e clicar quando ele conseguir colocar as patas na parte superior da caixa.

4. Estenda-lhe uma carta e dê-lhe o comando para pegar. Clique e recompense-o por pegar a carta e, em seguida, por mantê-la na boca por períodos mais longos.
5. Agora, peça para que coloque as patas sobre a caixa, mantendo a carta na boca. Clique e recompense-o se conseguir.
6. Aprimore esse passo até que ele consiga se equilibrar facilmente nas patas traseiras, mantendo a carta na boca.
7. Agora, experimente fazer com que ele solte a carta na caixa usando o comando "solta". Clique e recompense-o por soltá-la. Se seu cachorro for pequeno, é provável que você tenha de adaptar esse truque e segurá-lo perto da caixa.
8. Pratique todas essas etapas até que todo o processo esteja fluindo e seu cachorro responda ao comando "pega" e complete todos os outros passos.
9. Substitua o comando "pega" por um novo — por exemplo, "coloca na caixa". Diga o novo comando antes do antigo, eliminando-o aos poucos.

Jogando o lixo no lixo

Ensine seu cachorro a apanhar um objeto e a jogá-lo no lixo. Por exemplo, uma lata de refrigerante ou outro objeto sem valor. Esse truque de busca exige que o cachorro pegue o objeto e solte-o dentro do cesto de lixo. Para que ele consiga fazer isso, é melhor usar um cesto aberto ou com tampa móvel. Além disso, a altura do cesto não deve ultrapassar o cotovelo do cachorro.

1. Pratique este passo utilizando vários tipos diferentes de objeto sem valor. Peça para ele apanhar o objeto e levá-lo até você. Aumente aos poucos a distância.
2. Sente-se em uma cadeira com o cesto entre os pés. Peça-lhe para apanhar um objeto utilizando o comando "pega" e chame-o de volta. Clique e recompense-o toda vez que ele conseguir se aproximar mais da boca do cesto ao se dirigir a você.
3. Repita esse passo, mas adie o clique por alguns segundos até que ele por fim consiga ficar com o queixo sobre o cesto.

4. Quando ele já estiver parado perto do cesto, dê o comando solta e clique e recompense-o por soltar o objeto. Você precisará praticar esse truque para que ele em algum momento solte o objeto exatamente sobre o cesto de lixo.
5. Experimente adiar o clique e esperar até que de fato ele se esforce para soltar o objeto dentro do cesto.
6. Marque esse comportamento dizendo o novo comando ("joga no lixo") antes dos comandos antigos ("pega" e "solta"). Você terá de praticar este passo várias vezes para que o novo comando passe ativar o comportamento.
7. Utilize diferentes objetos para praticar. Desse modo, seu cachorro conseguirá apanhar e jogar no lixo praticamente qualquer coisa que você lhe pedir.

Se desde o início você praticar esse truque usando um cesto mais baixo, seu cachorro conseguirá soltar mais facilmente o objeto no lugar certo.

> **FATO**
>
> Ao ensinar esse truque, lembre-se de que a altura e a tampa do cesto de lixo são fundamentais. A altura deve ser proporcional à altura da cabeça do cachorro, para que ele consiga acessar a tampa facilmente. Ao aumentar a distância, você deve inclusive examinar o peso do cesto para que ele não se incline e acabe assustando o cachorro.

Subindo de nível

Justamente quando você pensa que já experimentou quase tudo, novos truques e brincadeiras aparecem para que você e seu cachorro continuem aprendendo juntos. Brinque no quintal, na praia ou na sala de estar. Seu cachorro faz parte de sua família. Se ele for bem treinado e aprender a se comportar, será tratado como tal.

Jogando argolas

Esse jogo já fora de moda é uma excelente maneira de ocupar um cachorro extremamente ativo. Nesse truque, o cachorro tem de pegar cada uma das argolas e colocar uma de cada vez em um bastão. Esse procedimento deve ser repetido até que ele consiga colocar três argolas no bastão. Você pode comprar um jogo de argolas barato em alguma loja de brinquedos ou de departamentos. Os passos para modelagem desse truque são os seguintes:

1. Estenda uma argola a seu cachorro e clique e recompense-o por pegá-la.
2. Coloque o bastão preso à base perto de você e faça com que seu cachorro leve a argola próximo ao bastão. Clique e recompense-o por encaixar e soltar a argola no bastão.
3. Talvez você tenha de ajudá-lo dando algumas batidinhas no bastão para estimulá-lo a ir até lá e soltar a argola. Clique e recompense-o sempre que ele se aproximar mais do bastão e tentar soltar a argola.
4. Adie o clique e a recompensa e clique apenas nas vezes em que ele tentar colocar a argola no bastão. Assim que ele conseguir chegar por conta própria até o bastão, use um comando antes que ele solte a argola no bastão. Você pode escolher qualquer comando que desejar.

Com paciência e tempo, esse jogo pode se tornar uma atividade extremamente agradável tanto para você quanto para seu cachorro.

Caça submarina

Nesse truque, o cachorro tem de buscar objetos na água. Você pode usar uma piscina para bebê, a banheira, uma bacia ou um lago ou qualquer tipo de reservatório de água. O objetivo é fazê-lo apanhar todos os objetos que você afundar ou deixar boiando e levá-los de volta à terra firme. Essa atividade é excelente para os dias quentes porque é uma ótima oportunidade para seu cachorro se refrescar. Coloque um pouco de água em uma piscina para bebê e afunde algum objeto que seu cachorro goste muito e se sinta motivado a apanhar. Os passos de modelagem para ensiná-lo a brincar de caça submarina são os seguintes:

1. Segure um objeto na superfície da água e peça a seu cachorro para pegá-lo. Clique e recompense-o por tocar a boca no objeto.
2. Afunde apenas um pouco o objeto e clique e recompense-o por mergulhar o focinho e apanhá-lo.
3. Afunde cada vez mais o objeto, a cada nova tentativa, até a profundidade em que seu cachorro consiga puxá-lo.
4. Utilize objetos diferentes nesse truque e lembre-se de que o jogo deve ser sempre alegre e divertido.
5. Varie a profundidade da água quando seu cachorro já tiver adquirido domínio, para tornar a brincadeira mais interessante e divertida para todos os participantes. Assim que ele estiver conseguindo agarrar facilmente o objeto, sem muita ajuda sua, use o sinal/comando "pega" antes que ele ponha a boca no objeto.

Atchim! Um lenço, por favor!

Esse truque costuma agradar multidões. Para executá-lo, seu cachorro tem de apanhar o lenço ao ouvir um espirro. Quem não ficaria perplexo com um cachorro que nos traz um lenço ao ouvir um espirro? Nesse truque, você tem de usar uma caixa de lenços *pop-up*[2] e fingir que está espirrando. Os passos de modelagem para ensinar esse truque são os seguintes:

---

[2] Nesse tipo de embalagem, quando você puxa uma folha, parte da próxima folha sai da caixa. (N. da T.)

1. Estenda um lenço a seu cachorro e clique e recompense-o por pegá-lo e mantê-lo na boca.
2. Dê um passo para trás e faça com que ele o leve até você. Clique e recompense-o por se mover até você com o lenço na boca.
3. Agora, passe a utilizar a caixa de lenços. Primeiro, puxe um lenço e coloque-o sobre a caixa. Clique e recompense-o por puxar o lenço que já estava sobre a caixa.
4. Aos poucos, enfie o lenço na caixa para que ele tenha de puxá-lo com mais força para receber o clique e recompensa.
5. Substitua o comando antigo "pega" pelo novo comando (Atchim!). Diga o novo comando imediatamente antes do antigo.
6. Clique e recompense-o por responder ao comando e realizar o truque assim que você espirra.

Para ensinar seu cachorro a apanhar um lenço sem o rasgar em mil pedaços, dê-lhe oportunidade de praticar muito e não deixe que ele fique por muito tempo com o lenço na boca. É também recomendável manter a caixa de lenços em um único lugar, para que ele saiba aonde precisa ir para apanhar o lenço quando você espirrar.

Atchim!

Os truques de busca estão entre os mais impressionantes porque englobam vários passos e evidenciam a capacidade do cachorro de refletir sobre o que deve fazer para exibir um excelente desempenho. Cada truque utiliza um adereço diferente, mas todos exploram as mesmas habilidades básicas do cachorro para apanhar um objeto e levá-lo de volta até você. Se quiser deixar um novo truque mais animado, independentemente da experiência de seu cachorro, é uma excelente ideia recapitular os princípios básicos da busca (*retrieving*) usando um novo objeto.

CAPÍTULO 8

Truques exibicionistas

Todos nós somos um pouco exibicionistas, e os cachorros não são exceção. Eles adoram nos fazer rir e suas excentricidades normalmente nos confortam, aliviando o estresse da vida cotidiana. Se tirar um tempinho para treinar seu cachorro, seus laços ficarão mais fortalecidos e a capacidade de vocês se comunicarem será potencializada. Seu cachorro vai adorar exibir seus dotes.

Cães elegantes

Alguns cachorros, em virtude da própria raça ou da personalidade, parecem ter nascido para executar truques ornamentais. É justamente por isso que é tão importante conhecer seu cachorro e compreendê-lo — assim, você pode treiná-lo para explorar o que ele tem de melhor.

Posando para uma foto

Nesse truque, o cachorro fica como se estivesse posando para uma foto. O cachorro precisa virar a cabeça para o lado e mantê-la assim. A modelagem livre é o método mais apropriado para ensinar esse truque. Isso significa que você tem de limitar as opções do cachorro e obter o comportamento correto com o clique e recompensa para modelar o cachorro na posição que você de fato está querendo.

1. Para começar, posicione seu cachorro de modo que ele fique sentado de frente para você. Clique e recompense-o por ficar assim.
2. Depois de mais ou menos trinta segundos, pare de clicar e olhe para ele bem de perto. Se ele de alguma maneira virar a cabeça, clique e recompense-o.
3. Escolha um lado para começar e clique toda vez que ele virar a cabeça para essa direção.
4. Quando ele começar a compreender que o clique é dado quando ele vira a cabeça, adie o clique por alguns segundos para estimulá-lo a se manter nessa posição.
5. Aumente aos poucos a duração, até que ele vire a cabeça para o lado e mantenha-se nessa posição por quinze segundos.
6. Marque esse comportamento com o comando "posa" antes que ele vire a cabeça para o lado. Repita este passo até que o comando "posa" desencadeie o comportamento.

Empurrando um carrinho de bebê

Esse truque é admirável, mas por questão de segurança não deve ser praticado com um bebê de fato. Será mais seguro também para o cachorro se você utilizar um carrinho com uma boneca-bebê. Esse truque exige que

CAPÍTULO 8: TRUQUES EXIBICIONISTAS

o cachorro fique em pé e ande com apenas as patas traseiras enquanto empurra o carrinho com as patas dianteiras. Os passos de modelagem para ensinar esse truque são os seguintes:

1. Para começar, estimule seu cachorro a farejar o carrinho de bebê e clique e recompense-o.
2. Trave o carrinho para que ele não se mova para a frente. Use um alvo para que seu cachorro ponha as patas dianteiras sobre a alça do carrinho. Clique e recompense.
3. Faça-o se manter nessa posição adiando o clique e recompensa por um ou dois segundos.
4. Providencie alguma coisa para que o carrinho mova-se apenas um pouco para a frente (use um bloco de madeira atrás das rodas). Clique e recompense seu cachorro toda vez que ele conseguir mover um pouco o carrinho. Estimule-o a empurrar o carrinho e clique e recompense-o se ele lhe atender.
5. Controle a distância que o carrinho andará para não assustar seu cachorro.
6. Você pode marcar esse comportamento com o comando "empurra". Use esse comando quando ele mover o carrinho.

Para evitar que o carrinho vire, coloque dentro alguns livros pesados para que se mantenha firme e parado quando seu cachorro erguer-se para tocar as patas na alça. Examine se as rodas estão bloqueadas ou então use algum bloco de madeira para evitar que o carrinho se mova antes da hora.

Aiô, Silver, avante!

Esse truque, inspirado por um amigo que adora cavalos, é uma excelente maneira de exibir os dotes de um cachorro que gosta de pular nas pessoas. A única diferença é que ele não tocará em você quando empinar-se como um cavalo, estendendo as patas dianteiras para cima. Os passos de modelagem para ensinar o Aiô, Silver![1] são os seguintes:

---

[1] Silver é o cavalo de Lone Ranger ou Cavaleiro Solitário (o famoso Zorro). Antes de sair a galope em seu elegante cavalo, Zorro gritava "Aiô, Silver, avante!" (em inglês, "Hi-Ho, Silver, away!"). (N. da T.)

1. Use a mão como alvo, colocando-a acima da cabeça do cachorro. Clique e recompense-o por tocá-la.
2. Erga a mão aos poucos até que ele esteja totalmente ereto sobre as patas traseiras.
3. Pratique assiduamente para ajudar seu cachorro a fortalecer os músculos da perna.
4. Para que ele se mantenha nessa posição, adie o clique e recompensa por vários segundos.
5. Vá aumentando o tempo em alguns segundos até que ele consiga manter essa posição por quinze segundos.
6. Marque o comportamento de estender as patas com o comando "dá a patinha".
7. Clique e recompense apenas quando ele permanecer nessa posição por um tempo mais longo e conseguir ficar na posição correta (com as patas dianteiras estendidas para cima).
8. Aos poucos, deixe de usar a mão como alvo. Para isso, use-a para desencadear o comportamento e, em seguida, afaste-a. Clique e recompense seu cachorro por continuar a manifestar o comportamento sem o alvo.
9. Substitua o comando antigo pelo novo ("avante"). Use o novo antes de seu cachorro começar a manifestar o comportamento.

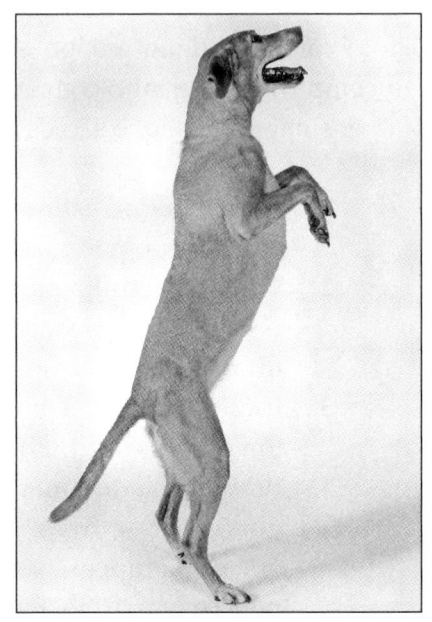

Divida esse truque em sessões curtas para que seu cachorro tenha tempo de fortalecer os músculos necessários para mantê-lo em pé sobre as patas traseiras.

Sentando-se ereto

Nesse truque, o cachorro senta-se sobre as patas traseiras e eleva as patas dianteiras, contraindo-as em relação ao tórax. Esse comportamento também deve ser praticado assiduamente pelo cachorro para que ele consiga fortalecer os músculos das costas e da anca.

CAPÍTULO 8: TRUQUES EXIBICIONISTAS

Os passos de modelagem para ensinar esse truque são os seguintes:

1. Use a mão como alvo e clique e recompense seu cachorro quando ele erguer as patas dianteiras e tocá-la.
2. Adie o clique e recompensa por alguns segundos para que ele se erga a uma altura suficiente e se sente sobre as patas traseiras, em vez de ficar em pé.
3. Acrescente um comando, como "senta reto" ou "implora". Dê esse comando antes do comando "toca".
4. Dê o clique e recompensa assim que ele começar a manifestar esse comportamento com o novo comando.

Se seu cachorro praticar com frequência e por períodos curtos, terá tempo de fortalecer os músculos da anca e de aprender a se equilibrar.

PRINCÍPIO BÁSICO

Experimente deixar de usar a mão como alvo procedendo da seguinte forma: mostre a mão, mas clique antes que seu cachorro de fato a toque. Se clicar antecipadamente, de modo que ele se erga para tocar sua mão, mas de fato não a toque, ele não ficará tão dependente de sua presença e será mais fácil eliminar o alvo.

Equilibrando um biscoito no focinho

Esse truque demonstra a força de vontade de seu cachorro, porque ele tem de equilibrar o biscoito sobre o focinho e esperar até que você dê o comando para ele comer.

1. Para começar, dê o comando para seu cachorro se sentar em frente de você. Clique e recompense-o por ficar nessa posição.
2. Experimente segurar o focinho dele e colocar um biscoito em cima para que ele receba o clique e recompensa.
3. Repita esse último passo até que ele consiga manter-se parado durante vários segundos.
4. Lentamente, solte o focinho dele e clique e recompense-o por mantê-lo firme.
5. Aumente aos poucos o tempo pelo qual ele mantém o biscoito equilibrado sobre o focinho antes de receber o clique e recompensa.
6. Após um bocado de prática, provavelmente você perceberá que seu cachorro terá desenvolvido outra técnica: atirar o biscoito para o ar e comê-lo. Isso torna o truque ainda mais atraente e comovente.

Cães humildes

Embora alguns cães tenham um talento nato para realizar truques mais imaginativos, outros, por natureza, são mais sóbrios. Esses truques básicos, porém encantadores, combinam com a personalidade deles e, portanto, são mais fáceis de ensinar.

Pedindo perdão

Nesse truque, o cachorro deita-se com o queixo encostado no chão entre as duas patas dianteiras. Vale a pena também ensiná-lo a levantar os olhos e olhar para você. Isso torna esse truque ainda mais convincente. Você pode usar esse truque como uma forma de colocá-lo de castigo — à moda canina, é claro.

1. Dê o comando par seu cachorro deitar de frente para você. Clique e recompense-o por se manter nessa posição.
2. Depois de mais ou menos trinta segundos, adie o clique e espere. Encare-o com atenção e clique e recompense qualquer tentativa de abaixar a cabeça.

CAPÍTULO 8: TRUQUES EXIBICIONISTAS

3. Assim que ele começar a entender que abaixar a cabeça é o que provoca o clique, adie o clique até que ele consiga se manter nessa posição por mais tempo.
4. Aumente o número de segundos (até atingir quinze ou vinte segundos) que ele deve manter a cabeça para baixo.
5. Marque esse comportamento (de arrependimento) usando o comando "perdão" antes de seu cachorro manifestá-lo.
6. Repita esse passo até que o comando "perdão" desencadeie o comportamento.

Para ajudar seu cachorro a compreender que abaixar a cabeça provoca o clique, ofereça a recompensa o mais próximo possível do chão para estimulá-lo a olhar para baixo. Com isso, você terá mais oportunidades de recompensá-lo por manifestar o comportamento correto.

Rezando

É uma graça ver qualquer cachorro executando esse truque, que exige que ele coloque as patas sobre uma cadeira ou banqueta e enfie a cabeça entre as patas. Ele pode ficar sentado ou em pé.

1. Use uma mesa, banqueta ou cadeira suficientemente pesada, para que não se mova quando seu cachorro colocar as patas sobre ela.
2. Para que ele coloque as patas sobre a banqueta, dê alguns tapinhas sobre a banqueta ou utilize um petisco para atraí-lo. Clique toda vez que ele tentar colocar as patas sobre a banqueta.
3. Adie o clique para que ele coloque as patas sobre a banqueta e mantenha-se nessa posição. Só então clique e recompense-o.
4. Usando uma tampa como alvo, faça com que ele coloque a cabeça entre as patas dianteiras. Para isso, coloque o alvo um pouco abaixo do tórax dele. Clique e recompense-o por tentar tocar o alvo.
5. Adie o clique novamente, até que ele mantenha o focinho no alvo por períodos mais longos.
6. Elimine aos poucos o alvo clicando antes de seu cachorro de fato tocá-lo ou diminuindo o tamanho do alvo.

7. Quando ele estiver manifestando esse comportamento, marque-o com o comando "reza" antes de qualquer outro sinal ou comando. Elimine aos poucos os comandos antigos.

Para que seu cachorro execute naturalmente esse truque e para evitar que ele se assuste, use uma banqueta baixa. Desse modo, ele conseguirá colocar as patas facilmente e a banqueta não escorregará no chão quando ele se apoiar. Você pode colocar um tapete ou algo antiderrapante sob a banqueta para executar esse truque.

Truques com a família

Enquanto treinador ou dono, você é o elo de seu cachorro com o universo humano. Entretanto, no caso de uma família maior, todos os membros precisam desenvolver uma boa relação com o cachorro. Comece a treiná-lo para que ele participe ativamente da vida familiar. Todos se beneficiarão com isso.

Acorda o papai

Não há nada melhor do que acordar todas as manhãs com um despertador canino, há? Nesse truque, seu cachorro tem de beijá-lo ou cutucá-lo para acordá-lo. Você precisará de um ajudante, que atuará como a pessoa que ele deve despertar. Veja a seguir os passos de modelagem:

1. Para começar, a pessoa que vai ajudá-lo deve deitar-se de barriga para baixo, com a cabeça sobre os braços dobrados. Esconda várias iscas embaixo do braço dessa pessoa e instigue seu cachorro a procurá-las. Quando ele enfiar o focinho entre os braços dela, clique e recompense-o.
2. Diminua aos poucos a quantidade de iscas na mão da pessoa que o está ajudando. Faça isso até que ele a cutuque, mas não haja mais nenhuma recompensa. Clique e recompense qualquer tentativa dele de enfiar o focinho entre os braços dessa pessoa.

3. Marque esse comportamento com o comando "acorda" seguido do nome da pessoa antes de ele enfiar o focinho entre os braços dessa pessoa.
4. Aumente aos poucos a distância para lhe pedir para acordar alguém, até que ele comece a executar esse truque animadamente, estando em outro recinto da casa.
5. Experimente usar outras pessoas da família para ajudá-lo. Assim, todas terão oportunidade de serem acordadas por seu cachorro.
6. Pratique esse truque todos os sábados para que ninguém se atrase para o café da manhã!

Quando seu cachorro começar a compreender o ato de ir acordar alguém, você pode começar a lhe ensinar a acordar pessoas específicas pedindo para que a pessoa o chame depois que você der o comando "acorda". Posteriormente, quando ele começar a entender as coisas, você pode eliminar esse hábito.

Vai buscar a mamãe

Esse truque é útil para as crianças e também para os pais. Nesse caso, seu cachorro tem de se locomover até um membro da família e trazê-lo à pessoa que deu o comando. Que melhor maneira haveria de reunir toda a família na hora do jantar do que pedir a seu cachorro para trazer cada um de seus familiares até a mesa?

1. Usando a pessoa que seu cachorro terá de buscar como assistente, faça com que ele vá até ela e volte até você. Clique e recompense-o toda vez que ele for até ela.
2. Quando ele já estiver fazendo isso animadamente, marque esse comportamento com o comando "vai buscar" seguido do nome da pessoa antes que essa pessoa o chame até ela.
3. Aos poucos, mude o lugar em que essas pessoas devem permanecer para que seu cachorro possa buscar cada uma delas em recintos diferentes e também tenha de subir e descer escadas.
4. Substitua o comando vem pelo comando vai buscar dizendo "vai buscar a mamãe", por exemplo, antes de a "mamãe" o chamar até ela.

A pessoa que ele estiver procurando deve oferecer o clique e recompensa quando ele a achar.
5. Assim que ele começar a manifestar o comportamento prontamente, você pode desacostumá-lo do *clicker* e das recompensas. Porém, mesmo assim, sempre que ele corresponder, deve receber aplausos e afeto.

Truques superinteligentes

Anteriormente, afirmamos que os cães podem ser treinados para realizar qualquer tarefa que o físico deles permitir. Assim sendo, para executar esses truques de forma promissora, é essencial ter paciência com o cachorro. Usando as ferramentas (consulte o Capítulo 4) e os métodos de encadeamento (consulte o Capítulo 7), comece a treinar seu cachorro para executar esses truques quando você perceber que ele está preparado.

Cachorros que dançam

Esse truque é admirável, mas é difícil para a maioria dos cães. Para executá-lo, o cachorro precisa se equilibrar em suas patas traseiras e andar. É recomendável usar sessões curtas de treinamento para ajudá-lo a fortalecer aos poucos os músculos da anca e das pernas. Lembre-se de praticar em superfície não derrapante, para evitar que ele se machuque. Os passos de modelagem para ensiná-lo a dançar são os seguintes:

1. Dê o comando para ele se sentar, ponha a mão ligeiramente acima do focinho dele e clique e recompense qualquer esforço dele para ficar em pé sobre as patas traseiras e tocar sua mão.
2. Erga um pouco mais a mão e continue a clicar e a recompensá-lo por usar as patas traseiras para se levantar e tocar sua mão.
3. Estimule-o a se manter nessa posição por mais tempo adiando o clique por um ou dois segundos.
4. Aumente aos poucos o tempo para vários segundos.
5. Movimente a mão em todas as direções e clique e recompense-o por andar sobre as patas traseiras para tocá-la.

6. Mova a mão em círculo e clique e recompense-o por andar sobre as patas traseiras e seguir sua mão.
7. Acrescente o comando "dança" antes de seu cachorro começar a manifestar o comportamento.

Tocando uma campainha ou um sino

Nesse truque, o cachorro aprende a tocar uma campainha ou sino com o focinho ou uma das patas. Como nesse truque você ensina seu cachorro a tocar a campainha no momento em que ele quer sair para fazer suas necessidades, ele é bastante útil.

Coloque uma tira de sinos próximo à porta que você normalmente usa para deixá-lo sair.[2] Assim que ele aprender a tocar o sino ou campainha com a boca ou o focinho, comece a ensiná-lo a fazer isso toda vez que ele sair para fazer suas necessidades. Em pouco tempo seu cachorro tocará o sino ou campainha para avisá-lo que deseja sair. É aconselhável usar vários sinos nesse truque. Para facilitar o acesso, use uma longa tira com quatro ou cinco sinos pendurados, porque dessa forma seu cachorro terá mais oportunidade de acertar.

Os passos de modelagem para ensinar seu cachorro a tocar um sino são os seguintes:

1. Coloque uma tira de sinos no chão e clique e recompense-o por farejá-los. (Você pode usar um comando para ele tocar, se ele já tiver aprendido algum.)
2. Adie o clique e aguarde até que ele toque mais forte ou coloque a boca em um dos sinos. Só então clique e recompense-o.
3. Pratique isso até que ele comece a tocar o sino com propósito.
4. Pendure a tira de sinos próximo à porta e repita os passos acima até que ele consiga tocá-los com segurança.
5. Aumente aos poucos a distância que ele tem de percorrer para tocar os sinos.
6. Marque esse comportamento com o comando "sino" (ou "campainha", se for o caso).

---

[2] Você pode também pendurar a tira de sinos na maçaneta da porta. (N. da T.)

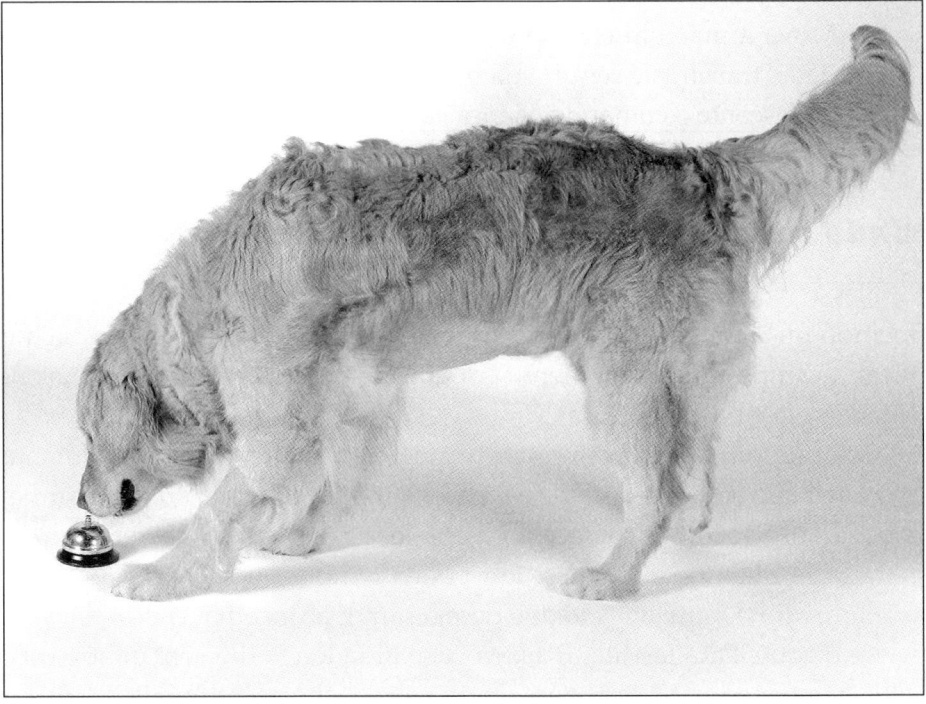

Utilize esse truque para ajudar seu cachorro a avisá-lo que precisa sair.

Uma garrafa d'água, por favor!

Esse truque é surpreendente. Seu cachorro tem de abrir a geladeira, pegar uma garrafa d'água, fechar a porta e levar a garrafa até você. Você provavelmente substituirá a garrafa d'água por uma latinha de refrigerante ou um garrafa de suco quando seu cachorro aperfeiçoar suas técnicas. Esse truque envolve três ações diferentes: apanhar a garrafa, abrir a porta da geladeira e fechar a porta.

Apanhando a garrafa

1. Mostre uma garrafa d'água para seu cachorro e peça-lhe para pegá-la. Clique e recompense-o toda vez que ele a mantiver na boca por vários segundos.

2. Com a garrafa ainda na boca, afaste-se dele e chame-o para ir até você, aumentando cada vez mais essa distância. Clique e recompense-o primeiro por ir até você e depois por soltar a garrafa em sua mão.
3. Coloque a garrafa no chão e dê-lhe o comando "pega" e, depois, "traz". Clique e recompense-o por buscar a garrafa. Em seguida, vá adiando o clique aos poucos até que ele esteja caminhando até você.
4. Coloque a garrafa em uma das prateleiras baixas da porta da geladeira e pratique até que ele consiga apanhá-la. Clique e recompense-o na primeira vez em que ele se aproximar, quando apanhar a garrafa e quando a levar a você. Mas utilize sessões breves para treiná-lo.

Abrindo a porta da geladeira

1. Prenda uma correia na porta da geladeira para que seu cachorro consiga abrir a porta mais facilmente.
2. Comece com a porta da geladeira aberta. Estenda a correia e peça para ele pegá-la. Clique e recompense-o por pegar a correia.
3. Assim que ele estiver pegando facilmente a correia, adie o clique por mais um segundo ou dois e clique e recompense-o por pegá-la.
4. Afaste-se um pouco de seu cachorro e chame-o até você enquanto ele estiver com a correia na boca. Talvez você precise retroceder e ensinar os passos formais da busca (*retrieving*) (consulte o Capítulo 7) com a correia ou pelo menos recapitulá-los.
5. Quando seu cachorro já estiver conseguindo manter a correia na boca enquanto se move para trás, clique e recompense-o, porque na verdade ele está abrindo a porta.
6. A cada nova tentativa, feche mais a porta, até que ela esteja quase encostando. Desse modo, ele terá de puxá-la com mais força para abri-la.
7. Assim que ele conseguir abrir a porta quando ela estiver totalmente fechada, experimente deixá-lo apanhar a correia por conta própria. Inicialmente, clique e recompense qualquer tentativa dele de agarrar a correia.
8. Aumente aos poucos a distância, para que ele tenha de se aproximar da geladeira a distâncias cada vez maiores.

9. No devido tempo, adie o clique para que ele agarre a correia e comece a puxá-la para abrir a porta antes de você clicar. Se em algum momento ele parecer confuso e de alguma forma regredir, volte e decomponha esse truque em partes menores e recondicione o comportamento aos poucos.
10. Assim que seu cachorro começar a agarrar a correia no momento em que você apontar para ela, vá em frente e marque o comportamento com o comando "água" antes de ele chegar à correia. Posteriormente, você deve utilizar o comando/sinal "vá buscar água", mas no início ele prestará atenção ao comando "água", pelo fato de ser uma única palavra.

Fechando a porta da geladeira (o cachorro usa o focinho)

1. Assim que seu cachorro estiver conseguindo apanhar a garrafa com facilidade, experimente usar a porta da geladeira como alvo para que ele a toque com o focinho.
2. Abra um pouco a porta, dê o comando "toca" e clique e recompense-o por tentar mover a porta, mesmo que apenas um pouquinho.
3. A cada nova tentativa, deixe a porta cada vez mais aberta, até que ele comece a fechá-la intencionalmente. Lembre-se de clicar e recompensá-lo mesmo nas tentativas em que ele consiga mover apenas um pouco a porta.
4. Marque esse comportamento com o comando "porta".

Fechando a porta (o cachorro usa a pata)

1. Use um alvo para fazer com que seu cachorro toque a porta da geladeira com a pata. Em seguida, clique e recompense-o.
2. Abra um pouco a porta e peça a ele para tocá-la com a pata. Clique e recompense-o por tocar na porta para fechá-la.
3. Abra cada vez mais a porta, de modo que ele tenha de empurrá-la com mais força para receber o clique e recompensa.
4. Marque esse comportamento com o comando "porta".

Recapitule cada uma dessas etapas para agrupá-las. Abra a porta da geladeira (coloque a garrafa em uma prateleira que ele consiga alcançar) e dê o comando para que ele a pegue. Enquanto ele ainda estiver com a garrafa na boca, chame-o (de modo que ele fique de frente para a porta) e diga-lhe para fechá-la. Pratique esses dois passos até que eles estejam fluindo. Em seguida, adicione o comando "pega" (a correia da porta) e, depois, dê o comando para que ele pegue a garrafa. Pratique esses passos juntos até que eles estejam fluindo. Em seguida, acrescente o comando para fechar a porta. Talvez você tenha de ir e voltar um pouco para solidificar cada etapa do comportamento, até que tudo isso se torne uma coisa só.

ATENÇÃO! Tenha cuidado ao escolher o objeto que usará para que seu cachorro apanhe. A princípio, o cachorro terá mais habilidade para apanhar garrafas d'água. Posteriormente, experimente usar latinhas e copos de plástico. Se seu cachorro costuma agarrar objetos com muita força, é aconselhável praticar primeiro com latinhas vazias para evitar que ele se assuste ou suje toda a cozinha.

Pra esquerda, pra direita

Se ensinar seu cachorro a diferenciar esquerda e direita, deixará seus amigos e familiares boquiabertos. Além disso, você poderá dar um comando para lhe dizer exatamente que direção você deseja que ele tome.

1. Para começar, posicione seu cachorro de frente para um objeto (uma cadeira, por exemplo). A mais ou menos 1 metro à esquerda do objeto, use uma tampa como alvo.
2. Dê-lhe o comando para tocar a tampa e clique e recompense-o por responder.
3. Repita esse passo a distâncias cada vez maiores, clicando antes que ele toque o focinho no alvo.
4. Quando ele estiver manifestando esse comportamento prontamente, use o novo comando/sinal "pra esquerda" antes que ele se mova para a frente para tocar o alvo. Repita este passo até que ele vire para a esquerda quando você disser "esquerda".

5. Elimine aos poucos o alvo. Para isso, diminua o tamanho do alvo (corte-o em partes menores com uma tesoura). Faça isso até que ele comece a se virar assim que você der o comando.
6. Para ensinar seu cachorro a virar para a direita, basta seguir todos os passos descritos anteriormente, substituindo apenas a esquerda pela direita.

Você pode usar os comandos "pra direita" e "pra esquerda" com os truques de *retrieving*. Para isso, enfileire vários objetos e peça a seu cachorro para pegar um dos objetos à esquerda ou à direita. No mínimo, esse truque vai preparar melhor seu cachorro para aprender truques mais complexos.

Procura

Pedir a seu cachorro para achar alguma coisa que você tenha perdido, além de ser útil para você, é estimulante para o cachorro. Se por acaso perder a carteira ou a chave no parque, embaixo de alguma árvore forrada de folhas ou no trajeto em que costuma passear com seu cachorro, não se preocupe, pois ele pode ajudá-lo a procurar.

1. Escolha um objeto que guarde bem o seu cheiro (um boné ou uma presilha de cabelo) e mostre-o a seu cachorro.
2. Peça a alguém para segurar seu cachorro pela coleira enquanto você esconde o objeto em algum lugar a princípio evidente.
3. Solte-o para que ele tente procurar o objeto. Clique e recompense-o por se aproximar dele.
4. Aumente aos poucos a dificuldade escondendo o objeto em lugares cada vez mais difíceis.
5. Escolha outro objeto para praticar e tente novamente.
6. Marque o comportamento com o comando "procura" assim que ele se mover em direção ao objeto.

Truques envolvendo vários cães

Para conseguir realizar truques utilizando vários cães, todos eles precisam conhecer o truque e conseguir executá-lo com segurança em resposta a um sinal ou comando. Antes de experimentar esse truque com mais cachorros, primeiro ensaie os passos com cada um separadamente. Se tudo der errado ou não sair de acordo com o planejado, recapitule os passos com cada cachorro separadamente.

PRINCÍPIO BÁSICO

Esses truques são ideais para dois ou três cães de cada vez. É recomendável usar um ajudante para cada cachorro. A função dessas pessoas é reforçar e recompensar individualmente os cães quando eles executarem corretamente um truque, enquanto se acostumam a trabalhar em grupo.

Uma dupla de cães rolando

Nesse truque, dois cachorros rolam ao mesmo tempo. Ao posicioná-los, lembre-se de deixar um espaço suficiente entre ambos para que não se atropelem. Outra opção para executar esse truque é fazê-los rolar um atrás do outro. Os passos de modelagem desse truque são os seguintes:

1. Dê o comando para que eles se deitem a aproximadamente 1 metro de distância um do outro. Aumente essa distância se eles forem muito grandes.
2. Reforce cada um deles por se manterem na posição "deita/fica".
3. Dê um sinal para que eles rolem, mas um de cada vez (reforce o outro por se manter na posição enquanto não recebe o sinal) ou dê o sinal para que todos eles rolem ao mesmo tempo.
4. Experimente dar um sinal a cada um deles e outro sinal para o grupo e veja qual versão do truque parece mais atraente.
5. Se der o comando para todos os cachorros simultaneamente, precisará apenas de um clique para todos eles, mas deverá recompensá-los individualmente com um petisco.
6. Se der o comando para cada um separadamente, clique e recompense cada um deles antes de pedir para que o seguinte comece a rolar.
7. Assim que os cachorros estiverem se comportando com segurança, marque o comportamento com o comando "todos rolando" ou então dê um comando específico para cada um usando, por exemplo, o nome do cachorro e, em seguida, o comando "rola".

O biscoito, por favor

Esse truque envolve dois cachorros — um em frente ao outro, sentados. Ao receber o comando, o primeiro equilibra um biscoito no focinho e arremessa a cabeça para trás, lançando o biscoito sobre a própria cabeça para o cachorro que se encontra atrás. O que está atrás apanha o biscoito e o come como recompensa. Recapitule os passos do truque para equilibrar um biscoito no focinho, na página 107.

A maioria dos cachorros tem maior facilidade para aprender a arremessar o biscoito sobre a cabeça (especialmente se o biscoito for maior) do que o arremessar e abocanhar. Após cinco repetições, clique e recompense o cachorro apenas por arremessar o biscoito sobre a cabeça, e não por abocanhá-lo. Veja a seguir os passos de modelagem desse truque:

1. No início, use um biscoito de um tamanho que o arremessador não consiga comer de uma só bocada.
2. Assim que ele estiver conseguindo equilibrar o biscoito facilmente, utilize o comando fica.
3. Dê o disparo com o comando "OK" e clique quando ele fizer o movimento com a cabeça.
4. Recompense-o com um pequeno petisco.
5. Recoloque o biscoito sobre o focinho dele e recomece.
6. Após cinco repetições, adie o clique até que o movimento com a cabeça fique mais alongado ou que o arremesso do biscoito fique mais definido. É fundamental observá-lo de perto e clicar os arremessos mais prolongados e ignorar os mais curtos.
7. Para diminuir a probabilidade de o cachorro comer logo de cara o biscoito, use um petisco mais atraente, como um frango. Desse modo, ele começará a se esforçar para receber o clique e essa recompensa mais sofisticada, que será oferecida por você.

FATO

Para que seu cachorro compreenda que você deseja que ele arremesse a cabeça para trás, o momento do clique deve ser exato. A maioria dos cães arremessa a cabeça para trás para se livrar do biscoito sobre o focinho. Alguns podem até arremessar o biscoito e comê-lo se você praticar o suficiente. É importante deixar seu cachorro desenvolver um estilo próprio. Para isso, pratique esse truque assiduamente.

Assim que seu "equilibrista" estiver arremessando bem e não estiver mais tentando comer o biscoito tão logo ele caia, passe a incluir o segundo cachorro no truque. Você provavelmente terá de praticar muito para cronometrar bem o tempo e conseguir coordenar corretamente os movimentos.

Os comandos ou sinais serão "segura", "fica" e em seguida "OK". Esses comandos farão com que ele mantenha o biscoito sobre o focinho e o arremesse. Lembre-se de clicar e recompensar o primeiro cachorro por não avançar e comer o biscoito arremessado. Você pode pedir para que outra pessoa dê o clique e a recompensa ao primeiro cachorro quando ele se mantiver no lugar. Uma boa ideia é colocar uma guia no primeiro cachorro e pedir a essa mesma pessoa para pisar na guia assim que ele arremessar o biscoito. Isso pode ajudar o cachorro a acertar — isto é, evitará que ele coma o biscoito.

Acenem todos

Esse truque notável pode ser praticado com inúmeros cães ao mesmo tempo. Os cachorros devem ficar enfileirados, olhando para a plateia, e erguer a pata no ar e acenar. Os passos de modelagem para ensinar um grupo de cães a acenar são os seguintes:

1. Primeiro verifique se todos os cães conseguem acenar naturalmente e seguramente em resposta a um sinal/comando.
2. Coloque-os enfileirados e reforce-os por se manterem na posição.
3. Dê um sinal para que acenem e clique e recompense todos eles.
4. Pratique com dois cachorros por vez, até que estejam competindo entre si para erguer a pata mais rapidamente.
5. Para que se esforcem mais para agilizar o movimento, clique e recompense apenas o cachorro que iniciar primeiro.
6. Acrescente outros cachorros aos poucos, seguindo as mesmas regras. Os cães mais rápidos recebem recompensas mais vezes do que os mais lentos.
7. Se um deles for particularmente lento, separe-o e ensine-o a acenar mais rápido e só então o coloque novamente no grupo.

> **PRINCÍPIO BÁSICO**
>
> Caso deseje que um grupo de cães execute um determinado truque, talvez seja interessante escalonar o processo de modo que se manifestem um após o outro. Inicialmente, é recomendável usar um ajudante para reforçar os cachorros que terão de aguardar sua vez.

Por exemplo, se estiver visitando uma escola infantil ou uma clínica de repouso com seu cachorro, esse truque pode ser usado para dizer "olá" ou "tchau", o que fará com que muitos fiquem comovidos. Você pode variar o modo como exibirá esse truque: os cães podem executá-lo individualmente ou em grupo. Além disso, pode aperfeiçoar o aceno de cada um clicando e recompensando apenas aqueles que demonstrarem o melhor desempenho — um aspecto de cada vez. Por exemplo, você pode melhorar a velocidade de resposta de um cachorro dando o sinal e só clicar e recompensá-lo quando ele manifestar o comportamento no espaço de alguns segundos (digamos, três segundos). Você pode melhorar a altura do aceno clicando e recompensando apenas os acenos mais altos e ignorando os mais baixos e dando o comando para que ele tente novamente. Lembre-se apenas de que você está privilegiando um aspecto por vez, para não confundir o cachorro.

Salto

Tome cuidado ao escolher o cachorro que você usará nesse truque, pois nem todos se sentem confortáveis quando outros cachorros saltam sobre eles. Para esse truque são necessários dois ou três cães. Enquanto os demais ficam deitados a aproximadamente 1 metro de distância um do outro, o terceiro salta sobre eles e se deita após o último. O primeiro repete o mesmo movimento, e assim por diante.

1. Reforce todos os cachorros por deitar e se manter na posição "deita/fica".
2. Trabalhe com o primeiro pedindo para que toque o focinho em um bastão, que deve estar posicionado acima das costas do primeiro cachorro. Use o bastão para ajudá-lo a saltar sobre cada um dos demais cachorros; clique e recompense-o a cada salto.
3. Quando o último cachorro saltar, dê o comando para que se deite e reinicie a sequência com o cachorro seguinte.

4. Reforce os outros cachorros por se manterem na posição deita/fica. Talvez você precise de um auxiliar para fazer isso.
5. Para que seu cachorro se sinta mais à vontade quando o outro saltar sobre ele, você mesmo deve saltar sobre ele para reforçá-lo.
6. Se agilizar esse truque, conseguirá atrair muitas atenções e aplausos. Lembre-se apenas de ir aos poucos e não precipitar os cachorros. Eles ficarão mais ágeis quando se sentirem confortáveis.

O cachorro que está deitado precisa estar muito bem treinado a se manter na posição deita/fica para não assustar o cachorro que está aprendendo a saltar sobre ele.

Se você for treinar vários cachorros a executar um truque em grupo, é ideal socializá-los primeiro e trabalhar para que não compitam por comida. Antes de executar o truque em grupo, todos devem aprender individualmente a manifestar o comportamento diante de um sinal/comando confiável.

Reverência

Nesse truque, o cachorro leva a parte frontal do corpo bem próximo ao chão, encosta o peito no chão, ergue o rabo e mantém-se nessa posição. Os cachorros podem executar esse truque de forma simultânea ou escalonada.

1. Talvez seja melhor começar com todos os cachorros na posição "senta/fica". Reforce cada um para que se mantenham no fica.
2. Dê o comando/sinal "reverência" ou "cumprimenta" a todos os cachorros de uma só vez ou separadamente. Clique e recompense aqueles que manifestarem o comportamento corretamente.
3. Continue praticando até que todos eles estejam executando o truque sincronizadamente. Não hesite em voltar e recapitular os passos com cada um deles, se o truque começar a degringolar. (Consulte o Capítulo 6 para obter os passos de modelagem da reverência.)

> **PRINCÍPIO BÁSICO**
>
> Nunca é demais reforçar que os cachorros provavelmente perderão o interesse se você não os recompensar enquanto estiverem aguardando sua vez. Se recompensar os que estão aguardando, todos permanecerão concentrados e preparados para trabalhar.

Um cachorro levando outro para passear

Esse truque requer dois cachorros. Um deles usará uma coleira com guia e outro puxará a guia com a boca.

1. Ensine seu cachorro a apanhar e a buscar a guia. (Consulte o Capítulo 7 para aprender a modelar o *retrieving*.)
2. Assim que seu cachorro estiver buscando facilmente a guia, comece a ensiná-lo a mantê-la na boca e a puxá-la com força. (Segure firme na ponta e dê um ligeiro puxão.)
3. Estenda a guia para ele. Clique e recompense-o por agarrá-la e transportá-la.
4. Quando ele já estiver mantendo a guia firmemente na boca, experimente dar um puxão. Clique e recompense-o por puxá-la de volta ou mantê-la firme na boca.
5. Aumente aos poucos o tempo pelo qual você puxa de volta a guia. Desse modo, você pode prepará-lo para trabalhar com outro cachorro, que puxará a ponta da guia.

6. Quando ele já estiver conseguindo manter a guia na boca enquanto você puxa, comece a usar outro cachorro. (Esse cachorro deve ser adulto e ter os mesmos hábitos quando preso a uma guia. Além disso, a guia deve estar presa a uma coleira tradicional com fivela.)
7. Clique e recompense o cachorro que está sendo conduzido se ele andar ligeiramente à frente do outro cachorro sem puxar a guia com força.

Dicas para melhorar o desempenho

Ao treinar vários cachorros, em pouco tempo você perceberá que, quanto mais hábeis para executar os truques individualmente, mais cooperativos tenderão a ficar ao trabalhar em grupo. A seguir, apresentamos alguns truques para trabalhar com um grupo de cães que já conhecem o truque básico e precisam aprender a manifestar esse mesmo comportamento sincronizadamente:

Se você aprimorar o tempo de permanência/duração do comportamento, um truque atraente pode ficar ainda mais comovente.

- Recompense apenas os cachorros que executarem o truque rapidamente.
- Aponte para o cachorro com o qual você está trabalhando quando der o sinal/comando.

- Enquanto estiver trabalhando com um cachorro específico, peça para que outra pessoa dê a recompensa aos demais quando eles se mantiverem na posição.
- Ensaie os truques regularmente com cada cachorro para que o desempenho de todos seja uniforme.
- Varie a qualidade e a quantidade das recompensas para manter seu cachorro interessado e estimulado a se esforçar mais para receber o incentivo seguinte.
- Utilize sessões curtas para que os cachorros se mantenham concentrados e revigorados.

No caso dos cachorros, o exibicionismo deve ser louvado! Estimule seu cachorro — ou seus cachorros — a manifestar seu senso de humor e entusiasmo permitindo que ele faça parte de sua trupe. Curta os momentos em que estiver ensinando os truques a seu cachorro e nas ocasiões em que for exibi-los a amigos e parentes. Se você desenvolver uma relação saudável com seu cachorro durante o treinamento, conseguirá se comunicar mais facilmente com ele e controlar melhor possíveis problemas comportamentais.

CAPÍTULO 9

Técnicas e ferramentas para solução de problemas

Se não adestrar seu cachorro nem lhe oferecer alguma estrutura, ele se comportará exatamente como você o ensinou a se comportar. Essa será sua recompensa: um cachorro incontrolável, exigente, travesso e destrutivo. Invista tempo, paciência e amor para que seu cachorro comece bem desde o princípio. Assim, você terá um companheiro fiel e capaz de dar cor à vida de toda a sua família.

Crie o melhor ambiente possível para ele

Conviver com um cachorro não deveria ser uma tarefa complicada. Porém, tendo em vista as inúmeras exigências da vida moderna, os cães têm de enfrentar um nível surpreendente de estresse e mudanças jamais enfrentado por seus ancestrais. Dizer que nossa agenda já lotada ficará ainda mais apertada se adotarmos um cachorro como membro da família é infundado. Na verdade, precisamos fazer algumas adaptações para conviver com eles e o que estiver à nossa altura para suprirmos suas necessidades. Quando não podemos ou não queremos passar mais tempo em casa com nossos bichos de estimação, devemos contratar alguém para fazer nossas vezes e cuidar das necessidades deles.

Os cães são naturalmente predispostos a viver em matilha, não são animais solitários e não gostam de passar horas e dias a fio sozinhos. A raiz dos problemas comportamentais de inúmeros cachorros é justamente a falta de estímulo e de formas de extravasar energia. As pessoas em geral não podem simplesmente abandonar o emprego para ficar em casa com seu cachorro. Porém, como atualmente existem programas de creche canina de qualidade, *pet sitters* (babás) confiáveis e parques específicos para cães, é possível cuidar de um cachorro mesmo com uma vida atribulada.

PERGUNTA?

Quem vai levar seu cachorro para praticar exercícios se você não tem tempo?
Para muitos cães, ter um passeador à disposição para passear e brincar no meio do dia e poder passar o dia em uma creche canina não é um luxo supérfluo. Exercitar e ter tempo para se socializar com outros cães e pessoas é fundamental para qualquer cachorro.

Muitos donos são levados a procurar um adestrador ou a tomar aulas de adestramento em grupo porque seu cachorro apresenta problemas comportamentais. Em geral, são cães que pulam nas pessoas, mastigam o que veem na frente, latem em demasia e são extremamente agressivos. Se visitar um abrigo para animais, verá inúmeros cães com nove meses a dois anos de idade cuja família simplesmente não conseguiu lidar com seu excesso de energia e com seus comportamentos excêntricos. Você não precisa abrir mão de seu cachorro e deixá-lo em algum abrigo se ele apresentar problemas comportamentais. Basta compreender um pouco como ele pensa e o que o motiva a fazer o que faz.

Ao adotar um cachorro e levá-lo para o abrigo de sua casa, você deve criar condições e um ambiente propício para ele. Os cães precisam de muito amor, treinamento e cuidados, mas nos dão muito mais em troca em lealdade e afeição. Lembre-se de dar ao seu cachorro o melhor lar possível. Sua recompensa será cem vezes maior. Se o comportamento dele estiver aquém, não desista. Todos os cachorros, independentemente de serem dóceis ou submissos, precisam conhecer as regras da casa e necessitam de treinamento, limites e exercícios.

Analise o problema

Quando o que está em jogo é tentar resolver um problema comportamental, normalmente as pessoas se apegam demais ao problema. Elas culpam o cachorro por fazer xixi no tapete de propósito, só para irritar, quando na verdade ele está fazendo isso porque não está passeando o suficiente! Sejamos claros: os cães não guardam mágoa, não fazem coisas por maldade e não ficam arrependidos!

Supervisão e controle minuciosos são fundamentais para corrigir problemas comportamentais.

Eles não são capazes de ter esses pensamentos. Eles vivem o presente, são oportunistas e repetem o comportamento que lhes é reforçado, mesmo que tenha sido reforçado de maneira negativa.

Os cães são animais e os animais fazem coisas que algumas vezes deixam os seres humanos embaraçados, apesar de nosso empenho em tentar entendê-los. Para solucionar um problema comportamental, é fundamental sentar com toda a família e tentar reconhecer todos os detalhes desse problema. Utilizando as perguntas a seguir para se orientar, tente identificar e definir o que seu cachorro está realmente fazendo, em que momento ele apresenta esse comportamento e o que você poderia lhe ensinar para substituir esse comportamento.

- **Problema.** O que seu cachorro de fato faz? Anote e descreva esse comportamento o mais detalhadamente possível.
- **Motivo.** O que desencadeia esse comportamento? A presença de um cachorro estranho ou de uma pessoa desconhecida ou o som da campainha?
- **Frequência.** Com que frequência ele tem esse comportamento? De minuto a minuto, ininterruptamente, toda vez que o motivo desencadeador está presente ou apenas metade do tempo em que está presente?
- **Consequência.** O que tem sido feito para cessar o comportamento? O que acontece toda vez que o cachorro responde ao motivo desencadeador?
- **Histórico do reforço.** Há quanto tempo o cachorro apresenta esse comportamento e qual aspecto desse comportamento está reforçando a repetição?
- **Controle.** O que você pode fazer para evitar que o cachorro se comporte de tal forma enquanto o reeduca?

Ao identificar o real motivo do problema, você conseguirá desenvolver um programa para ensinar seu cachorro a responder de maneira mais adequada. É aconselhável envolver nesse exercício, e também em futuras sessões de adestramento, todas as pessoas que de alguma forma cuidam ou convivem com o cachorro.

CAPÍTULO 9: TÉCNICAS E FERRAMENTAS PARA SOLUÇÃO DE PROBLEMAS

PRINCÍPIO BÁSICO: A maioria dos donos sabe exatamente o que desejam que seu cachorro pare de fazer, mas apenas uma minoria se concentra naquilo que querem que o cachorro faça.

Controle comportamental

Prevenir não é adestrar ou treinar, mas pode ajudá-lo a se livrar de um comportamento indesejado, pois dessa forma você impede que o cachorro o repita várias vezes. "Controlar" significa colocar o cachorro em outra sala ou em um caixote ao receber visitas ou pisar na guia para evitar que ele pule. Quanto menos ele praticar o comportamento errado, menos você terá de fazer para convencê-lo que o comportamento correto é mais recompensador e desejável. Para controlar o comportamento de seu cachorro, você não precisa aplicar corretivos, reprimi-lo e puni-lo.

Para controlar o comportamento do cachorro, algumas pessoas costumam usar caixotes, grades e cercados, outras usam guias ou costumam colocá-lo de castigo. A maneira como você controla o comportamento de seu cachorro não importa, contanto que evite que ele se comporte errado inúmeras vezes. Se você quer mudar um comportamento inadequado de seu cachorro, o controle comportamental evita que ele se autorrecompense. Veja a seguir como você pode controlar o comportamento de seu cachorro:

- Use um caixote quando você não puder supervisionar seu cachorro e ver se ele é um mastigador destrutivo.
- Mantenha uma guia em seu cachorro quando receber visitas e pise nela para evitar que ele pule.
- Se ele não costuma lhe obedecer quando você o chama, não o solte da guia em lugares públicos.
- Se seu cachorro fica agressivo perto de outros cães, evite-os.
- Se seu cachorro gosta de fugir pela porta da frente, restrinja o acesso dele.
- Se seu cachorro costuma morder o carteiro, não o amarre do lado de fora.
- Se seu cachorro não estiver totalmente domesticado, não o deixe livre se não houver ninguém por perto.

Mesmo os cachorros adolescentes precisam tirar uma soneca em algum lugar seguro.

Com controle e prevenção, é possível impedir a perpetuação de um comportamento problemático. Utilize essas duas ferramentas enquanto estiver reeducando seu cachorro a fazer algo mais apropriado. A prevenção não é um remédio para todos os males, mas pode ajudá-lo a perseguir seu objetivo de não reforçar nenhum comportamento inadequado.

Comportamento substituto

Você conseguiu identificar a raiz do mau comportamento de seu cachorro e já tem um plano provisório para substituí-lo — controle comportamental. O passo seguinte é compreender o que é reforço e o que é substituição comportamental. Você precisa reforçar um comportamento desejável para substituir um comportamento indesejável. Do contrário, o cachorro regredirá ao antigo comportamento. Experimente reforçar um comportamento que seu cachorro tenha facilidade de manifestar mesmo em lugares onde haja muitas distrações.

O que reforça o comportamento errado?

Analise com atenção as circunstâncias que envolvem o mau comportamento e tente identificar o que leva seu cachorro a repeti-lo. Se ele pula e as pessoas reagem gritando e o mandam dar o fora, talvez ele goste dessa atenção. Por isso, o que você tem a fazer é ignorá-lo. Pode ser que alguém de sua família encoraje seu cachorro a pular e não seja firme no sentido de reforçá-lo para se sentar.

Conseguir eliminar o que está reforçando um determinado comportamento é um passo fundamental para você se livrar de um problema comportamental. Em muitos casos, o que ocorre na verdade é uma inversão. Quando o cachorro manifesta um comportamento inadequado recebe atenção em demasia e quando manifesta um comportamento certo recebe pouco reforço.

FATO
Apresentar uma consequência indesejável a um determinado comportamento — por exemplo, afastar-se de um cachorro que não para de latir — é extremamente eficaz para mudar esse comportamento. Nesse caso, o cachorro não esperava ser ignorado. Ao ignorá-lo, você está lhe dizendo que não adianta latir.

Reforçando o comportamento certo

Para mudar um comportamento que já se tornou um hábito, você precisa reforçar assiduamente o comportamento adequado. Do contrário, por si só, o cachorro nunca pensará em tentar fazer algo diferente. Os cães fazem aquilo que percebem que funciona. Portanto, se ganham atenção com o comportamento errado, provavelmente o repetirão em ocasiões futuras. Se forem reforçados por apresentarem um comportamento mais apropriado com recompensas atraentes ou brincadeiras estimulantes em que tenham de buscar objetos, tenderão a repetir o comportamento para que coisas boas ocorram novamente.

Reforçar um comportamento correto é como depositar dinheiro em uma conta bancária. Se o saldo de comportamentos indesejados de seu cachorro for alto, você terá de aumentar consideravelmente o histórico de reforço do comportamento substituto. Pratique assiduamente, ofereça recompensas especiais esporadicamente (um monte de guloseimas ou uma sessão mais demorada de busca ou de cabo de guerra) e prepare seu cachorro para se sair bem.

Adestrando um comportamento incompatível

Ensinar um comportamento aceitável ao cachorro resolve muitos problemas comportamentais porque ele não consegue fazer duas coisas ao mesmo tempo. Por exemplo, ele não consegue se sentar educadamente para cumprimentar um estranho e, ao mesmo tempo, pular nele. Se você lhe ensinar um comportamento substituto, terá maior controle sobre ele e também poderá recompensá-lo por uma resposta adequada. Dessa maneira, é bem provável que seu cachorro consiga:

Reverenciar um hóspede certamente é um cumprimento mais adequado do que pular sobre ele.

- Cumprimentar as visitas com um brinquedo na boca, em vez de pular sobre elas.
- Ir para a cama ou para o tapetinho quando a campainha tocar.
- Brincar de reverenciar quando vir outro cachorro.
- Ir pegar um brinquedo, em vez de ficar latindo na janela a cada pessoa que passa.
- Olhar para você, em vez de avançar em outros cães.
- Tocar sua mão (consulte o Capítulo 4), em vez de fugir.

Use essa oportunidade para ser criativo e encontrar soluções apropriadas às suas necessidades e às inclinações naturais de seu cachorro. Pense nisso como um método alternativo favorável ao adestramento.

Ferramentas para solução de problemas

Todo dono de cachorro precisa ter um repertório de truques e algumas ferramentas para ensinar seu cachorro a conviver segura e tranquilamente com as pessoas. Conhecê-lo — isto é, saber qual é seu nível de energia, sua tolerância a outros cachorros e seus gostos e aversões — será extremamente útil no momento de treiná-lo a responder de maneira adequada.

Delineie as mudanças que você decidiu implementar na rotina de seu cachorro e estipule um período para treiná-lo. Estabeleça uma programação com horários de treinamento compatíveis, para ensinar cada etapa de um determinado comportamento em porções menores e digeríveis e aprimorá-lo toda vez que treiná-lo. Lembre-se também de pensar em seu cachorro como um todo — mente e corpo — e tente atender a todas as necessidades dele.

ATENÇÃO! O resultado mais certeiro de uma punição é o rompimento da relação e da confiança que tanto trabalhamos para construir. A punição não muda permanentemente um comportamento, a menos que haja um incentivo para se fazer algo mais.

Exercício

Não permita que isso passe despercebido. Brincar, correr, buscar objetos e passar tempo com você é imprescindível para a saúde de qualquer cachorro. Lembre-se de que seu cachorro precisa de pelo menos trinta a sessenta minutos por dia de exercício contínuo ou de brincar com outros cães antes mesmo de você pensar em treiná-lo a ser um companheiro mais adequado. Se seu cachorro tem um punhado de brinquedos, mas só brinca com alguns, experimente formar vários grupos de dez brinquedos e fazer um rodízio semanal para manter o interesse. Estipule um dia para que seu cachorro brinque com os cachorros da vizinhança, matricule-o em uma creche canina ou contrate os serviços de um *pet sitter* (babá) para treiná-lo enquanto você está trabalhando. Desse modo, você poderá se concentrar no adestramento e ter um aluno bem disposto e preparado para trabalhar.

A prática regular de exercícios é fundamental para controlar comportamentos de uma maneira geral.

Obediência básica

Nada consegue desbancar o companheirismo de um cachorro bem treinado. Se seu cachorro responde aos comandos "senta", "deita" e "vem", você pode levá-lo a vários lugares que ele não vai envergonhá-lo. Reserve um tempo para ensinar esses princípios básicos, primeiramente em um ambiente com poucas distrações e, depois, prepare-se para conseguir treiná-lo em lugares ao ar livre ou próximo de outros cachorros.

Os comandos senta, deita e vem são de grande utilidade e podem substituir comportamentos indesejados. Para que o adestramento de seu cachorro seja eficaz, você deve praticar sempre. Além disso, a resposta dele aos comandos não deve estar condicionada ao ambiente nem ao uso de comida. Por isso, se você desabituá-lo das iscas comestíveis e deixar de usar inúmeros comandos e estímulos extras, ambos se sentirão tranquilos em público porque sabem o que esperar um do outro.

Se seu cachorro não responder a um comando quando estiver próximo a alguma distração, isso simplesmente significa que você precisa treiná-lo mais. Manipular aos poucos as variáveis para manter a resposta de seu cachorro aos comandos é um dos segredos para se sair bem.

Se proceder dessa forma, em breve terá como recompensa um cachorro obediente e que pode ser levado a qualquer lugar.

PRINCÍPIO BÁSICO — Pense na possibilidade de frequentar aulas em grupo. A distração com outros cães ajudará seu cachorro a perceber que ele deve aprender a prestar atenção em você. Verifique se o número de alunos por professor é grande. O ideal é doze alunos para cada dois instrutores.

Sentando-se por conta própria

Os cães não aprendem a ter autocontrole, a menos que você permita que ele escolha e seja recompensado ao fazer uma boa escolha. Usar um *clicker* e petiscos para assinalar e recompensar comportamentos é fundamental. Com o *clicker* você pode marcar a opção certa e abrir uma poupança de comportamentos corretos. O exercício a seguir é um exemplo que ajuda seu cachorro a aprender a ter autocontrole.

1. Cumprimente as visitas com o cachorro preso a uma guia.
2. Se o cachorro pular, a visita vai embora.
3. Se o cachorro se sentar, a visita fica e o treinador clica e recompensa.
4. O cachorro aprende por tentativa e erro a fazer com que a pessoa lhe dê atenção.
5. O treinador fornece instruções ao clicar e recompensar as respostas corretas.
6. Quando a visita não permite que o cachorro a cumprimente, mostra a ele as consequências de não ter se sentado.

Marque o comportamento "senta" antes de seu cachorro tocar o traseiro no chão. Na verdade, esse comportamento não precisa de um comando ou sinal, visto que estamos usando o próprio ambiente como sinal (a presença da pessoa) para desencadear o comportamento senta. A maioria das pessoas atazana demais o cachorro e não para de repetir "senta", "senta", "senta", enquanto o cachorro pula sobre a coitada da visita. Se você ensiná-lo a cumprimentar dessa forma, a responsabilidade de se sentar será dele, que aprenderá a fórmula visita = senta = recompensa.

Ao tentar solucionar algum problema comportamental, lembre-se sempre desse exemplo. Aprender demora menos quando o cachorro consegue descobrir por si mesmo que comportamento é digno de recompensa, em especial quando o cachorro geralmente reage bem longe de distrações e regride em público.

Jogo da atenção

O exercício a seguir é também de autocontrole. Ele ajuda seu cachorro a aprender a prestar atenção em você. O objetivo é ensiná-lo a olhar com frequência para você e a ignorar as distrações. Se ensiná-lo no momento certo a proceder desse modo, ele terá uma percepção bem maior de sua pessoa e isso melhorará ainda mais sua memória e os comandos de sentar. Se seu cachorro aprender a examinar com frequência onde você está, não se distanciarão muito quando estiverem sem guia. Eles sempre se apresentam e voltam facilmente quando chamados porque sabem que é você quem manda. Veja como o jogo funciona:

1. Em uma sala calma, sente-se em uma cadeira e segure seu cachorro pela guia.
2. Ignore-o até que ele olhe em sua direção. Em seguida, clique e recompense.
3. Ignore-o novamente até que ele olhe para você e, então, clique e recompense.
4. Cronometre um minuto e conte quantas vezes ele olha para você nesse espaço de tempo. Se ele olhar seis ou mais vezes no período de um minuto, está preparado para ser treinado em lugares em que haja distrações. Mude os lugares: trabalhe sozinho na cozinha, depois com uma pessoa na sala. Saia de casa em diferentes horários do dia. Coloque uma pequena porção de comida a uns três metros dele, uma pessoa batendo bola ou outro cachorro a uns seis metros de distância.

CAPÍTULO 9: TÉCNICAS E FERRAMENTAS PARA SOLUÇÃO DE PROBLEMAS

5. Repita esse passo em um novo lugar ou com alguma distração e refaça o teste de um minuto. Se seu cachorro olhar para você menos de duas vezes em um minuto é porque a distração é muito grande.
6. Repita até que ele esteja olhando para você seis ou mais vezes no espaço de um minuto e, em seguida, mude novamente a distração.
7. Se ele não olhar para você mais de duas vezes em um minuto no decorrer de diversas repetições, provavelmente você terá de se afastar da distração ou ir para algum lugar com menos distrações.
8. Para intensificar a resposta dele, de vez em quando aumente a qualidade e a quantidade das recompensas. Assim, a probabilidade de ele olhar para você mais vezes será maior.
9. Dê recompensas especiais para comportamentos excepcionais. Se seu cachorro ignorar uma distração inesperada, lembre-se de recompensá-lo com várias guloseimas para reforçar o bom desempenho.

Ensinar o cachorro a "soltar" um objeto é um exercício fundamental para ele aprender a ter autocontrole.

Seu objetivo com esse exercício é que seu cachorro preste mais atenção em você. Ao prestar atenção em você, ele aprende a bloquear distrações e a manter o autocontrole.

Se você usar técnicas e ferramentas para mostrar a seu cachorro o que você espera dele, suas sessões de adestramento transcorrerão tranquilamente. Com isso, você conseguirá solucionar de uma maneira muito mais produtiva possíveis problemas comportamentais. Lembre-se de que os problemas comportamentais não são um bicho de sete cabeças, nem motivo para você abandonar seu cachorro em algum abrigo para animais. Com algum conhecimento e habilidade, você pode ensiná-lo a ser um "garoto" bem-comportado.

CAPÍTULO 10

Uma palavrinha sobre punições

Como humanos que somos, estamos totalmente convencidos de que, para mudar um comportamento, temos de aplicar algum tipo de punição para eliminar completamente um comportamento inadequado. Na verdade, nenhum animal, incluindo o homem, responde bem a punições. Apesar de ter feito parte do adestramento de cães durante décadas, a punição não é uma maneira apropriada nem eficaz de treinar os animais de estimação a ter um bom comportamento.

A punição só tende a piorar as coisas

Com o passar do tempo, muitos treinadores descobriram que é inteiramente desnecessário usar punições para que o cachorro se comporte de maneira confiável e aceitável. Em muitos casos, a punição pode na verdade piorar as coisas. Considere os dois pontos a seguir:

- A punição reprime o comportamento, porém não ensina, nem oferece outra opção.
- Os inúmeros aspectos negativos da punição sobrepujam os poucos benefícios oferecidos a curto prazo.

O melhor exemplo humano da ineficácia da punição é a multa por dirigir em alta velocidade. Se alguma vez você já foi parado por excesso de velocidade, entende bem o que isso significa. O momento em que o guarda dá um sinal para você parar é horrível. Quando você é de fato parado, seu coração acelera, você gagueja e balbucia, e é obrigado a esperar um tempão. O resultado de tudo isso é uma boa multa e pontos em sua carteira. Mas ainda assim você deixa de dirigir em alta velocidade? Bem, talvez por um tempinho. Porém, num determinado dia, por estar atrasado, novamente você ultrapassa a velocidade permitida e escapa impune.

> **PRINCÍPIO B BÁSICO**
>
> Por meio de ferramentas de controle comportamental (consulte o Capítulo 9), seu cachorro aprenderá a se comportar bem, sem que para isso tenha de sofrer os efeitos negativos que a maioria das punições provoca, como a deterioração da relação e a perda de confiança. O gerenciamento elimina a probabilidade de um comportamento errado ocorrer, porque seu cachorro aprende a escolher o comportamento correto.

Dessa vez, você pode até ter tido um pouquinho mais de cuidado, evitando os radares e ficando de olhos bem abertos, mas ainda assim estava em alta velocidade. Depois de há tão pouco tempo ter sido duramente punido, porque tornou a se comportar da mesma maneira? É muito simples: a punição o incentivou a dirigir ainda melhor em alta velocidade! Você não dirige mais impetuosa e descuidadamente em alta velocidade. Na verdade, você fica atento às radiopatrulhas e escapa dos radares que já conhece. Na realidade, com a punição, você melhorou sua maneira de dirigir em alta velocidade.

A punição é reativa

O primeiro problema em relação à punição é que ela é uma resposta a um mau comportamento, ao passo que o adestramento desencadeia bons comportamentos. O segundo problema em usar a punição como ferramenta de treinamento é que nem sempre é possível controlar o que o aluno aprende. Na verdade, o cachorro que é punido fica emocionalmente irritado e na defensiva, o que interfere em sua habilidade de aprender alguma coisa.

Além disso, a punição não é muito eficaz para corrigir problemas comportamentais porque é apenas um elemento da equação. Ela só elimina o comportamento indesejado, mas não mostra ao cachorro o que ele deveria ter feito. A punição é tardia e, por isso, não ensina nada. No momento em que é aplicada, o cachorro já manifestou o comportamento indesejado e não pode mais desfazê-lo.

Identificar o motivo que leva seu cachorro a latir é indispensável para redirecioná-lo.

Punir seu cachorro por pular nas visitas não é suficiente para fazê-lo se sentar na frente delas na próxima oportunidade. Na verdade, quando você o pune na frente das visitas ou na presença de outra pessoa, isso pode levá-lo a ter medo de qualquer visita que você venha a receber. A punição dá a entender ao cachorro que ter estranhos por perto pode ser desagradável. E não é isso o que você deseja. Depois de trabalhar com tanto afinco para que seu cachorro seja sociável com as pessoas, seria prejudicial a todos começar a puni-lo por ser amigável.

O tempo é tudo

Se você optar por usar a punição e quiser que ela de fato tenha algum significado, você tem de aplicá-la no momento correto. A punição deve ser aplicada no exato instante em que o comportamento indesejado começa. Poucas pessoas conseguem proceder assim. Um outro problema relacionado ao momento em que aplicamos a punição é a possibilidade de o cachorro estar superestimulado e agitado nesse instante. Isso significa que o cérebro dele não está preparado para aprender. Para processar as informações, os cães precisam estar totalmente relaxados.

Em vez de puni-lo por um mau comportamento, você pode lhe oferecer uma recompensa por parar de se comportar de uma determinada forma. Entretanto, o momento precisa ser adequado também nesse caso. O cachorro tem de ser recompensado assim que parar de se comportar inadequadamente. Aqui, o momento em que você oferece a recompensa é a parte instrutiva para o cachorro. Se o comportamento que você está tentando corrigir for algo que o cachorro vem praticando há muito tempo, o fator de reforço pelo comportamento correto deve ser extremamente alto. Do contrário, o novo comportamento desejável não substituirá o antigo comportamento. Lembre-se de que os hábitos antigos demoram para ser eliminados. Além disso, é difícil adotar maneiras novas de fazer uma determinada coisa sem que isso tenha sido fortemente reforçado por alternativas corretas. Se seu cachorro estiver superestimulado, ele não conseguirá aprender nada. Ficará mais desvairado do que estava ou então fará de conta que não está ouvindo. A pessoa que utiliza punição tende a usá-la cada vez mais e a prolongar esse ciclo improdutivo, impossibilitando um aprendizado real.

Redirecione o comportamento

Melhor do que usar corretivos (uma palavra agradável para "punição") é redirecionar ou impedir que o cachorro inicie o comportamento. Ao primeiro sinal de comportamento indesejável, o cachorro deve ser interrompido e redirecionado a um comportamento mais adequado. Dizer o nome dele, tocá-lo no ombro ou se afastar do que quer que tenha atraído a atenção é uma forma de interrompê-lo. Preste atenção ao grau de distração e agitação de seu cachorro. Se ele estiver superestimulado, isso o impedirá que aprenda

CAPÍTULO 10: UMA PALAVRINHA SOBRE PUNIÇÕES

alguma coisa. É melhor programar algo para exercitá-lo em lugares em que haja inúmeras distrações do que ficar transtornado e esperar pelo melhor.

Para que seu esforço seja eficaz, você deve interromper o cachorro antes que ele comece a se comportar de uma determinada forma. Por exemplo, se esperar até que seu cachorro comece a latir e fique agitado, você não conseguirá desviar a atenção dele daquilo que o está fazendo latir, para que possa ensiná-lo alguma coisa. No caso de um cachorro pouco inteligente, você pode até chegar a usar um forte corretivo, mas ainda assim isso não o acalmará nem o fará parar de se comportar dessa maneira. Seria como tentar argumentar com uma pessoa que está furiosa. Quando uma pessoa está fora de si, não consegue ouvir o que lhe dizem, muito menos ser sensata.

Em vez disso, comece a prestar atenção naquilo que leva seu cachorro a latir e impeça-o de latir ao primeiro sinal de que ele o fará. Para frear um comportamento indesejável, você deve dar o comando para que ele vá para a cama dele ou o afastar das distrações para que não fique tão agitado. Seu objetivo é interrompê-lo quando ele está num local em meio alguma distração, porém, no início, é insensato tentar treiná-lo ali. Como ocorre com qualquer treinamento eficiente e duradouro, é preciso começar com passos menores, mais simples, que permitem que o cachorro se saia bem.

Para evitar a mastigação destrutiva, é fundamental oferecer objetos adequados.

Estabelecendo novos padrões

Duas questões básicas são necessárias para conseguir interromper comportamentos não desejados e possibilitar que seu cachorro desenvolva novos padrões comportamentais. Primeiro, você traçar um plano para atingir seu objetivo. Segundo, você deve evitar que seu cachorro manifeste o comportamento antigo enquanto o estiver reeducando. Não é nada fácil estabelecer um novo padrão de comportamento nos cães. Assim como nós, humanos, uma vez que os cachorros adquirem determinado hábito, tendem a fazer as coisas do mesmo jeito inúmeras vezes, caso você permita.

Repetição

Quando você tentar mudar um padrão, lembre-se de que precisa praticar esse novo padrão muitas e muitas vezes e recompensar continuamente seu cachorro pelo novo comportamento, até que ele o adote como um comportamento natural. Enquanto isso, caso queira atingir seu objetivo mais rapidamente, não permita mais que o cachorro se reforce pelo comportamento errado, evitando que tal comportamento ocorra. Por si só, pisar na guia para evitar que ele pule não lhe ensinará a se sentar, mas diminuirá suas opções, fazendo com que a opção de sentar seja mais agradável, porque é o único comportamento recompensado.

Uma medida de prevenção

Quanto mais tempo você passar com os cães, mais constatará que grande parte do adestramento trata-se na verdade de conduta. Portões, caixas e cercados podem ser seus melhores amigos quando estiver educando e treinando um cachorro. Embora não ensinem o animal a não morder a poltrona, nem fazer xixi no carpete, evitam que comportamentos inapropriados se transformem em maus hábitos. Saber controlar o ambiente em que seu cachorro vive o ajuda a se comportar corretamente, pois limita suas opções. Não é uma solução para todos os seus problemas comportamentais, mas é parte da solução.

CAPÍTULO 10: UMA PALAVRINHA SOBRE PUNIÇÕES

ATENÇÃO! Ao traçar um plano para estabelecer o que deseja que seu cachorro faça, é importante anotar tudo e concentrar-se naquilo que você programou. Lembre-se de dispor convenientemente todas as recompensas, o *clicker* ou outros equipamentos dentro de casa ou no quintal, para que possa recompensá-lo toda vez que houver oportunidade. Se o comportamento substituto for complicado, divida-o em passos menores e pratique-o frequentemente com seu cachorro.

Por exemplo, muros ou grades são ferramentas de controle próprias para cachorros que gostam de brincar no quintal e propícias para os donos que querem manter o cachorro fora de casa. Se usar uma grade na cozinha, restringirá a liberdade dele e impedirá que faça alguma travessura nas demais dependências da casa. Se você não tem tempo para ensinar seu cachorro a se sentar na presença de um convidado, é mais adequado prendê-lo em algum lugar para controlar seu hábito de pular nas pessoas do que deixá-lo pular em uma visita ou escapar pela porta da frente.

Os efeitos negativos da punição: agressão

Se você punir seu cachorro na hora errada ou muito asperamente, é provável que ele se vire e morda quem estiver mais próximo. Os cães que são punidos por latir e avançar nas pessoas ou em outros cães não aprendem a gostar deles. Na verdade, muitos desses animais acabam ficando mais imprevisíveis e perigosos. Eles percebem que na presença de outros cães ou pessoas eles tendem a ser punidos. Portanto, nessas situações tenderão a morder inesperadamente.

PRINCÍPIO BÁSICO Quando prestar atenção ao que está dando certo e ignorar o que seu cachorro está fazendo errado, começará a colher os frutos. Os cães são sociais e suplicam atenção. Por isso, até mesmo a atenção negativa, quando ele está se comportando mal, pode ser um estímulo suficientemente bom para que ele repita o próprio comportamento que você está tentando a tão duras penas eliminar.

Preste atenção aos sinais, pois eles têm um motivo

Se você pune fisicamente um cachorro por rosnar, ele pode parar de rosnar e passar direto para a mordida, sem aviso. A punição pode tornar o animal ainda mais perigoso, pois isso pode fazê-lo parar de dar algum sinal às pessoas de que está se sentindo desconfortável e simplesmente partir para a mordida. Na verdade, ao puni-lo, você reforça suas qualidades para morder. Ao rosnar, ele está tentando nos avisar que está se sentindo desconfortável e que, se a pessoa ou o cachorro não forem embora, haverá confusão. Não faz sentido puni-lo por avisar. O objetivo é mudar a forma como o cachorro se sente em relação à outra pessoa ou a outro cachorro, e não eliminar o sinal que ele nos dá de que está prestes a morder. Essa é a maneira natural de nos alertar de que existe um problema. O alerta nos dá tempo para agir antes que ele morda.

Adestramento versus punição

Nunca use a punição se o problema estiver relacionado a agressões envolvendo pessoas ou cachorros. O risco de você criar um cachorro ainda mais agressivo é extremamente alto. Veja a seguir cinco motivos para você ensinar seu cachorro, e não o punir.

1. A punição exige que você a repita com frequência para lembrar o cachorro de evitar o erro.
2. A punição não ensina nada ao cachorro. Os cães muito inseguros definham.
3. Ao usar a punição, você não consegue controlar o que o cachorro aprende.
4. A punição pode prejudicar a relação entre o dono e o cachorro.
5. A punição pode tornar a agressão mais repentina, pois reprime todos os sinais de advertência que o cachorro pode dar e lhe ensina a ir direto para a mordida.

CAPÍTULO 10: UMA PALAVRINHA SOBRE PUNIÇÕES

Vários são os motivos para não empregarmos a punição no adestramento. Normalmente, a punição é ineficaz. Ela não ocorre no momento exato e, portanto, não é instrutiva. Além disso, corremos o risco de ensinar o cachorro a ganhar habilidade no próprio comportamento que estamos tentando eliminar.

Se seu cachorro estiver se comportando de forma inadequada, a ponto de fazê-lo pensar que ele precisa ser punido, o verdadeiro problema é que ele precisa de mais informações sobre o que deve fazer para agir corretamente. Em vez de perder tempo pensando em como interromper os comportamentos dos quais você não gosta, especifique o que você deseja que o cachorro faça e reeduque-o.

FATO
Agressão e medo são estados emocionais que denotam que o cachorro está sob estresse agudo, e não propenso ao aprendizado. Nesse estado de espírito, ele não está apto a aprender nada. Para conseguir aprender respostas adequadas, que não sejam agressivas nem apreensivas, ele precisa se sentir confortável e não pode estar na defensiva.

Se você oferecer a seu cachorro a quantidade certa de exercício, treinamento e atenção, e orientá-lo cuidadosamente, de acordo com a idade e o nível de adestramento, terá de enfrentar pouquíssimos problemas comportamentais e, portanto, pouca coisa terá para corrigir. Pense com carinho a respeito da forma como você utiliza a punição, porque quase sempre os problemas comportamentais indicam que existe um problema bem maior. Se deseja ter um cachorro bem-comportado, que responde com rapidez aos seus comandos e todo o mundo gosta de ter por perto, não use punições para ensiná-lo. Isso não o levará aonde deseja chegar.

CAPÍTULO 11

Treinando um comportamento desejável

Para lidar com problemas comportamentais, é fundamental planejar detalhadamente o que seu cachorro deverá fazer no lugar do comportamento que você está tentando eliminar. Se é seu objetivo mudar o comportamento inadequado para sempre, deve substituí-lo pelo comportamento correto e reforçá-lo intensamente. Do contrário, não haverá nenhuma mudança efetiva.

Programe-se

Você deve dar uma tarefa simples a seu cachorro, para que realize no lugar do comportamento que deseja que ele não repita mais. Se ele tiver muitas opções, talvez faça a opção errada. Consequentemente, você pode ficar frustrado por acreditar que ele não "está conseguindo captar" o que você deseja, e isso não é justo nem com você, nem com ele.

Se seu cachorro souber executar bem um determinado truque, isso pode ser extremamente útil no momento de evitar que ele pule nas visitas para cumprimentá-las.

Para ensinar seu cachorro a ser receptivo e agradável, você precisará incentivar sua família a agir em conjunto e de forma coerente. A maneira mais rápida de mudar o comportamento indesejado de seu cachorro é parar de reforçar o comportamento incorreto e começar a reforçar um comportamento alternativo. Existem inúmeras possibilidades. Sente-se com sua família e repasse com ela as questões comportamentais discutidas no Capítulo 9. Em seguida, tente imaginar de que forma você deseja que seu cachorro se comporte nas mais diferentes situações. Ao identificar os comportamentos que pretende reforçar, lembre-se dos pontos a seguir:

CAPÍTULO 11: TREINANDO UM COMPORTAMENTO DESEJÁVEL

- Não escolha nada complicado.
- Escolha um comportamento incompatível com o comportamento errado.
- Planeje com antecedência e prepare-se. Tenha sempre à mão recompensas e o *clicker*.
- Controle as variáveis — por exemplo, distrações e o ambiente.
- Evite reforçar o comportamento errado.
- Comece a movimentar a "conta" de bons comportamentos.
- Ensine seu cachorro a manifestar o comportamento desejado em qualquer lugar.

ATENÇÃO! Em geral, as pessoas sabem o que não querem que um cachorro faça, mas poucas conseguem definir com precisão o que querem que seu cachorro faça. Se você formular seu objetivo positivamente, conseguirá esboçar um plano de adestramento que poderá ser colocado em prática imediatamente.

Toda vez que seu cachorro manifestar o comportamento indesejável habitual, é como se estivesse depositando um valor na conta de comportamentos indesejados. Prevenir que os comportamentos errados sejam realizados, representa 50% do treinamento.

Não escolha nada complicado

O comportamento escolhido para substituir o inadequado deve ser simples, para que seu cachorro o expresse rápida e confiavelmente. Escolha um comportamento simples, como "senta" ou "deita", e reforce-o constantemente. Se for muito complexo, é provável que seu cachorro perca o interesse e volte a manifestar o comportamento indesejável. O "senta", por exemplo, por ser simples, pode ser notado e reforçado mesmo em um ambiente cheio de distrações. Verifique se seu cachorro assimilou bem o comportamento desejado aplicando a regra dos dez passos sucessivos.

Escolha um comportamento incompatível

Lembre-se de que o novo comportamento deve ser incompatível com o comportamento indesejável. Por exemplo, nenhum cachorro consegue sentar e pular ao mesmo tempo. Se for reforçar o "senta" como comportamento desejável no momento em que ele for cumprimentar pessoas desconhecidas, não o faça antes de seu cachorro tentar pular. Fique alerta. Para fazê-lo se sentar, em vez de pular, você terá de dedicar tempo e praticar muito para que seu cachorro comece a se sentar por conta própria. Use sessões curtas e frequentes e pratique sempre que houver oportunidade no dia a dia. Lembre-se do seguinte: se você pisar na guia para impedi-lo de pular, vai ajudá-lo a acertar mais vezes.

Para se sair bem, planeje com antecedência

Se você deseja ter um cachorro bem treinado, que responda aos seus comandos em qualquer lugar, terá de treiná-lo nos mais variados ambientes. Os cães aprendem rapidamente, mas são péssimos para generalizar um comportamento. Em ambientes novos, eles tendem a retomar comportamentos antigos e arraigados. Por exemplo, se você não o tiver ensinado a se sentar ao cumprimentar estranhos no parque, essa não será a primeira escolha dele. Esteja sempre preparado para reforçar o comportamento correto e impedir, tanto quanto puder, a manifestação do comportamento errado. Mantenha uma guia pendurada na maçaneta da porta. Assim, sempre estará preparado para evitar que ele pule nos convidados. Ah, mantenha também algumas recompensas à mão para reforçar o "senta".

> **PRINCÍPIO BÁSICO**
> Para que o novo comportamento substitua o antigo, já demasiadamente arraigado, você terá de reforçá-lo intensamente com atrativos que o cachorro considere uma recompensa, que pode ser um petisco ou algo como atenção, brincadeira ou oportunidade — qualquer coisa que ele considere reforço.

Se não estiver preparado para treiná-lo num dado momento, impeça que ele cumprimente a visita. Se quiser corrigir um comportamento já profundamente enraizado, terá de combatê-lo sistematicamente nas ocasiões oportunas e usar uma boa quantidade de recompensas. Além disso, deverá praticá-lo constantemente em meio a distrações. A princípio, pode parecer desagradável ter de carregar o *clicker* e as recompensas com você o tempo todo, mas é imprescindível flagrar o momento exato em que seu cachorro fizer a escolha certa.

De modo geral, essa maneira de aprender tem mais a ver com a realidade do cachorro. Assim, o aprendizado tende a ser permanente porque ele começa a perceber que os comandos dele funcionam em todos os lugares. Quanto mais distrações houver em volta dele no momento de praticar, mais rapidamente ele aprenderá a generalizar as respostas que dá aos seus comandos.

Controle as variáveis

Controlar as variáveis significa controlar o que está desviando a atenção de seu cachorro para outra direção. Na maioria das vezes, as distrações atrapalham até mesmo os planos mais elaborados simplesmente porque são irresistíveis para o cachorro. Se você controlar a frequência, o tipo e a distância das distrações, seu cachorro conseguirá aprender mais rápido. Se o som da campainha deixa seu cachorro frenético, primeiro você precisa dessensibilizá-lo em relação ao som da campainha; depois, você poderá passar para o ato de cumprimentar a visita propriamente dito. Nesse exemplo, a resposta do cachorro à campainha, e à pessoa, devem ser consideradas duas questões diferentes.

Outras variáveis possíveis são objetos ou pessoas em movimento (como bolas, cachorros soltos, carros, crianças e pessoas correndo), fatores ambientais, como estar do lado de fora da casa, ou a presença de comida. Para que seu cachorro se saia bem em meio a distrações, você deve se lembrar de dois pontos fundamentais: controlar a distância entre seu cachorro e a distração e controlar a intensidade da distração. Para que o programa de adestramento de seu cachorro seja bem-sucedido, você precisará identificar a distância crítica para seu cachorro e treiná-lo a essa distância.

PERGUNTA?

O que a "distância crítica" tem a ver com o adestramento de cães? A distância crítica é a menor distância entre o cachorro e a distração. Se estiver muito próximo da distração, ele terá dificuldade de prestar atenção e a probabilidade de responder ao comando será menor.

O ponto de partida é a distância a partir da qual o cachorro percebe a distração e ainda assim manifesta o comportamento desejado. Em sessões de adestramento subsequentes, reduza essa distância até que ele consiga trabalhar mesmo com distrações muito próximas. Você perceberá imediatamente que a distância entre seu cachorro e a distração é um fator fundamental para o sucesso das sessões de adestramento. Se seu cachorro ficar superestimulado em decorrência da distração, não conseguirá ignorá-la e, portanto, não responderá aos seus comandos.

O segundo ponto que você deve ter em mente com relação às distrações é prestar atenção na intensidade da distração com a qual está lidando. Para diminuir a intensidade, primeiro você terá de amenizar tudo à sua volta — movimentos, cachorros, pessoas, crianças ou qualquer outro estímulo visual — para só então tentar lhe ensinar alguma coisa. Assim que seu cachorro começar a aprender a ignorar as distrações e a adquirir domínio do comportamento, você poderá aumentar gradativamente a intensidade, até que ele se comporte corretamente em meio à distração.

ATENÇÃO!

Como os cachorros são inteligentes, não raro acreditamos que eles saibam o que queremos. Os cães são observadores e espertos, mas não conseguem ler pensamentos. Tente de fato lhe mostrar o que você deseja que ele faça e tome cuidado para lhe ensinar a se comportar com segurança em qualquer ambiente.

Quando estiver treinando seu cachorro a responder a seus comandos em qualquer lugar e independentemente do que estiver ocorrendo, no devido tempo você terá de reduzir a distância e aumentar a intensidade das distrações, para que ele preste atenção em você e responda sem se importar com o que esteja ocorrendo ao seu redor. Se você seguir lentamente uma progressão, conseguirá atingir seus objetivos com maior rapidez e segurança.

A prevenção é meio caminho andado para a cura

É da natureza humana observar e apontar o que está errado. Tentar transformar o comportamento dos animais, persuadindo-os a mudar as opções que fizeram é pura perda de tempo, visto que, assim como você, eles também não conseguem modificar o passado.

Se deseja que um determinado comportamento de seu cachorro de fato mude, você deve criar condições para tanto e prepará-lo para se sair bem. Restrinja as opções dele, ofereça recompensas para as opções corretas, tente evitar as opções erradas e mostre que ao fazer uma opção errada as consequências são negativas. Por ter opções, o aprendizado dele é mais duradouro e as consequências podem modelar diretamente sua resposta.

Apontar um erro funciona como reforço e na verdade pode levar a pessoa ou o animal a cometer novamente aquele mesmo erro inúmeras vezes. Uma postura bem mais eficiente para mudar definitivamente um comportamento é, em primeiro lugar, evitar reforçar o comportamento errado. Se possível, impeça que ele ocorra. Na fase de treinamento, é fundamental não oferecer nenhuma atenção ao comportamento errado e preocupar-se em perceber o que está dando certo. Isso também significa que você deve estar preparado para sempre recompensar qualquer bom comportamento que ele possa manifestar inesperadamente. Se não estiver preparado para clicar e recompensá-lo, cubra "seu garoto" de elogios e afagos ou então brinque com ele e lhe dê oportunidade de fazer alguma coisa legal.

FATO
Lembre-se de que, para prevenir, você pode usar a guia, engradados ou grades e portões — qualquer coisa que impeça seu cachorro de manifestar o comportamento errado enquanto você lhe ensina a responder de outra forma.

Pé na estrada

Possibilite que seu cachorro responda a todos os comandos em novos ambientes. Para isso, você deve treiná-lo em todos os tipos de lugar. Dessa maneira, ele conseguirá generalizar o comportamento e será capaz de manifestá-lo independentemente das distrações. Os cães precisam de nossa ajuda para conseguir se sair bem em novos ambientes.

A melhor maneira de ajudar um cachorro cujo comportamento regride em novos ambientes é voltar ao básico. Use um petisco ou um brinquedo como isca para ajudá-lo a manifestar o comportamento. A ideia é treiná-lo de cinco a dez vezes, até conseguir fazê-lo trabalhar novamente, e depois diminuir aos poucos esse auxílio suplementar. Repetir um comando, quando seu cachorro está visivelmente muito distraído para ouvir seu chamado, é o mesmo que lhe ensinar o que deve fazer para ignorar você. Com um pouco de paciência e prática, em pouco tempo ele compreenderá que o treinamento funciona em qualquer lugar, independentemente da distração.

Soluções para problemas comportamentais específicos de uma raça

Normalmente os comportamento exibido pelos cães que apresentam problemas comportamentais recorrentes está relacionado ao trabalho para o qual eles foram educados e treinados — pastoreio, *retrieving*, proteção e defesa (guarda) ou perseguição de objetos ou seres em movimento. Quando um cachorro apresentar um problema comportamental associado à sua habilidade de trabalho original, lembre-se que pode ser um comportamento inato (enraizado) ou um comportamento programado por sua própria genética. Pense no *border collie*, que caça e vive mordiscando calcanhares [1]; no *retriever*, que é obcecado por levar tudo à boca; ou, ainda, no *terrier*, que vive latindo e gosta de perseguir e caçar esquilos. Nesses casos, a genética do cachorro determina seu comportamento.

ATENÇÃO! Ao ensinar seu cachorro a generalizar determinado comportamento, uma regra prática é lhe dar apenas um comando. Se o cachorro não responder adequadamente, use uma recompensa e ajude-o a manifestar o comportamento. Se repetir várias vezes um mesmo comando, você o condicionará a responder mais lentamente aos comandos em locais públicos.

---

[1] O *border collie* é um cão de pastoreio e conduz o gado de uma maneira peculiar: mordiscando-lhe o calcanhar. (N. da T.)

Constância e perseverança ao reforçar

Que significado o comportamento inato ou enraizado teria para você? Que será bem mais difícil fazer com que seu cachorro pare de apresentar um comportamento indesejável, se não o treinar adequada e assiduamente. Veja a seguir vários pontos que deve ter em mente ao reeducar cães desse tipo:

- Procure manter sempre um alto nível de reforço.
- Fortaleça a "conta" de bons comportamentos de seu cachorro.
- Treine-o para manifestar o comportamento por um período mais longo.
- Considere a possibilidade de ensinar um truque para substituir o comportamento indesejado.

Se pretende mudar a mente de seu cachorro em relação a um comportamento instintivo, você precisa reforçar consideravelmente o comportamento substituto. Para que o nível de reforço seja alto, você precisa abrandar seus critérios e recompensar o cachorro até mesmo por uma simples tentativa de manifestar o novo comportamento. Não seja inflexível nem espere que seu cachorro repita o comportamento várias vezes. Basta recompensar o novo comportamento tantas vezes quanto possível. Dessa forma, é mais provável que seu cachorro reaja a uma determinada situação comportando-se da maneira correta porque tem sido recompensado satisfatoriamente.

Movimentando a "conta" de bons comportamentos

Toda recompensa oferecida ao novo comportamento equivale a um depósito. Você está construindo um histórico de reforço que tem de concorrer com um comportamento natural e autorrecompensador. Estruturar um sólido histórico de reforço leva tempo. Se você praticar antes, com o tempo conseguirá substituir o comportamento arraigado pelo comportamento desejável.

FATO — Cada clique e recompensa oferecido a um comportamento correto equivale a um depósito. Obter reforço positivo por um bom comportamento nunca é demais. Ao tentar mudar um comportamento inato, aumente a probabilidade de seu cachorro manifestar o comportamento correto. Para isso, a conta de bons comportamentos precisa estar bem gorda.

A prática leva à perfeição

Quanto mais você interagir com seu cachorro, menos problemas comportamentais enfrentará. Você está dedicando tempo para construir esse histórico. Portanto, se você conseguir se sair bem, seu cachorro associará adestramento com diversão. Ensinar um truque a um cachorro é uma excelente maneira de conhecê-lo melhor e, consequentemente, melhorar nossa relação com ele. Mais do que isso: ensinar truques é divertido e a maioria das pessoas adora passar o tempo fazendo isso.

Para alguns cães, não há nada melhor do que aprender truques. Esse tipo de cachorro é mais propenso a trabalhar por períodos mais longos e com entusiasmo. Se você prefere ensinar truques a seu cachorro, então é uma boa ideia usá-los no dia a dia para ajudar a evitar que ele se comporte inadequadamente, não é mesmo? Se ele costuma puxar a guia, use o "rola", o "senta ereto" ou o "gira" para reforçá-lo por ficar ao seu lado. Se você pretende utilizar um truque para substituir um problema comportamental, lembre-se de que seu cachorro precisa dominar esse truque em todos os diferentes tipos de ambiente e, além disso, ter sido intensamente reforçado (pelo menos, no princípio) por preferir realizar o truque a manifestar o comportamento inadequado. Quanto mais você praticar o que deseja, melhor será o desempenho de seu cachorro quando você de fato precisar que ele se comporte de uma determinada maneira. Quanto mais criativo você for em relação ao seu programa de adestramento, melhor será seu relacionamento com seu cachorro.

> **PRINCÍPIO B BÁSICO**
>
> A paciência é o principal segredo para quem quer se sair bem ao treinar um comportamento mais desejável. Nem todos os cachorros aprendem no mesmo ritmo. Cada cachorro tem uma personalidade e é motivado por coisas diferentes. Seja flexível em relação ao tipo de recompensa que oferece a seu cachorro. Prepare-se para desmembrar os exercícios em passos menores e seja generoso com relação ao reforço e à resposta que você demonstra para seu cachorro.

CAPÍTULO 11: TREINANDO UM COMPORTAMENTO DESEJÁVEL

O latido acaba aqui!

O latido pode gerar conflitos em qualquer vizinhança (consulte o Capítulo 12). Os próprios motivos que levam seu cachorro a latir determinam a solução adequada para ele parar de latir. Observe se ele está entediado ou assustado, se precisa se socializar ou apenas extravasar a energia. Em seguida, experimente diferentes métodos, para ver qual é mais adequado para você e ele. Veja algumas opções que você deve levar em conta:

- Para evitar o tédio, esconda alguns brinquedos recheados de petiscos em todo o quintal.[2]
- Para ajudar seu cachorro a ficar quieto, ensine-o a buscar um brinquedo e levá-lo até à visita.
- Se ensinar seu cachorro a rolar, ele consumirá parte da energia previamente reservada para latir.
- Se ensiná-lo a girar, ele ficará tão ocupado que não terá tempo para latir.
- A reverência é uma ótima maneira de cumprimentar pessoas idosas ou crianças pequenas.
- Se seu cachorro adora usar as patas, ensine-o a acenar. Isso ajudará a direcionar melhor a energia dele.

Se treinar seu cachorro a substituir um comportamento incorreto por um correto, mudará radicalmente a maneira que pessoas o veem. Seus convidados ficarão mais à vontade, você ficará mais calmo e todos terão motivo de sobra para reforçar o bom comportamento de seu cachorro com afeição e atenção.

> **PRINCÍPIO BÁSICO**
>
> A melhor maneira de se livrar do latido é observar e reconhecer em que momento o cachorro está prestes a irromper e interromper e redirecionar esse comportamento para uma atividade mais apropriada. Isso requer prática. Além disso, você tem de conhecer bem seu cachorro para escolher o momento exato de interferir e precisa também saber que comportamento ou atividade é capaz de deixá-lo suficientemente distraído para evitar que comece a latir.

---

[2] Os brinquedos de borracha da marca Kong, utilizados para prevenir o tédio e a ansiedade, podem ser recheados com petiscos. (N. da T.)

"Assaltando" a visita na entrada

Pular é um problema que a maioria dos cachorros não consegue abandonar ao crescer. Eles pulam com toda exuberância principalmente para cumprimentar uma pessoa e convidá-la para brincar. Ensiná-lo a cumprimentar de outra forma é uma excelente solução para evitar que ele pule. Veja como:

- Dê o comando "senta/fica" ou "deita/fica" e só então permita que uma visita, por exemplo, comece a acariciá-lo.
- Dê comando "morto" ou "barriga pra cima" e deixe a visita coçar a barriga dele como recompensa.
- Ensinar o cachorro a rolar e a girar sequencialmente é uma excelente maneira de mantê-lo concentrado para cumprimentar sensatamente as visitas, mesmo no caso de cachorros extremamente ativos.
- Peça a seu cachorro para buscar um brinquedo. Desse modo, manterá a boca ocupada e as patas no chão.
- Dê o comando "fica" antes de abrir a porta da frente. Assim, você evita que ele saia em disparada e ganhe o mundo lá fora.

Embora não exista nenhuma solução instantânea para os cães que costumam pular, evitar logo de início que isso ocorra é um bom começo para tentar mudar a primeira reação de seu cachorro a uma visita. Lembre-se de que os cachorros fazem aquilo que funciona. Se um determinado comportamento deixa de ser uma opção, ele é eliminado da lista de possibilidades e, portanto, substituído por aquilo que efetivamente funciona. Verifique se o comportamento que funciona para seu cachorro também funciona para você!

Quem leva quem para passear

Puxar a guia é de longe a principal reclamação dos donos de cachorro e o motivo mais comum que os leva a recorrer a aulas de obediência. Se acrescentar truques ao repertório de seu cachorro, conseguirá controlar melhor o comportamento dele quando estiver preso a uma guia e oferecer mais opções quando ele começar a puxar. Se ele não tiver certeza do que você solicitará a ele em seguida, é bem mais provável que, em vez de puxar, ele preste atenção em você.

CAPÍTULO 11: TREINANDO UM COMPORTAMENTO DESEJÁVEL

Ensinar seu cachorro a se comportar bem quando preso a uma guia pode consumir muito tempo e ser cansativo. Quebre um pouco isso com algumas das dicas a seguir:

- Enquanto caminham juntos, utilize a brincadeira de tocar o alvo, estimulando seu cachorro a tocar o focinho em sua mão ou na perna de sua calça.
- Nas caminhadas, de vez em quando dê uma paradinha e peça-lhe para girar.
- Ao passear com ele, não percorra uma longa distância sem mudar de direção ou sem parar algumas vezes para pedir que ele sente.
- Intercale os movimentos pedindo a ele para parar e acenar.
- De tempos em tempos, dê uma paradinha e peça para ele rolar várias vezes sucessivamente; se o cachorro estiver agitado, esse exercício ajuda a tirar um pouco da ansiedade dele.

Se usar truques para ensinar seu cachorro a se comportar quando preso a uma guia, ele terá uma excelente oportunidade para aprender a controlar o próprio entusiasmo. Quando você direciona a energia dele para um comportamento mais adequado, ensina-o a prestar atenção em você e naquilo que você está lhe pedindo para fazer. Lembre-se de que não é de hoje que é ele quem vem levando você para passear, e não o contrário. Como muito dinheiro já foi depositado na conta de seu cachorro pelo fato de puxar, você terá de contra-atacar esse comportamento com depósitos superespeciais nos momentos em que ele não puxar. Isso exige prática constante e a determinação de não permitir que ele o arraste ao puxar a guia.

Agressivo ou medroso

Agressão e medo são dois problemas comportamentais muito estressantes para ambos, cachorro e treinador. A primeira medida que você deve tomar se seu cachorro for medroso ou agressivo é evitar que ele fique perturbado ou deprimido e redirecionar a atenção dele para você. Tenha em mente que seu objetivo final é ajudá-lo a estabelecer associações positivas com os fatores dos quais sente medo por meio de reforço positivo. Que melhor maneira poderia haver para isso senão ensinar seu cachorro a executar truques em situações nas quais normalmente ele reage de forma agressiva ou apreensiva?

- Ensine-o a ficar olhando para você durante um longo período sob comando.
- Ensine-o a tocar sua mão com o focinho.
- Ensine-o a tocar um objeto ou a mão de uma pessoa (isso deve ser modelado e fortalecido aos poucos).
- Ensine-o a girar ou a virar.
- Ensine-o a reverenciar. Isso pode alegrar os cachorros que estiverem passando ao lado e ajudar seu cachorro a se sentir mais calmo na presença deles.
- Ensine-o a acenar.
- Ensine-o a rolar. Isso o deixará tão desorientado, que no momento em que parar já terá perdido de vista a pessoa ou o cachorro assustado.
- Ensine-o a pedir "perdão". Assim, ele terá de ficar em uma posição extremamente dócil, o que é uma ótima forma de dispersar outros cachorros.

> **PRINCÍPIO BÁSICO**
>
> A finalidade de ensinar um cachorro assustado ou agressivo a executar um truque é possibilitar que ele se concentre em alguma outra coisa no momento em que o executar — supondo que já esteja treinado a ignorar possíveis distrações. Pense nisso como mais uma opção de "comportamento incompatível".

A maneira mais adequada e duradoura de se livrar de problemas comportamentais é saber exatamente qual reforço seu cachorro precisa. Se perceber o que está certo e recompensá-lo por isso, maior será a probabilidade de seu cachorro substituir os velhos hábitos por comportamentos considerados mais apropriados a um bom "garoto". Lembre-se de que você obtém aquilo a que presta atenção. Se começar a ignorar o que está errado e a recompensar o que está certo, o comportamento que hoje você considera problemático desaparecerá e sua recompensa será um companheiro fiel e mais bem-comportado.

Quando as coisas dão errado

Ao criar um programa de adestramento e perceber que não está obtendo os resultados que esperava, em geral isso ocorre porque os passos estão muito difíceis e incompatíveis com a capacidade do cachorro. A solução para qualquer programa de adestramento é decompor os comportamentos em pequenos passos. Quanto mais você facilitar o passo para que seu cachorro acerte — principalmente no início — mais promissor será seu programa. É ideal elaborar o programa por escrito. Desse modo, se o programa não estiver produzindo os resultados desejados, você poderá fazer ajustes e acrescentar ou desmembrar os passos em unidades menores. Jamais hesite em recuar para facilitar o processo para o seu cachorro. Ganhamos confiança quando nos sentimos bem-sucedidos. Assim que seu cachorro se sentir confiante, os resultados positivos rapidamente se farão presentes.

Flexibilidade

Nos programas de adestramento, ser flexível significa ser capaz de perceber em que momento o cachorro está se esforçando ao máximo e retroceder para tornar a atividade mais fácil e, portanto, permitir que ele acerte. Significa também ser capaz de perceber quando o cachorro se sai bem e saber aumentar o grau de dificuldade apenas para desafiá-lo e aprimorar o comportamento, sem no entanto torná-lo difícil a ponto de fazê-lo desistir. Um erro que os treinadores novatos costumam cometer é ser rígido demais com aquilo que reforçam. O melhor caminho para obter resultados positivos é dividir, em vez de agrupar. Ao agrupar, procuramos reforçar um amontoado de etapas de uma só vez; ao dividir, modelamos o comportamento em passos bem pequenos.

Dois métodos para ensinar o deita

Um bom exemplo do que acabamos de ressaltar está em ensinar o cachorro a se deitar. A atitude da maioria das pessoas que costumam agrupar (os agrupadores) é simplesmente esperar o cachorro deitar e, com frequência, utilizar uma isca comestível ou um empurrãozinho gentil caso a isca não produza os resultados desejados. Já as pessoas que costumam dividir (os separadores) decompõem o comportamento e reforçam etapas menores que as levarão ao objetivo final. O separador provavelmente reforça primeiro o "fica", depois o "senta", depois o "senta com a cabeça voltada para baixo", em seguida o "abaixa a cabeça", depois o "deixa a cabeça abaixada", depois o "dobra os cotovelos", em seguida o "fica sobre o quadril", até que o cachorro fique totalmente deitado. Isso provavelmente dá muito trabalho, mas como recompensa seu cachorro entende o que você deseja, responde ao que você pede com um sinal e consegue se reeducar rapidamente diante de qualquer distração.

Ferramentas de condicionamento clássico

O fundamento do condicionamento clássico é emparelhar (associar) um objeto ou acontecimento assustador a algo que o cachorro considere agradável, como uma apetitosa recompensa ou um brinquedo ou jogo. O emparelhamento de dois fatores, chamado de pré-treinamento, lida com o problema em nível emocional. O condicionamento clássico pode ser usado para lidar com problemas de medo e fobia e esquiva, como não gostar de cortar as unhas ou relutar em entrar no carro ou na banheira. Os cachorros amedrontados normalmente param de comer e brincar. Isso é ótimo para indicar que eles também estão se sentindo muito desconfortáveis para aprender. Se para acalmá-los você emparelhar situações agradáveis e situações assustadoras, poderá ajudá-los a trabalhar os medos e a se sentirem mais felizes no dia a dia. Existe um método específico de fazer esse emparelhamento para que o cachorro associe o objeto, a pessoa ou a situação assustadora a algo bom. Veja aqui algumas orientações básicas a seguir:

- As sessões devem ser curtas e não devem ser ensaiadas (repetidas); trata-se de emparelhamento, não de treinamento.
- A comida deve ficar escondida enquanto o cachorro não perceber o objeto que o assusta.
- O cachorro deve ficar a uma distância cômoda do objeto que o assusta e não deve ficar apavorado.
- O apetite é uma boa indicação de que a distância está adequada. Se o cachorro conseguir comer a recompensa, é um bom sinal. Se não, ajude-o.
- Use apenas duas ou três repetições por sessão de adestramento. Do contrário, o cachorro não aprenderá que o objeto que o assusta traz coisas boas.
- Quanto mais aleatórias forem as sessões, mais facilmente o cachorro adivinhará que as coisas boas ocorrem quando o objeto que o assusta está presente.

Essa ferramenta é amplamente utilizada para ajudar os cachorros a se sentirem mais tranquilos e seguros consigo mesmos. Portanto, tanto o cachorro quanto a família se beneficiam disso.

CAPÍTULO 12

Cães que não param de latir: problemas e soluções

Os cães latem para se comunicar com os seres humanos e entre si, mas o latido em excesso é inconveniente e um sintoma de que existe um problema mais grave. Se seu cachorro late sem parar, isso significa que suas necessidades mentais, emocionais e físicas não estão sendo atendidas. Para que a paz e o silêncio voltem a reinar, é necessário primeiro tratar esse problema.

Por que alguns cachorros latem excessivamente?

O latido é um problema que os donos costumam enfrentar com frequência. Em geral, essa é a principal reclamação dos vizinhos, que são obrigados a ouvir o protesto impaciente dos cachorros que são mantidos presos no quintal e, por isso, ficam extremamente entediados. Como são animais gregários, os cães desenvolvem sólidos laços com os demais membros de sua família. Ficar sozinho horas a fio não condiz com a natureza deles. Se eles se sentirem entediados e frustrados, a saída que terão será latir, um comportamento em si autorreforçador. Latir significa liberar o estresse emocional, uma maneira encontrada pelo cachorro para expressar sua emoção e soltar a ansiedade e frustração contidas.

O cachorro que late em excesso pode ser classificado em uma dentre três categorias: aquele que late quando deixado sozinho; aquele que late para as visitas, quando ouve um ruído e para pessoas que passam na rua enquanto você está em casa; e, por último, aquele que late para chamar sua atenção. O latido em excesso é sintoma de um problema maior. Normalmente, significa que o cachorro precisa de algo que ele não está conseguindo ou então que está sendo reforçado sistematicamente por um comportamento errado.

> **PRINCÍPIO BÁSICO**
> Se você parar para pensar produtivamente em mudar o ambiente em que seu cachorro costuma ficar, é provável que consiga um pouco mais de paz e silêncio. Pense na possibilidade de plantar cerca viva no quintal ou feche a persiana ou a cortina da frente para evitar que ele aviste a vizinhança. As distrações ficarão menos visíveis e ele não sentirá tanta necessidade de latir.

Sacie as necessidades de seu cachorro

Todos os cachorros precisam de alimentação saudável, horários programados, muito exercício, interação com pessoas e outros cães, treinamento, um lugar seguro para dormir e descansar e um ambiente estimulante com brinquedos e coisas para roer. Além disso, precisam aprender já desde filhotes a ficarem alegres mesmo longe de você, para que consigam aguardar sua volta como previsto para atender às suas necessidades.

Encontrando um meio-termo satisfatório

Do mesmo modo que as pessoas, os cachorros bem equilibrados são felizes. Encontrar um equilíbrio saudável entre o tempo durante o qual ele é deixado sozinho e o tempo que ele compartilha a presença de pessoas é fundamental para o bem-estar emocional de qualquer cachorro. Os cães que ficam com o dono o tempo todo também podem começar a latir em excesso quando deixados sozinhos mesmo que por um breve período. Nesse último caso, eles criam um vínculo inadequado com o dono e acham difícil lidar com o fato a solidão quando o dono está ausente. Esse superapego entre dono e cachorro pode desgastar a autoconfiança e a satisfação do cachorro quando eles ficam sozinhos. Pare por um momento e avalie por quanto tempo você fica perto ou longe de seu cachorro e faça os devidos ajustes para ajudá-lo a se sentir confiante e protegido.

Controle cuidadoso e atento

As seções a seguir recapitulam alguns fatores básicos com relação ao que você precisa se lembrar ao elaborar um programa para controlar (ou pelo menos reduzir) o latido de seu cachorro. A filosofia é a mesma para modelar qualquer comportamento: ter um plano, ser paciente, ser coerente e reforçar os comportamentos corretos.

Fazendo acontecer naturalmente

Algumas raças são propensas a latir, mas todos os cachorros podem aprender a deixar de latir em excesso ou inapropriadamente. Se a raça de seu cachorro tem propensão a latir, corte o problema pela raiz enquanto ele ainda é filhote. Alguns cães foram criados por sua habilidade de caçar ou vigiar, e latir algumas vezes já está incluído no pacote.

Se você sabe o que faz seu cachorro começar a latir sem parar, pense com cuidado sobre o que pode fazer para evitar esses episódios. Quanto mais ele latir, mais será reforçado por esse comportamento. Quanto mais o comportamento for reforçado, maior a probabilidade de voltar a ocorrer e de se fortalecer. Se seu desejo é ter uma vida familiar mais tranquila, precisa identificar, tanto quanto possível, o que leva seu cachorro a latir e desencadeia nele esse curto-circuito.

Estabeleça uma meta sensata

O cachorro que costuma latir muito simplesmente não vai parar de latir no dia em que você encontrar uma fórmula milagrosa. O latido é reforçador para os cachorros, e normalmente piora antes de melhorar. Sente-se com sua família e estabeleça uma meta sensata. Talvez ele só lata quando ouve a campainha; nesse caso, sua meta poderia ser permitir que ele lata por trinta segundos e pare ao ouvir seu comando. Outra possibilidade: se ele ouvir algum barulho, deixá-lo latir para avisar você de que algo está ocorrendo, mas parar de latir e ir para a cama. A meta em si não é importante, desde que seja simples e razoavelmente fácil para o cachorro cumprir.

É responsabilidade sua analisar, determinar algo sensato e ensinar a seu cachorro. Não tenha receio de estabelecer metas humildes e de aumentar a quantidade de segundos em que seu cachorro deve ficar quieto. Não é prudente querer que um cachorro pare de latir da noite para o dia se há anos ele vem latindo sem parar.

FATO

Para mudar a reação de um cachorro a alguma coisa que normalmente o faz latir, como o som da campainha, toque a campainha casualmente e lhe dê como recompensa alguns petiscos gostosos ou utilize uma brincadeira que ele goste muito, como cabo de guerra ou busca. Ao ignorar tanto a campainha quanto a porta, você o ensina a aguardar algo diferente no momento em que ele ouve o som.

Analise o que leva seu cachorro a latir

Antecedente é aquilo que desencadeia ou provoca um comportamento. Por exemplo, o cachorro late quando ouve alguém bater à porta ou tocar a campainha. Tanto em um caso quanto no outro, o som é considerado o antecedente do comportamento de latir. Saber o que desencadeia esse comportamento é fundamental para ensinar o cachorro a ficar quieto. O padrão ou cadeia de reações é mais ou menos a seguinte: antecedente, comportamento, consequência, comportamento apropriado, recompensa. Você precisa chegar ao fim dessa sequência de comportamentos para ensinar seu cachorro a deixar de latir excessivamente.

CAPÍTULO 12: CÃES QUE NÃO PARAM DE LATIR: PROBLEMAS E SOLUÇÕES

Para identificar os antecedentes, é uma boa ideia criar uma tabela e descrever quando ele late e o que ocorre antes disso. Escreva exatamente o que você acha que desencadeia esse comportamento e marque quanto tempo leva para ele parar. Se você marcar o tempo que ele leva para se acalmar, saberá se está progredindo em seu programa de treinamento ou se está apenas chovendo no molhado. Você saberá se está no rumo certo se essa quantidade de segundos diminuir com o passar do tempo. Os bons adestradores registram o andamento do treinamento para ver se estão progredindo!

Estabeleça as consequências

No caso dos cachorros que persistem e mal respiram entre um latido e outro, é recomendável utilizar alguma coisa para fazê-los parar de latir. Dessa maneira, você conseguirá interrompê-lo por alguns segundos e recompensá-lo por ficar quieto. A consequência funciona da mesma forma que a punição. Portanto, se administrada sozinha, apenas interromperá o comportamento. Não ensinará ao cachorro o que ele deve fazer em vez de latir.

Por exemplo, em relação à consequência, você pode espirrar água nele, fazer um barulho estridente, chacoalhar uma lata de moedas, colocar uma coleira antilatido não elétrica. (Esse dispositivo é usado no pescoço e distrai o cachorro esguichando um pouco de citronela quando ele late.) As consequências são usadas para interromper o latido excessivo e fazê-lo parar por um segundo para ser recompensado por isso. Para saber que comportamento você deve reforçar, é recomendável programar com antecedência o que você deseja que seu cachorro faça em vez de latir.

ATENÇÃO! Se você apenas corrigir o cachorro por latir e não o recompensar por ficar quieto, uma hora ou outra ele voltará a latir porque não está sendo reforçado por nenhuma outra coisa. Lembre-se de que o que é recompensado volta a ocorrer.

Dê atenção ao que é certo

Quando um cachorro late estridentemente, nossa tendência quase sempre é lhe dar atenção apenas quando late e não quando está quieto. Grande parte da solução para eliminar o latido é flagrá-lo e reforçá-lo por estar quieto. Cada reforço que você lhe oferecer por se manter em silêncio será como um depósito para torná-lo um cachorro especialmente mais tranquilo. Nesses momentos, para lhe dar atenção, acaricie-o ou brinque com ele, ofereça um petisco, permita que entre em casa ou saia para o quintal, abra a porta da gaiola e assim por diante. Independentemente do comportamento que você estiver reforçando, recompense-o com alguma dessas coisas. Você verá que no prazo de vários dias ou semanas, ele latirá menos, dependendo da qualidade do reforço e da gravidade do problema.

> **PRINCÍPIO BÁSICO**
>
> Lembre-se de que o latido é um mau hábito tal como outro qualquer. É mais fácil regredir a antigos padrões de comportamento porque eles são conhecidos e ocasionalmente reforçados. Controlar e prevenir é fundamental.

Preparando-se para ter êxito

Se você mora em um bairro movimentado, fique esperto. Não é uma boa ideia deixar seu cachorro circular livremente no quintal sem supervisionamento. Ele encontrará apenas coisas que o farão latir, o que efetivamente reforçará esse comportamento detestável. Essa falta de supervisão estimula-o a latir ainda mais porque, para os cães, latir é divertido. Por isso, continuam a se comportar dessa forma quando não encontram nada melhor a fazer. Para que ele fique quieto, você precisa tomar algumas medidas preventivas. Você deve também se lembrar de lhe dar atenção e recompensá-lo por se manter em silêncio. Veja a seguir algumas dicas para preparar seu cachorro para que ele tenha êxito:

- **Faça-o se exercitar.** O muito é pouco para os cachorros. Experimente levá-lo para brincar com outros cães, jogar *fetch* (buscar objetos), *frisbee* (pegar discos) ou esconde-esconde, inscrevê-lo em alguma creche canina, contratar uma babá, passeador ou qualquer pessoa que possa fazê-lo se exercitar.

CAPÍTULO 12: CÃES QUE NÃO PARAM DE LATIR: PROBLEMAS E SOLUÇÕES

- **Dê-lhe uma ocupação.** Experimente brinquedos interessantes, ossos e petiscos e mastigadores que o façam exercitar as mandíbulas. Os cachorros que costumam latir normalmente adoram roer. Por isso, tenha sempre um punhado de coisas boas para ele mastigar.
- **Dê atenção a ele.** Supervisione e redirecione seu cachorro. Quando estiver no quintal, por exemplo, experimente chamá-lo para desviá-lo do que está latindo e recompense-o por começar a se comportar de forma diferente.
- **Mantenha-o ocupado.** Utilize um brinquedo *dispenser* com algum petisco saboroso ou ração seca. Esconda-o em algum lugar dentro de casa ou no quintal. Isso o manterá ocupado enquanto você estiver fora.
- **Elimine os antecedentes.** Para impedi-lo de latir, sempre que possível, utilize cerca viva para bloquear sua visão, feche as cortinas ou persianas ou redisponha os móveis da casa. Se você evitar que ele pratique o comportamento incorreto, estará a mais de meio caminho da cura.
- **Satisfaça as necessidades dele.** Procure seguir sempre uma programação. Se necessário, contrate um passeador profissional ou uma creche para que ele possa passear e se exercitar. Quanto mais previsível a rotina de seu cachorro, melhor para ele. Experimente alimentá-lo, levá-lo para passear e brincar com ele em horários previsíveis. Desse modo, ele aprenderá a confiar em você e a se sentir seguro.
- **Esteja sempre a postos.** É fundamental estar preparado para reforçar o que seu cachorro está fazendo corretamente. Estabeleça alguma programação com sua família e tente segui-la à risca. Quanto mais você souber o que você deseja, maior a probabilidade de conseguir.
- **Use um marcador comportamental.** O *clicker*, usado para marcar qual comportamento merece ser recompensado (ficar em silêncio), oferece uma informação fundamental para o cachorro, e isso é difícil conseguir de outra forma. Lembre-se de que o clique marca o silêncio. Em seguida, você pode oferecer a recompensa.

Identifique os métodos que funcionam melhor para o seu cachorro e seja paciente e coerente ao marcar o comportamento desejável.

A motivação determina as soluções

Visto que as consequências induzem comportamentos, vale a pena reservar alguns minutos no decorrer de mais ou menos uma semana e observar seu cachorro e as circunstâncias que o levam a latir. No caso de um ladrador problemático, se você de fato deseja controlá-lo e refreá-lo, é conveniente registrar o que desencadeia o latido e quanto tempo ele leva para parar de latir. Por exemplo, se você verificar que normalmente ele leva dez minutos para parar de latir depois de ouvir a campainha, já terá um parâmetro para esse comportamento. No decorrer do programa de treinamento para eliminar esse comportamento, é sempre bom saber se o cachorro está reduzindo a duração do latido. Se o tempo que ele leva para parar de latir não estiver diminuindo, isso significa que é necessário mudar de plano. Esse parâmetro ajuda o treinador a decompor a solução em pequenos passos e a estabelecer metas sensatas. O cachorro que a vida toda latiu provavelmente não deixará de latir para todo o sempre, independentemente do quanto o treinemos. Uma meta razoável para cães desse tipo é diminuir o tempo que eles levam para parar de latir toda vez que começam.

Depois de observá-lo atentamente, é provável que identifique apenas uma ou duas causas recorrentes ao longo do dia, como a campainha ou o caminhão de lixo. Com essa informação, você pode formular melhor um plano de treinamento para dessensibilizá-lo do som ou da visão do que desencadeia o latido ou lhe ensinar outra conduta incompatível — como apanhar um brinquedo ou executar um truque —, pois dessa maneira ele não conseguiria praticar as duas coisas ao mesmo tempo. Treine-o a praticar o comportamento incompatível quando o estímulo (a campainha ou o caminhão de lixo) se fizer presente.

Normalmente, latir é um sintoma emocional. Muitos cachorros latem por solidão ou frustração, outros latem porque querem atenção ou estão amedrontados e alguns latem porque gostam de ouvir o som do próprio latido. Se você identificar o que motiva seu cachorro a latir, conseguirá uma solução criativa para transformar sua casa em um refúgio mais tranquilo e silencioso contra o estresse do dia a dia.

Cães que latem para as visitas

Os cães que costumam ficar furiosos na frente das visitas podem ficar amendrontados, superagitados ou completamente agressivos sempre que você receber pessoas em casa. Nesse caso, é necessário ensinar um novo padrão de comportamento para que ele reaja às visitas de uma maneira mais apropriada.

Se ele ficar agressivo ou assustado diante de estranhos, é recomendável pedir a ajuda de um adestrador profissional qualificado ou de um comportamentalista (behaviorista) de cães para ajudá-lo a avaliar e identificar corretamente o problema de seu cachorro. Essa pessoa também o ajudará a estruturar as sessões de treinamento para que seu cachorro cumprimente as pessoas de maneira mais adequada e segura. O maior desafio é mudar a mentalidade dele com relação ao que sente em relação ao hóspede. Veja como fazer isso:

1. Tire seu cachorro da sala e peça para que as visitas entrem e se sentem.
2. Mais ou menos dez minutos depois, solte-o e peça para que todos o ignorem.
3. Munido dos petiscos que ele mais gosta, peça a seus hóspedes para que espalhem alguns petiscos ao redor dos pés.
4. Deixe seu cachorro ir até elas para pegar os petiscos.

Parabéns! Você acabou de fazer seu primeiro grande depósito para que seu cachorro não lata mais para suas visitas. Repita esse exercício o máximo que puder usando diferentes pessoas, até que ele comece a ficar alegre ao ver uma visita chegando. É aconselhável praticar esse exercício primeiro com a própria família para ensinar esse novo padrão de comportamento ao cachorro e ajudar sua família a aprender uma nova maneira de controlá-lo na presença de visitas.

> **PRINCÍPIO BÁSICO**
>
> Para acelerar o aprendizado de seu cachorro, deixe um cesto do lado de fora da porta da frente com os brinquedos prediletos dele. Assim, a visita poderá pegar logo um brinquedo assim que você abrir a porta. Isso desviará a atenção dele, impedindo-o de latir, e o ajudará a desenvolver um novo hábito para cumprimentar as visitas no momento em que elas estiverem entrando.

Se em uma determinada ocasião você não estiver preparado para treinar seu cachorro, tente evitar que ele tenha contato com o estímulo. Desse modo, ao menos você não está reforçando o antigo padrão de comportamento e retrocedendo. Se tirá-lo da sala de visita ou colocá-lo na gaiola no mínimo evitará que ele retroceda a velhos hábitos.

Alternativas simpáticas

Os cachorros que latem porque ficam felizes ao ver uma visita precisam apenas de uma distração para pararem de latir. Se você lhe ensinar a pegar um bicho de pelúcia ou uma almofada ao se dirigir à porta, ele não conseguirá manter o brinquedo na boca e latir ao mesmo tempo. É exatamente esse o objetivo de ensinar algo incompatível com o latido. Ele não conseguirá latir com um brinquedo na boca. Isso funciona melhor com cachorros que adoram brinquedos. Os passos de modelagem são os seguintes:

1. Jogue ou dê um brinquedo a seu cachorro para que ele o pegue com a boca. Marque esse comportamento com o comando "pega".
2. Associe o comando com a campainha. Peça para ele ir pegar o brinquedo, arremesse o brinquedo e use a campainha como sinal. No devido tempo, a campainha se tornará o sinal para que ele apanhe o brinquedo.

É aconselhável escolher um brinquedo de que ele goste muito. Desse modo, pegar o brinquedo será mais interessante do que latir. Você pode até deixar um cesto de brinquedos perto da porta e pedir para a sua visita pegar um antes de cumprimentar seu cachorro. Assim, ele aprenderá que as visitas são divertidas e que latir não faz parte da diversão. Aproveite a presença de todas as pessoas que estiverem dispostas a ajudar, como vizinhos, algum colega que goste de cachorro e seus amigos. Quanto mais ele cumprimentar as visitas em silêncio, melhor para todos. Experimente vários brinquedos diferentes para ver qual deles seu cachorro prefere e procure distraí-lo ao máximo, a ponto de se esquecer de latir!

CAPÍTULO 12: CÃES QUE NÃO PARAM DE LATIR: PROBLEMAS E SOLUÇÕES

ATENÇÃO! Os cachorros que latem de vez em quando fazem pelo simples prazer que isso proporciona. Na opinião de grande parte dos donos, truques ou esportes caninos como o *agility* ou *rally* de obediência costumam manter os cachorros suficientemente ativos e envolvidos a ponto de diminuir o latido. O segredo é treinar esses cães a se autocontrolar, ensinando-lhes que a calma é o comportamento recompensado.

Domesticando o desvario despertado pela campainha

Os cães que saem correndo como loucos ao ouvir o som da campainha precisam primeiro de ajuda para esquecer esse poderoso estímulo. Só então é possível que mantenham a calma. Talvez o som da campainha seja o antecedente e a distração mais difícil para seu cachorro. A maioria dos cães que apresentam esse problema dispara a latir estridentemente e leva vários minutos para se acalmar.

A melhor maneira de controlar cães desse tipo é ensinar uma reação diferente ao som da campainha. O meio mais fácil — porém mais barulhento — de fazer isso é o processo denominado "inundação" *(flooding)*.[1] Na inundação, a campainha é tocada bilhões de vezes, mas não há ninguém lá fora para o cachorro cumprimentar. O objetivo é que em algum momento a campainha deixe de significar o que o cachorro acredita que ela signifique. Ele começará a desenvolver uma reação distinta à campainha e passará a esperar algo diferente do que originalmente esperava.

PERGUNTA?
Existe algum truque para fazer o cachorro deixar de latir para chamar atenção?
É fundamental que todas as pessoas de sua família comprometam-se a ignorar o cachorro quando ele latir para chamar atenção e de forma alguma cedam às suas exigências. Quanto mais ele for ignorado quando latir para chamar atenção, mais rápido esse problema comportamental desaparecerá.

---

[1] Nessa técnica, o cachorro é exposto por um longo período a um estímulo extremamente ansiogênico do qual é impedido de fugir, embora o estímulo tenda a desencadear um comportamento de esquiva. (N. da T.)

Você pode usar também um pouco de condicionamento clássico para mudar essa associação que o cachorro faz com a campainha. Para aplicar o condicionamento clássico, você terá de criar associações entre um barulho ou objeto — nesse caso, a campainha — e algo bom, como um petisco ou jogo de *fetch*. Para incorporar o condicionamento ao treinamento, toque a campainha e dê vários petiscos ao cachorro ou comece a bater uma bola de um lado para outro independentemente do comportamento dele (esteja ele latindo ou quieto).

Nesse caso, não estamos exigindo que o cachorro faça alguma coisa para ganhar alguma recompensa, como no condicionamento operante ou no treinamento com *clicker*. Para um treinador ainda iniciante, talvez a princípio possa parecer que estamos recompensando o cachorro por latir ao tocarmos a campainha e lhe darmos uma recompensa. Na realidade, estamos tentando criar uma associação entre a campainha e algo bom para que em algum momento, em vez de latir, ele espere um petisco, uma brincadeira, um brinquedo ou um afago da visita. Esse método pode ser extremamente eficaz para mudar essa associação com a campainha. Em comparação a outros métodos, se você usar essa ferramenta para ajudá-lo a solucionar o problema do latido, provavelmente chegará mais rápido aonde deseja.

Cães que latem para ganhar atenção

Alguns cachorros conseguem tudo do dono. Lembre-se de que a maioria dos cães não trabalha para ganhar o próprio sustento e não tem nada mais a fazer senão ficar à toa e atento às suas ações. Eles sabem exatamente o que fazer para obter o que desejam: latir para você até se saírem vitoriosos. Quando um cachorro late para ganhar nossa atenção, isso normalmente significa que ele não sabe ao certo quem está no comando na família e que talvez não tenha aprendido regras e limites suficientes para ser capaz de entender em que lugar ele se encaixa na hierarquia familiar.

Dois métodos quase sempre funcionam no caso desses cachorros carentes. Primeiro, pare de lhe dar atenção quando ele estiver latindo. Segundo, comece a observar, marcar e recompensá-lo por ficar quieto. Afaste-se, vire a cabeça para o lado ou vire as costas para que ele saiba que está fazendo algo que não merece recompensa. Se ele estiver acostumado a conseguir o que quer latindo, esse método pode levar algum tempo para apresentar resultados, mas de maneira geral é mais rápido e mais produtivo do que ficar constantemente gritando para ele ficar quieto.

Coleiras de cabeça

Há vários tipos de equipamento para diminuir o tempo de treinamento e gentilmente ajudar seu cachorro a relaxar e a crer que você está no comando. Um exemplo é a coleira de cabeça *Gentle Leader*.[2] As coleiras de cabeça ou cabrestos são uma excelente opção de equipamento. Se adotada e introduzida apropriadamente, diminuirá o tempo de treinamento pela metade (consulte o Capítulo 15).

ATENÇÃO! Comece a utilizar a coleira de cabeça paulatinamente e ofereça vários petiscos e associações positivas ao seu cachorro. Quanto mais positivamente você introduzir esse equipamento, mais útil ele será. Se você se precipitar, seu cachorro se mostrará resistente e o cabresto, em vez de ajudar, será um obstáculo.

A verdadeira finalidade da coleira de cabeça é ensinar os cachorros a não puxar quando presos à guia. Isso é possível porque eles são guiados pelo queixo. Na verdade, quando o cachorro está usando uma coleira desse tipo, você controla os movimentos que ele faz para a frente dirigindo a cabeça dele. Essa coleira tem também outra vantagem: quando ajustada e encaixada corretamente, ela pressiona suavemente dois pontos — a cabeça e o pescoço —, o que ajuda a relaxar o cachorro e a fazê-lo se sentir mais seguro.

Para alguns cães, o efeito é tão calmante que eles se esquecem de latir e ficam muito mais relaxados e dóceis. Para que de fato seja eficaz, a coleira de cabeça deve ser adotada muito lentamente. É necessário primeiro ensinar o cachorro a se acostumar com ela. Porém, assim que ele começar a gostar disso, o efeito que ela produzirá sobre o comportamento do cachorro será surpreendente.

---

[2] A coleira de cabeça é também conhecida pelo nome de *head halter* e *headcollar*. Parecida com o cabresto usado em cavalos, essa coleira envolve a cabeça e o focinho do cachorro e não enforca. (N. da T.)

Massagem canina

A massagem normalmente é uma técnica que os donos não costumam levar em conta para tranquilizar seu cachorro. A técnica de massagem para mudança de comportamentos indesejáveis que mais merece menção é a *Tellington TTouch* ou *TTouch*.[3] Desenvolvida por Linda Tellington-Jones para cavalos, essa técnica tem sido aplicada em todos os tipos de animais e problemas comportamentais.

Os cachorros costumam reter grande parte das emoções nas áreas do rosto e da boca e a maioria dos cães que são tensos ou hiperativos tende a latir e a roer para aliviar a ansiedade. Em geral, os ladradores problemáticos ou os cachorros inquietos, demasiadamente ativos e agressivos, costumam também roer tudo o que veem pela frente e morder. Nesse caso, um pouquinho de massagem terapêutica no focinho e nas linhas da gengiva pode ajudá-los.

Na técnica de *TTouch*, o que em geral produz os melhores resultados são pequenos movimentos circulares com a ponta do dedo indicador e do dedo médio no focinho e na linha mandibular. Você deve mover levemente a pele em sentido horário, fazendo um círculo completo. Em seguida, erga a mão e faça outro círculo logo após o anterior. Faça cada círculo cinco vezes, lenta e cuidadosamente. Inspire e expire naturalmente e relaxe, pois dessa forma seu cachorro também ficará relaxado. Os animais sabem quando prendemos a respiração e ficam tensos com isso.

Para que ele se acostume, a princípio é recomendável sentar-se em uma poltrona ou no chão, com o cachorro sentado entre seus pés. Com uma das mãos, apoie o maxilar dele e com a outra faça os movimentos circulares. Pressione levemente, mais ou menos com o mesmo conforto que você sentiria se estivesse massageando suas pálpebras. Você pode até deslizar o dedo abaixo dos lábios dele e fazer pequenos círculos na linha da gengiva. É aconselhável primeiro molhar os dedos se seu cachorro estiver com a boca seca.

---

[3] Nesse método, utilizam-se movimentos circulares completos com os dedos e as mãos em todo o corpo do animal. Segundo Linda Tellington-Jones, o objetivo é ativar a função das células e despertar a "inteligência celular". Essa massagem ajuda a acelerar a cura de lesões e enfermidades e a mudar hábitos e comportamentos indesejáveis. (N. da T.)

CAPÍTULO 12: CÃES QUE NÃO PARAM DE LATIR: PROBLEMAS E SOLUÇÕES

Há sempre esperança para um ladrador problemático

O latido pode ser um problema para os donos e também para os vizinhos, mas não precisa ser assim. A experiência de ter um animal de estimação deve ser uma experiência agradável. Portanto, o latido não deve impedir que você "curta" seu bichinho, mas você tem de agir agora. Quanto mais deixá-lo se autorrecompensar, ao obter o que deseja quando late, mais latidos você será obrigado a ouvir.

Elabore um plano de treinamento para corrigir e transformar um ladrador desvairado no tranquilo companheiro com o qual você sempre sonhou. Você tem as ferramentas e os métodos para mudar esse comportamento. Agora, é chegado o momento de começar a colocar tudo em prática. Pare para examinar seriamente de que forma você está atendendo às necessidades básicas de exercício de seu cachorro. Para mudar isso, aumente a frequência com que ele brinca com outros cães. Em geral, isso é fundamental para diminuir os latidos. Acima de tudo, não desista. Até mesmo o ladrador mais detestável pode aprender a ficar mais tranquilo e a ser um companheiro mais agradável e divertido. Ele só precisa de treinamento.

CAPÍTULO 13

Medos e fobias

É um desafio ter e treinar um cachorro amedrontado e assustado. Em ambientes familiares, ele costuma ser dócil e maravilhoso, mas em lugares novos, quando há sons e pessoas estranhas, fica confuso, trêmulo e apavorado. Se seu cachorro se encaixa nessa categoria, é fundamental se instruir e aprender tudo o que puder para ajudá-lo a se transformar em uma companhia mais confiante e segura.

Comprometer-se a treiná-lo é fundamental

Os cães amedrontados e assustados não ganham segurança da noite para o dia, mesmo com muito treinamento. Treinar cachorros desse tipo a ter mais autoconfiança é demorado. Nesse caso, é mais compensador ser determinado e adotar metas claras e realistas. Para concretizar esse objetivo, já é um grande passo ser específico com relação ao modo como você deseja que seu cachorro reaja.

Seja metódico e coerente

Para treinar um cachorro amedrontado, é essencial ser flexível. Nem sempre você caminhará para a frente. Pode ser que em algumas ocasiões perceba que está dando um passo para a frente e dez para trás. Se você deseja ter êxito enquanto treinador, dois dos fatores mais indispensáveis é ser suficientemente flexível para perceber em que momento foi exigente demais e ser suficientemente perspicaz para saber que mudanças são necessárias para que seu cachorro se saia bem.

ATENÇÃO! Os cachorros amedrontados reagem emocionalmente. Na verdade, eles não pensam sobre o que estão fazendo. Portanto, não importa quanto você os corrija ou os conforte para ajudá-los a superar esse medo e a agir como se estivessem em casa. Se você de fato deseja assumir essa missão, terá de aprender a ser paciente e flexível.

É importante ter uma programação regular para treinar um cachorro, mas no caso de um cachorro amedrontado isso é absolutamente fundamental. O segredo para obter bons resultados em um período relativamente curto é dividir as metas em passos menores.

Utilizando o targeting

O *targeting* pode ser uma ferramenta conveniente para trabalhar com cachorros medrosos. Por exemplo, talvez seu cachorro tenha medo especificamente de pessoas estranhas do sexo masculino. Para começar, você pode usar uma pessoa da família (do sexo masculino) da qual seu cachorro goste e ensiná-lo a tocar a mão dessa pessoa (consulte o Capítulo 4).

Nesse exercício de *targeting*, seu cachorro terá de se aproximar de uma pessoa estranha e tocar o focinho na mão dela. É óbvio que, se o cachorro tiver muito medo dessa pessoa estranha, isso precisaria ser subdividido em etapas bem menores. Por exemplo, a pessoa deve se sentar em uma cadeira e a princípio ignorar o cachorro. Em seguida, ela pode colocar alguns pequenos petiscos em volta dos pés. Deixe que ele se aproxime da pessoa para comer os petiscos no momento em que ele desejar. Se ele estiver muito assustado para se aproximar e comer, tente facilitar ao máximo. Por exemplo, peça para essa pessoa se deitar no sofá ou se sentar a uma boa distância dele. O apetite de seu cachorro é um bom indicador do conforto que ele está sentindo. Se ele estiver muito estressado para comer, você precisará mudar algumas coisas para conseguir progredir.

FATO — Você verá que o tempo que despendeu ensinando seu cachorro a tocar um alvo valeu a pena quando começar a aplicar essa técnica nas situações em que ele tenha medo. Se você praticar o suficiente, seu cachorro passará a perceber esse truque como uma brincadeira.

Você deve mudar gradativamente a variável para que em algum momento seu cachorro se dirija à pessoa e toque a mão dela para receber o clique e recompensa. Normalmente, as pessoas que conseguiram obter bons resultados ao usar o *targeting* para ensinar o cachorro a superar seus medos primeiro passaram um bom tempo ensinando-o a tocar a mão delas e a mão das pessoas das quais ele gosta. O *targeting* também pode ser empregado para ensinar o cachorro a ter coragem diante de objetos que o amedrontem ou a entrar no carro ou na banheira, por exemplo.

Pelo fato de o *targeting* possibilitar que o cachorro crie boas associações, você perceberá que ele ficará mais propenso a se esforçar e a se abrir a novas experiências. Desse modo, em vez de amedrontado, ele terá algo diferente para fazer. O *targeting* é uma das ferramentas de treinamento mais importantes para ajudar seu cachorro a superar os próprios medos.

Genética, maus-tratos ou falta de socialização?

Normalmente, as pessoas acham que os cachorros medrosos foram maltratados pelo dono anterior ou por outra pessoa com a qual ele tenha tido contato. Entretanto, a causa mais comum dos medos ou fobias é a falta de experiência com outros tipos de pessoas, sons e situações — por exemplo, conviver com outros cachorros. A genética também exerce uma influência razoavelmente grande sobre a modelagem do medo, e a timidez (e desconfiança) é um traço comum, embora indesejável, de algumas raças.

> **PRINCÍPIO BÁSICO B**
>
> É importante procurar informações sobre a pessoa da qual você está comprando o filhote e evitar fábricas de filhotes,[1] *pet shops* e lugares que criem mais de uma raça. Procure obter referências e escolha um criador responsável.

Criação

Os bons criadores estão comprometidos com a procriação de filhotes saudáveis, bem equilibrados e espertos. Eles selecionam os potenciais compradores dos filhotes e são cuidadosos ao orientá-los individualmente a treiná-los e socializá-los de maneira apropriada. A realidade é que recebemos o equivalente ao que pagamos, e filhotes de qualidade, provenientes de bons criadores, não são baratos. Quando o criador trabalha adequadamente, os filhotes recebem muito amor e são muito bem tratados.

Se perceber que o problema de seu cachorro tem tudo para ser genético, ainda assim é possível treiná-lo. Mesmo no caso dos cachorros com boa descendência, provenientes de criadores conscienciosos, em uma mesma ninhada pode haver alguns filhotes mais medrosos do que outros. Se a timidez for identificada logo no início, programas intensos de socialização e treinamento podem produzir resultados positivos em um período relativamente curto. Quanto mais cedo se identifica o problema, melhor o prognós-

---

[1] Essas "fábricas" são também conhecidas por *puppy mill puppy farm*, local em que se confinam centenas de cães para gerar filhotes. (N. da T.)

tico. Algumas raças podem ser mais propensas à timidez e ao medo, mas nenhum cachorro consegue se desenvolver se tiver medo e insegurança em relação a novas pessoas e experiências.

A predisposição genética à sensibilidade a barulhos é comum em várias raças utilizadas na caça e em atividades esportivas. Para eliminar esses traços, os criadores verdadeiramente cuidadosos e prestativos escolherão apenas os cachorros mais afáveis e mais seguros ao compor seu programa de procriação. Se estiver procurando um filhote de uma raça já predisposta a ter medo, faça várias perguntas sobre o temperamento dos pais, tente conhecer o pai e a mãe antes de comprar o filhote e escolha um criador que ofereça um profissional para realizar um teste de atitude em toda a ninhada. Os cachorros criados com cuidado por pessoas bem-informadas e atenciosas costumam ser afáveis e expansivos independentemente da raça.

FATO
O teste de atitude, composto de vários testes aplicados em filhotes de 49 dias de idade, ajuda a identificar a predisposição do filhote a ser extrovertido, tímido, travesso, agressivo ou insistente. Você pode obter mais informações sobre o teste de atitude na DogWise, distribuidora especializada em livros sobre cães e gatos, que também pode ser acessada *on-line*, em *www.dogwise.com*.

Desenvolvimento social

Se seu cachorro tiver quase um ano de idade e você perceber que ele sente medo porque não foi socializado desde filhote, erga as mangas e comece já a treiná-lo. Quanto mais cedo você começar a mudar esse comportamento, mais sucesso terá seu programa de treinamento. Quanto mais esperar, mais difícil será mudá-lo.

Pense na possibilidade de inscrever seu cachorro em um curso de treinamento em grupo de boa qualidade. Seja claro com o instrutor com relação às suas metas e pergunte se o curso em grupo é mesmo a opção de curso apropriada para seu cachorro começar a frequentar. As creches para filhotes normalmente aceitam cães com necessidades especiais e os funcionários são qualificados para lidar com esses problemas. Eles podem ajudar a tornar o dia de seu cachorro extremamente agradável. Não tenha receio de fazer perguntas e seja flexível e coerente com relação ao que lhe cabe nesse compromisso.

Se adquirir um filhote de um criador com longos anos de experiência e que saiba oferecer o tipo de ambiente adequado, a longo prazo isso representará uma economia de tempo. Se o filhote não tiver oportunidade de experimentar esses períodos de socialização essenciais logo no início e não for criado em um ambiente que o estimule a explorar e aprender coisas sobre seu próprio mundo, terá medo e fobias na idade adulta. É mais provável que a timidez, os temores e a agressão associados ao medo decorram da falta de socialização do que de abuso e maus-tratos no passado. Embora o abuso em geral seja usado como desculpa para justificar o medo ou a agressividade de um cachorro, na realidade a raiz do problema pode ser a falta de socialização na fase inicial da vida do filhote. Entretanto, é fato que alguns cachorros que sofreram maus-tratos são medrosos, retraídos e caprichosos em consequência das experiências que tiveram. Eles aprenderam que pessoas e lugares estranhos são assustadores e perigosos. Caso seu cachorro tenha sido maltratado, pare um pouco para elaborar um plano e erga já as mangas para treiná-lo!

Expectativas infundadas

O segredo para ter sucesso ao treinar um cachorro amedrontado é estabelecer expectativas realistas com relação à superação desse medo. Se sua intenção não era ter um cachorro medroso, seu desejo provavelmente é fazer o possível para se livrar desses medos e começar logo a curtir com ele o que é bom. Essa não é uma postura ideal se você deseja que ele mude sensivelmente. Os cachorros medrosos muito raramente superam seus medos sozinhos, porque eles são provocados por uma série de fatores que nem sempre somos capazes de controlar. Lembre-se de que a genética e a socialização inicial influem imensamente nos medos e fobias. Se o cachorro não tiver tido contato com outros cães ou pessoas quando ainda jovem, tenderá a ser medroso e não conseguirá se restabelecer bem de acontecimentos que o amedrontem nem terá habilidades para lidar com novas situações estressantes.

Quais expectativas são consideradas razoáveis quando o cachorro é medroso? Depende do cachorro e do que está provocando o medo, mas em geral o objetivo é que ele volte ao estado de equilíbrio anterior — que é o tempo que ele leva para se recuperar de um susto. Por exemplo, você está passeando com ele e uma carreta imensa passa por vocês. Seu cachorro tenta fugir, enfia o rabo entre as pernas e começa a ficar ofegante. Seus olhos ficam dilatados e as orelhas em pé. Ele fica de fato apavorado. Quanto tempo leva para ele se recuperar? Um minuto, dez minutos, uma hora, nunca? Se você souber quanto tempo normalmente seu cachorro leva para se recuperar de um susto, conseguirá descobrir se está progredindo em relação ao seu plano de treinamento ou se está apenas patinhando. Se estiver progredindo, isso significa que provavelmente suas expectativas são razoáveis e seu programa de treinamento está bem direcionado. Se não estiver progredindo, é recomendável reavaliar seu programa e estabelecer metas mais sensatas, decompor as etapas em passos menores e dar maior assistência ao seu cachorro.

Agora é hora de começar a treinar com vontade

Todos os cachorros precisam de base, mas os medrosos necessitam de uma base maior. Quanto mais previsíveis a programação e as normas estabelecidas, maior aptidão eles terão para enfrentar a vida. Mimar ou fazer as vontades de cães desse tipo só faz piorar as coisas porque, mais do que qualquer outro, o cachorro amedrontado precisa de um líder convincente, leal e constante. Oferecer estrutura a um cachorro amedrontado significa alimentá-lo, passear com ele e exercitá-lo em horários específicos. Significa ter regras que só em casos raros são transgredidas — como não subir na cama ou se sentar antes de sair, de comer a ração ou de vestir a guia.

Sejam quais forem suas normas, o mais importante é tê-las. O cachorro que sabe o que é esperado dele sabe que outra pessoa tomará conta dele. Apenas isso já é suficiente para que se sinta mais seguro. As normas podem ser flexíveis, mas só depois que ele ganhar maior segurança. Quanto mais rigorosas e coerentes elas forem, mais rápido ele passará a ter a segurança de que você é capaz de tomar conta dele e mais ele procurará sua liderança.

Estabeleça regras

Você pode fazer várias coisas para ajudar a melhorar a segurança de seu cachorro e ter êxito em seu programa de treinamento.

- **Evite reforçar o comportamento de medo.** Acariciá-lo e conversar confortadoramente com seu cachorro ou pegá-lo recompensa o comportamento de medo. Se não usar toques nem interferências, sinalizando que tudo está bem, passará a ele a mensagem de que não há nada a temer.
- **Jamais use punições!** Jamais haverá motivo para punição se o cachorro estiver amedrontado. Quando assustado, o cachorro está reagindo emocionalmente e, portanto, não está predisposto a aprender. O corretivo físico ou verbal só aumentará sua desconfiança de que de fato há alguma coisa a temer. A punição pode até levar seu cachorro a revelar uma conduta agressiva se ele se sentir ameaçado e vulnerável. Evite qualquer tipo de punição; isso não o levará aonde deseja chegar.
- **Segurança em primeiro lugar.** Mantenha-o sempre na guia quando estiver em lugares públicos e reforce todas as saídas em sua casa para que ele não escape. Não permita que ele acesse a porta da frente se ele costuma sair precipitadamente pela porta ou entrar em pânico ao ouvir trovões ou barulhos estridentes.
- **Exercícios e estímulo mental.** Os cachorros que estão inseguros precisam se exercitar mais do que nunca. Buscar a bolinha, brincar de esconde-esconde, aprender truques e participar de atividades como *agility*, *flyball* ou qualquer um dos vários esportes caninos existentes, tudo isso é excelente para ajudá-lo a extravasar a energia e as tensões do dia.

Se for cuidadoso no sentido de oferecer o ambiente adequado ao seu cachorro e tiver certeza de que nesse ambiente ele pode aprender a sentir segurança em você, estará preparado para ajudá-lo a se tornar uma companhia mais agradável e segura de si.

Treinamento para adquirir autoconfiança

Os cachorros medrosos não precisam ficar assim para o resto da vida. Com muita paciência e um treinamento criterioso, você pode ajudar seu cachorro a curtir um pouco mais a vida. Contudo, lembre-se de que os cachorros amedrontados demoram a ganhar segurança e autoconfiança. Não se iluda que ocorrerá algum milagre da noite para o dia. Seja flexível em relação a seus planos. Lembre-se de não hesitar em retroceder quando necessário e de estar preparado para lidar com isso. Se estiver preparado para contratempos, seu cachorro ganhará segurança mais rapidamente porque, em circunstâncias desse tipo, ele sentirá que seu líder, em vez de entrar em pânico, debater-se e confundi-lo, simplesmente mudará de plano e prosseguirá.

Uma excelente maneira para desenvolver a autoconfiança do cachorro é ensiná-lo a tocar um alvo e transformar esse truque em uma brincadeira. Se praticar o suficiente, isso se tornará quase instintivo para seu cachorro e ele aprenderá a tocar o alvo independentemente do que estiver ocorrendo ao seu redor. Por exemplo, ao ensiná-lo a tocar sua mão (consulte o Capítulo 4), ele terá de tocá-la com o focinho para receber o clique e recompensa. Essa ferramenta pode ser eficaz para desenvolver a autoconfiança de seu cachorro. Se transformar o *targeting* em uma brincadeira, terá outra ferramenta para melhorar a autoconfiança dele, indiferentemente das circunstâncias, mas é necessário praticar muito para que isso de fato produza resultados.

> **PRINCÍPIO BÁSICO**
> Se você não se precipitar e desenvolver aos poucos a autoconfiança de seu cachorro, aumentará a conta de comportamentos adequados e diminuirá a reação de medo. Se você se precipitar e agir muito rápido, volte e diminua o ritmo ou encerre a sessão e tente novamente em outro momento.

Reveja o capítulo sobre *targeting*. Assim que conseguir fazê-lo tocar sua mão, transfira o alvo para outra pessoa. Peça ajuda a alguém que seu cachorro conheça e experimente fazê-lo tocar a mão dessa pessoa. Talvez você tenha de retroceder aos passos iniciais e a princípio colocar um petisco na mão da pessoa para começar. Aumente gradativamente a distância, de modo que ele atravesse o recinto para tocar a mão da pessoa, que deve estar com a mão já estendida. Marque verbalmente esse comportamento com o comando "diga olá". Parabéns! Agora você já tem uma nova brincadeira para distrair seu cachorro e um método para aumentar sua autoconfiança na presença de pessoas estranhas. Pratique sempre que puder e lembre-se de ter um plano de emergência para as circunstâncias em que ele tiver muito medo de tocar o alvo. Se tiver um plano, agirá tranquilamente nessa situação e seu cachorro mal perceberá que você mudou de plano.

Condicionamento clássico

Se você utilizar o condicionamento clássico em seu programa de treinamento, conseguirá progredir mais depressa porque esse processo, em vez de exigir que o cachorro manifeste um determinado comportamento, explora mais associações e sentimentos. No condicionamento clássico, ele terá de associar alguma "coisa assustadora" com alguma "coisa boa". A coisa boa pode ser uma brincadeira ou jogo, brinquedos, afeição ou qualquer coisa que ele sinta como reforço. Essa técnica pode ser eficaz para cachorros muito assustados e que de forma alguma consigam treinar ou para fobias e sensibilidade a barulhos.

> **FATO**
> O mais importante a lembrar nesse tipo de treinamento é que o cachorro deve receber coisas boas independentemente de seu comportamento. Lembre-se de que você está tentando associar uma pessoa, um barulho ou alguma coisa assustadora com coisas que o cachorro gosta.

O condicionamento clássico funciona da seguinte forma: toda vez em que o estímulo sonoro está presente, a tranca se abre.[2] Espalhe petiscos no chão, jogue bola ou brinque do que ele mais gostar. Quando o barulho desaparecer, todas as coisas boas e sua atenção também desaparecem. (Ignore-o durante pelo menos cinco minutos.) Sua meta é que a associação com o barulho temido mude para algo que o faça prever que algo bom ocorrerá.

Se usar o condicionamento clássico para mudar essa reação de medo, o depósito que você fará na "conta bancária" de seu cachorro será imenso.

---
[2] Em referência à técnica laboratorial em que o animal, por tentativa e erro, ocasionalmente toca na tranca e abre a gaiola, recebendo em seguida uma recompensa. (N. da T.)

Isso complementará o programa de treinamento operante porque ele ficará mais relaxado para treinar. Quando treinamos um cachorro assustado, 50% do problema é fazê-lo ficar suficientemente relaxado para absorver a aula. Nesse caso, é necessário repetir mais vezes a mesma coisa e mudar sempre as variáveis.

Dessensibilização sistemática

Nessa técnica, o estímulo sonoro deve ser bem baixinho e o objeto ou a pessoa que desperta medo em seu cachorro deve ficar a uma distância que ele consiga percebê-la, mas não sinta medo. Uma boa regra é a seguinte: se ele não pegar o petisco ou não brincar com você, isso significa que o volume está muito alto ou a distância muito curta. Aumente o volume ou aproxime a pessoa ou o objeto aos poucos. Em algum momento ele ignorará isso tudo, pegará os petiscos e começará a brincar.

FATO — Lembre-se de que o cachorro amedrontado não fica assim da noite para o dia. É preciso dar a ele uma grande dose de reforço (cliques e recompensas frequentes por todos os comportamentos corretos) para engordar sua "conta bancária" e fazê-lo agir com segurança e autoconfiança. E isso o ajudará a se acostumar com pessoas e objetos estranhos.

No processo de dessensibilização sistemática, você terá de interagir com seu cachorro de uma maneira positiva, seja jogando *fetch* ou ensinando truques, para ajudá-lo a criar uma associação mais positiva com o barulho ou o objeto temido. Ele começará a associar o sentimento de ficar relaxado próximo ao barulho ou objeto temido. Em algum momento, você poderá aumentar o volume e diminuir a distância, até que ele passe a aceitar o estranho como algo natural ao ambiente dele e deixe de sentir isso como ameaça.

Os truques também podem ser uma excelente solução para fazê-lo associar diversão com barulho. Se você não se precipitar, perceberá que a reação de medo é incompatível com o prazer de aprender truques e executá-los. Com paciência e prática, seu cachorro conseguirá superar os medos porque terá aprendido a acreditar que só acontecem coisas boas.

Veterinário behaviorista e soluções alternativas

Os veterinários behavioristas são ao mesmo tempo médicos veterinários e especialistas comportamentais. Pense na possibilidade de procurar um behaviorista para ajudá-lo a diagnosticar o problema de seu cachorro e a começar a buscar uma solução. A principal diferença entre um veterinário behaviorista e um adestrador/behaviorista de cães é que o primeiro pode prescrever medicamentos para os cachorros com problemas muito intensos ou graves que apenas o treinamento não seria o bastante para mudá-los.

Se perceber que não conseguiu nenhum progresso após seis semanas ou se seu cachorro parecer demasiadamente amedrontado, é recomendável consultar um veterinário behaviorista. Alguns cães sentem tanto medo de serem deixados sozinhos que são capazes de se ferir ou destruir seriamente o ambiente ao seu redor na ausência do dono. Esse tipo de cachorro com certeza se beneficiará dos medicamentos prescritos pelo veterinário, que ajudarão a restaurar seu equilíbrio químico e possibilitarão que ele aprenda um comportamento apropriado ou alternativo. Se o problema for desequilíbrio químico, nenhum treinamento será capaz de mudar isso. Quando recobrar o equilíbrio, seu cachorro conseguirá aproveitar ao máximo as sessões de treinamento e progredirá rapidamente. Na maioria dos casos, a meta é descontinuar a medicação, adotando um rigoroso programa comportamental, até que ele aprenda a ter uma nova reação.

Os veterinários behavioristas também têm experiência para lidar com problemas difíceis e incomuns, como comportamentos obsessivos, ansiedade de separação severa e agressão ou perseguição excessiva do rabo e de sombras. O valor que os veterinários behavioristas cobram normalmente é alto. Na primeira consulta, já incluída nesse valor, o behaviorista vai procurar conhecer seu cachorro e tomar um histórico completo para diagnosticar o problema e orientá-lo sobre o tratamento.

O behaviorista com certeza prescreverá um programa de treinamento e pedirá para que você o mantenha atualizado sobre o progresso de seu cachorro. Em alguns casos, ele pode até sugerir um adestrador de obediência para instruí-lo e acompanhá-lo na implementação do programa de treinamento. Nem todos os problemas exigem medicação, mas em alguns casos graves a intervenção farmacológica pode lhe poupar um tempo enorme de treinamento e aumentar substancialmente a probabilidade de seu programa dar certo.

Curas naturais

No caso de problemas comportamentais complexos, é essencial ter mente aberta com relação a métodos de tratamento alternativos, como massagem, acupuntura e remédios homeopáticos. Nem todas as soluções parecerão adequadas aos problemas que você está enfrentando e tampouco alguma coisa que você tenha imaginado.

Os médicos veterinários holísticos costumam sugerir soluções alternativas para cachorros amedrontados. Os remédios homeopáticos normalmente ajudam o cachorro a recuperar o equilíbrio natural para que seu corpo consiga se curar por si só. Se optar por esse caminho, o veterinário montará um histórico detalhado sobre a saúde e alimentação de seu cachorro, bem como suas preferências, aversões e problemas comportamentais em geral. Pense na possibilidade de procurar um profissional e verificar que recomendações ele teria para o seu cachorro. Para alcançar melhorar a autoconfiança dele, é provável que ele use remédios fitoterápicos, máscaras corporais, técnicas de massagem e treinamento comportamental. Quanto mais alternativas você procurar, maior a probabilidade de encontrar algo que agilize seu programa de treinamento.

PRINCÍPIO B BÁSICO

Para encontrar profissionais alternativos na área em que você necessita, como acupunturista, quiropráticos, terapeutas massagistas ou outros tipos de especialista, experimente obter informações com outros donos de cachorro, pesquisar nas páginas amarelas, pedir recomendações em alguma loja de alimentos naturais, entrar em contato com a escola veterinária mais próxima ou fazer uma pesquisa na Internet.

Soluções alternativas

O medo é uma emoção que pode interferir no treinamento. Por esse motivo, você perceberá que o treinamento sozinho não é a melhor solução. Procure métodos de tratamento alternativos para ter certeza de que analisou todas as possibilidades. Em geral, os medos decorrem de alguma lesão ou de algum problema médico subjacente ainda não descoberto e normalmente pode ser identificado com sucesso em consultas quiropráticas ou a um acupunturista.

Além disso, existem várias técnicas diferentes de massagem canina, como o método *Tellington TTouch* (consulte a página 180). Esse tipo de técnica ajuda os cães a ganhar autoconfiança e a perceber o próprio corpo e funciona bem se associado a um programa de mudança comportamental. Independentemente da opção que fizer para iniciar, você deve sempre se lembrar de uma regra básica: não provocar nada que possa ser prejudicial ao cachorro. Quanto mais aberto e receptivo for com relação a experimentar algo novo, mais seu cachorro se beneficiará. Se você se deparar com algum problema difícil, a melhor postura é procurar obter o máximo de informações, para ter várias opções para ajudar seu cachorro a viver uma vida mais confortável e tornar-se uma companhia mais agradável e divertida.

Em geral, os cachorros são fóbicos porque tiverem experiências infelizes e inoportunas e não foram socializados de acordo com seu temperamento logo no início da vida. Remodelar o comportamento desses cães para que ganhem mais autoconfiança pode ser um desafio e tanto. Mudar um comportamento enraizado no medo não é fácil. Você precisa se empenhar verdadeiramente e se comprometer a ajudar seu cachorro a aprender a enfrentar a vida. Porém, para os donos que embarcam nessa aventura, as recompensas são imensuráveis. Se estiver de fato empenhado em transformar seu cachorro em um animal doméstico mais seguro e participativo, comece a treiná-lo desde já!

CAPÍTULO 14

Ensinando o cachorro a fazer as necessidades no lugar certo

Um dos principais problemas de abandono está relacionado a conseguir ensinar o cachorro a fazer as necessidades no lugar certo ou fora de casa. Os donos ficam decepcionados com seus filhotes e logo tomam a decisão de abandoná-los em um dos vários abrigos para animais espalhados por aí. Nada é mais eficaz para desgastar os laços entre seres humanos e cachorro do que uma poça de xixi ou um monte de cocô sobre o tapete. Os cães têm um instinto natural para fazer suas necessidades. Eles separam o lugar em que dormem do lugar em que evacuam. Aproveitamos esse instinto para ensiná-los a fazer suas necessidades no lugar certo.

Por que as coisas dão errado

Se o instinto natural de evacuar longe do lugar de dormir parece ter sido perdido, normalmente isso significa que o cachorro, quando filhote, foi negligenciado e não teve oportunidade de evacuar longe do lugar de dormir. Em alguns casos, o filhote não foi criado por uma "mãe" superasseada que mantinha sua gaiola sempre limpa. Em outros casos, o filhote talvez tenha passado muito tempo na gaiola de um *pet shop* ou de algum abrigo e aprendeu a fazer suas necessidades ali mesmo porque não tinha outra opção. Se o filhote tiver perdido esse instinto, será bem mais difícil ensiná-lo a fazer suas necessidades no lugar certo. Isso não significa que ele não conseguirá aprender a fazê-las no lugar apropriado. Na verdade, o processo como um todo demorará mais do que a média e exigirá maior vigilância de sua parte com relação aos horários que costuma levá-lo para dar suas voltinhas.

Outro problema relacionado a fazer as necessidades no lugar certo ocorre quando nós, seres humanos, não sabemos estabelecer limites e ser moderados ou damos muita liberdade muito cedo. Quando os filhotes ficam livres dentro de casa, eles fazem suas necessidades sempre que precisam. Por isso, nunca aprendem a segurar. Outros filhotes, por exemplo, não são supervisionados suficientemente bem quando têm liberdade e então se safam para fazer suas necessidades em algum lugar inapropriado quando ninguém está olhando. Quase todos os problemas relacionados a isso são provocados por erro humano, o que é uma boa notícia. Isso significa que você só precisa se autoeducar para ter um cachorro que sabe onde deve fazer suas necessidades.

Usando uma gaiola para ensiná-lo a fazer suas necessidades

O ancestral do cachorro, o lobo, educou-se a fazer suas necessidades fora da caverna em que dormia. Seguindo o exemplo do adulto, os filhotes aprenderam a fazer a mesma coisa. Quando colocamos um filhote em uma gaiola, estamos simulando os hábitos da caverna. É como se estivéssemos oferecendo a ele um quartinho só dele, um lugar para ele relaxar e descansar sem precisar se meter em apuros. Quando preso na gaiola, o filhote tem de segu-

CAPÍTULO 14: ENSINANDO O CACHORRO A FAZER AS NECESSIDADES NO LUGAR CERTO

rar a bexiga e o intestino para evitar uma consequência desagradável — ter de ficar sobre sua própria sujeira até que alguém o socorra.

> **ATENÇÃO!** As gaiolas não servem só para ensinar o cachorro a fazer suas necessidades. Elas servem também para ajudá-lo a manter seu filhote seguro quando não estiver em casa e a evitar que ele roa tudo o que vir pela frente. Embora para algumas pessoas a gaiola não seja adequada para ensinar o filhote a fazer suas necessidades no lugar certo, é provável que ela seja extremamente útil para superar todas as fases destrutivas que o cachorro atravessa ao longo de seu crescimento.

O uso da gaiola passa um recado claro para os filhotes: "Segure até o momento em que eu puder levá-lo para dar uma volta". Esse "recado" está fundamentado em seus instintos naturais de dormir em um lugar e fazer as necessidades em outro. A gaiola é a melhor coisa que você pode lhe oferecer e, se usada apropriadamente, ajudará a agilizar esse processo. Veja a seguir algumas dicas para usar a gaiola:

- Um filhote novo (com menos de dezesseis semanas) deve permanecer por mais tempo na gaiola do que fora e deve ser deixado livre quando você estiver por perto e puder supervisioná-lo.
- Não deixe comida nem água dentro da gaiola quando for ficar fora.
- A princípio, não deixe toalhas nem acolchoados dentro da gaiola. Só depois que ele ficar pelo menos duas semanas seguidas sem fazer xixi nem cocô dentro da gaiola. Do contrário, ele pode evacuar na toalha e empurrá-la para trás.
- O filhote com sete a doze semanas de idade deve ser levado para fazer suas necessidades a princípio de hora em hora e, depois, de duas em duas horas.
- Contrate uma babá para passear regularmente com ele, se for ficar fora por muito tempo durante o dia.
- Os filhotes de doze a dezoito semanas conseguem ficar um pouco mais de tempo entre uma saída e outra, mas você deve aumentar esse tempo aos poucos.

- Se seu filhote choramingar ou latir dentro da gaiola, tente ignorá-lo até ele ficar quieto e só depois o deixe sair. Se você cobrir a gaiola completamente com um lençol ou uma toalha, isso costuma ajudar os filhotes a se acalmar e dormir mais rápido, especialmente se eles latirem e choramingarem muito.
- No início, para acostumá-lo a ficar na gaiola, deixe a porta aberta e use petiscos e brinquedos para instigá-lo a entrar e a sair. Você pode também usar o *clicker* e recompensa para estimulá-lo a entrar e a sair da gaiola.
- Coloque seu filhote na gaiola com frequência quando estiver em casa. Assim, ele se acostumará a ficar longe de você por períodos cada vez mais longos.
- Mantenha a gaiola no primeiro e segundo ano de vida de seu cachorro. Ela será providencial quando receber uma visita, houver alguém consertando alguma coisa em sua casa ou se você for viajar com ele. Se você lhe ensinar a gostar de ficar na gaiola, ele sempre terá um lugar seguro e só dele, independentemente do lugar para onde for.

Se não for possível usar uma gaiola, seja lá por que motivo, o cachorro deve ser supervisionado constantemente e só deve ter livre acesso às demais dependências da casa quando já estiver fazendo suas necessidades confiavelmente há pelo menos seis semanas. Depois disso, você deve dar liberdade aos poucos, até ter certeza de que pode confiar nele.

Registrando o progresso de seu cachorro

Ensinar seu cachorro a usar as dependências externas da casa para fazer suas necessidades não é uma coisa do outro mundo, mas pode ser frustrante e demorado. Você não vai conseguir ensiná-lo da noite para o dia a sair para fazer suas necessidades, mas algumas dicas podem ajudá-lo a atingir esse objetivo. Um método extremamente adequado para ensiná-lo é usar uma tabela para controlar o horário em que ele foi levado para dar suas voltas, se ele fez suas necessidades e o que ele fez. Se mantiver uma tabela básica na porta da geladeira já ajudará toda a família a acompanhar o progresso de seu filhote. Além disso, ficará mais fácil saber quando ele pode ficar solto e quando deve ser supervisionado cuidadosamente, para ver em que momento ele dá sinais de que deseja sair. A maioria dos filhotes costuma farejar o chão e andar em círculos quando precisam sair.

> **PRINCÍPIO BÁSICO**
>
> A tabela, além de lhe permitir acompanhar o progresso de seu filhotinho, também ajudará todos os membros de sua família a identificar quando devem supervisioná-lo de perto e quando devem deixá-lo livre. Se a outra pessoa da família responsável por levá-lo para dar suas voltinhas examinar a tabela, poderá levá-lo para fora com maior frequência e supervisioná-lo de perto para ver em que momento ele dá sinais de que precisa sair.

Hábitos do cachorro para fazer suas necessidades

Um filhote ainda novo, entre sete e doze semanas de vida, deve ser levado para dar suas voltinhas de hora em hora. O fato de ser levado ao mesmo lugar vezes e vezes é que lhe mostra o que precisa fazer e onde. Escolha um lugar no quintal, prenda-o à guia e fique ali de um a três minutos apenas. Se ele fizer suas necessidades, marque com um comando do tipo "vamos" e brinque com ele ou deixe-o um pouco solto dentro de casa ou no quintal. Se não, coloque-o na gaiola ou mantenha-o perto de você e tente novamente em dez ou vinte minutos.

Se você o deixar perambular pelo quintal sozinho, provavelmente ele ficará tão contente que se esquecerá de fazer suas necessidades e acabará por entrar em casa e acidentalmente "carimbar" o chão. Quando ele tiver entre doze e dezoito semanas de idade, você perceberá que ele conseguirá ficar sem ir ao banheiro por mais tempo entre uma saída e outra. Use sua tabela para calcular qual deve ser o intervalo.

Você pode também usar sua tabela para ver quando seu filhote comete falhas. Assim, saberá em que momento você precisa acrescentar uma saída extra ou supervisioná-lo com maior cuidado. No decorrer de algumas semanas de acompanhamento, conseguirá compilar os dados de sua tabela e examinar se está conseguindo progredir. Se não estiver, terá informações para decidir o que precisa fazer para colocá-lo de volta nos trilhos.

Não use papel

Usar jornal ou tapete para ensinar um filhote a fazer suas necessidades no lugar certo é a maneira mais garantida de torná-lo falível. Os cachorros que são treinados a fazer xixi e cocô no jornal ou em tapetes nunca aprendem a segurar porque podem evacuar sempre que desejam. Se você quer ensiná-lo a se comportar de forma confiável, não use papel para treiná-lo. Leve-o para fazer as necessidades fora de casa desde o início e não desista. Se estiver usando jornal no momento, pare já: comece hoje mesmo a levá-lo para fora ou para dar uma voltinha.

As pessoas que têm cachorros adultos com até dois quilos preferem ensiná-los a fazer suas necessidades em uma caixa de areia a levá-los ao quintal ou para dar uma volta. Essa opção pode ser ideal para pessoas que moram em edifícios altos e em que a distância para levá-los para passear seja grande. A caixa de areia segue os mesmos princípios do papel, mas nesse caso a diferença é que o lugar é sempre o mesmo e não de forma alguma se parece com um tapete alguma superfície que você possa ter em sua casa. É ideal deixar a caixa de areia em uma varanda, sacada ou jardim de inverno e levar seu cachorro até lá como se ele estivesse saindo para fazer suas necessidades. Se você deixar a caixa de areia dentro de casa e lhe permitir livre acesso, terá os mesmos problemas que teria se o treinasse com papel. Se ele puder ir ao banheiro quando desejar, nunca aprenderá a segurar e provavelmente nunca será confiável em relação ao hábito de fazer suas necessidades fora de casa.

ATENÇÃO! Se você usar papel em casa, seu cachorro achará que existe um lugar seguro para fazer suas necessidades dentro de casa. Quando deixar de usar o papel, terá de levá-lo para dar suas voltinhas com maior frequência e supervisioná-lo mais cuidadosamente. Porém, com o passar do tempo ele perceberá que o único lugar em que pode fazer suas necessidades é fora de casa.

Usando a guia para levá-lo ao banheiro

A menos que seu cachorro seja um cão de resgate já adulto adotado em algum abrigo e de forma alguma faça suas necessidades se estiver preso à guia, é recomendável usar uma guia para levá-lo para dar suas voltinhas. A guia deve ter em torno de dois metros de comprimento. Você deve ficar parado. Não o siga por todo o quintal. Deixe-o farejar em sua volta e encha-o de elogios se ele fizer suas necessidades. Procure não o habituar a andar por toda a vizinhança para isso, a menos que você não se importe em proceder da mesma forma quando estiver fazendo um frio daqueles ou chovendo torrencialmente.

O segredo em prendê-lo à guia é instigá-lo a fazer rapidamente suas necessidades sem muitas distrações, para que proceda da mesma forma quando você pedir, independentemente do tempo que estiver fazendo. A guia funciona como um meio de dizer a ele que você não está lá fora para brincar, mas para "cuidar de suas necessidades".

Marque o comportamento

É um prazer levar para passear os cachorros que aprenderam a ir ao banheiro com um sinal ou comando. Mesmo em dias muito frios ou chuvosos, eles saem e fazem suas necessidades, e o dono não precisa ficar lá fora esperando e morrendo de frio. Se você condicioná-lo a se comportar assim, colocando um sinal, conseguirá se livrar mais rápido dessa experiência penosa. Os comandos mais comuns para o "xixi e cocô" são "vai", "depressa" ou "xixi" e "cocô".

Com o treinamento, você pode marcar cada uma dessas necessidades e seu cachorro responderá aos comandos sempre que você solicitar. Isso é muito conveniente quando precisar entrar em uma loja, na casa de um amigo ou em algum hospital que esteja visitando para ministrar terapia com seu cachorro. Se souber que ele já fez suas necessidades e que aguentará firme até o momento em que saírem, você pode ficar tranquilo e curtir a visita. Para marcar esse comportamento, utilize o comando que escolher no instante em que ele estiver para fazer suas necessidades. Você pode até clicar e recompensá-lo nesse momento para lhe passar a ideia de que fazer xixi e cocô fora de casa ou no lugar certo é uma coisa boa. Serão necessárias várias repetições para que ele compreenda que o comando significa "expelir". Portanto, tenha paciência e lembre-se de passar a todos os seus familiares os comandos que estão sendo usados.

> **ATENÇÃO!** Uma regra extremamente prática nas voltas para xixi e cocô, no caso dos cachorros que não aprenderam ainda a fazer suas necessidades fora de casa, é ficar fora de um a dois minutos no máximo. Se ele fizer, elogie e deixe-o livre. Se não, coloque-o na gaiola ou em alguma área fechada ou o mantenha com você por mais ou menos vinte minutos e tente novamente. O recado para ele é o seguinte: "Se fizer suas necessidades, pode ficar solto; se não fizer, não pode".

Demarque um ponto para xixi e cocô no quintal

É aconselhável demarcar um ponto para xixi e cocô no quintal, um lugar específico no qual seu cachorro possa fazer suas necessidades sem poluir o restante do ambiente. Se você criar uma área que seu cachorro consiga entender nitidamente que significa "banheiro", será mais fácil educá-lo e evitará que ele use todo o quintal como toalete. Desse modo, se quiser fazer churrasco ou deixar as crianças brincarem no quintal, não precisará se preocupar em limpar o quintal inteiro.

Para marcar esse ponto, é recomendável usar um material que seque com facilidade e possa ser desinfetado. Veja a seguir algumas recomendações para isso:

- Faça um caixote quadrado ou retangular com vigas de madeira da dimensão que desejar. Os cachorros grandes talvez precisem de uma área de 20 cm × 20 cm, ao passo que para os menores provavelmente um espaço de 10 cm × 10 cm seja suficiente.
- Coloque uma boa quantidade de areia na parte inferior do caixote.
- Cubra a areia com pedras moídas de vários tamanhos. Algumas pessoas preferem usar pedras bem pequenas, conhecidas por "pisólitos"; outras preferem usar pedras de 2,5 centímetros de diâmetro.

Se seu cachorro tiver um lugar específico para fazer suas necessidades, será mais fácil recolher o cocô e desinfetar regularmente o lugar com água sanitária. Se usar um pulverizador, com uma mistura de água sanitária e água (na proporção de 30:70), isso funcionará bem como desinfetante. Mesmo em áreas apertadas, esse esquema elimina o malcheiro excessivo e condições insalubres. Além disso, você pode redistribuir as pedras e a areia com um ancinho de metal.

O confinamento funciona

Os filhotes ou mesmo os cães adultos que não aprenderam a fazer suas necessidades fora não devem ficar soltos dentro de casa. Se você der muita liberdade logo no início, enfrentará problemas com relação a isso. Normalmente, os cachorros consideram o lugar em que eles se alimentam e dormem como seu próprio lar. Para eles, o restante da casa é quintal. Por esse motivo, o filhote que é mantido na cozinha com frequência correrá até a sala de jantar para fazer xixi ou cocô quando for deixado livre. Usar uma caixa ou gaiola de madeira para mantê-lo confinado enquanto você não puder supervisioná-lo é uma excelente solução, pois assim ele aprenderá a fazer suas necessidades no lugar certo.

PRINCÍPIO B BÁSICO — A área de confinamento deve ser relativamente pequena para impedir que o filhote reserve um ponto para dormir e outro para usar como banheiro. É por isso que a gaiola funciona com perfeição. Ela deve ser grande o suficiente para que seu filhote consiga ficar em pé sem tocar o dorso no teto.

Procure não colocar nada aconchegante, jornal ou forragem dentro da gaiola até que ele consiga ficar seco dentro da gaiola durante duas semanas seguidas. No caso dos cachorros que por algum motivo não conseguem ser treinados com a gaiola, a solução é usar uma grade de segurança para bebê. Se você levá-lo para dar uma volta regularmente, ele fará o que puder para manter limpa a área em que ele permanece preso.

Controle a comida e a água

O filhote é como uma peneira: tudo o que entra por um lado sai pelo outro. Observe quanto e com que frequência ele come e toma água e controle o que ele ingere para controlar o que ele expele. Se ele ainda não souber fazer suas necessidades no lugar certo, não deverá ter livre acesso a comida e água porque beberá e comerá à vontade e diminuirá suas chances de prever quando ele precisa sair. Para educá-lo, você precisa adotar horários rígidos para lhe dar comida e água e lembrar-se de levá-lo para dar suas voltinhas em intervalos regulares. É mais fácil fazer essa previsão quando o filhote alimenta-se em horários regulares; se você lhe der água e alimentá-lo em horários predeterminados, ele fará suas necessidades em horários predeterminados.

> **FATO**
>
> É recomendável aplicar consequências quando seu cachorro não conseguir fazer suas necessidades no lugar demarcado. A consequência mais razoável é não lhe dar liberdade. O cachorro que normalmente costuma fazer pipi e cocô em um determinado horário — por exemplo, logo depois de acordar ou antes de dormir — só deve ser deixado solto na casa ou no quintal depois que conseguir fazer suas necessidades fora de casa ou no lugar certo.

A melhor forma de ajudar um filhote a criar o hábito de fazer xixi e cocô em horários predeterminados é alimentá-lo aproximadamente no mesmo horário todos os dias e não deixar água livre o dia todo e à noite. Coloque a comida e deixe-a ali por dez minutos; se ele não comer toda a ração, recolha a vasilha e só a recoloque no horário de refeição seguinte. No caso de um filhote novo, com sete a doze semanas de idade, alimente-o três vezes ao dia. Os filhotes mais velhos ou os cães adultos devem ser alimentados duas vezes ao dia. Coloque água em intervalos regulares e observe o quanto ele toma. Lembre-se: o que entra por um lado sai por outro.

Não puna seu filhote por errar

Para conseguir ensinar um cachorro a fazer xixi e cocô no lugar certo, é fundamental recompensar o certo e não punir o errado. Quem provoca esses erros na verdade é você, que não o leva para dar suas voltinhas na hora certa. Se você quiser se punir por isso com um jornal, como determinadas pessoas fazem para punir os cachorros, sinta-se à vontade! Seu filhote não aprenderá a deixar de fazer xixi e cocô dentro de casa se for repreendido ou punido. Ele aprenderá a evitar quando estiver em sua frente e a fazer embaixo da mesa quando ninguém estiver olhando. Consequentemente, será quase impossível usar uma guia para levá-lo para dar uma voltinha porque ele passará a acreditar que fazer suas necessidades na frente dos outros é errado.

Para lidar com os erros dele, ignore-o por um tempo. Coloque-o na gaiola ou em uma sala fechada, limpe a sujeira e tome nota do horário em que isso ocorreu. Fique de olho nos erros que ele comete para verificar se existe algum padrão e se você deve aumentar as vezes em que o leva para dar uma volta.

FATO — Se não conseguir distinguir com certeza todos os lugares em que seu cachorro costuma fazer suas necessidades, é recomendável comprar uma lanterna com luz ultravioleta (disponível em alguns algumas lojas de produtos para animais de estimação) para detectar manchas de urina no tapete.

Procedimentos de limpeza apropriados em caso de acidentes

Quando seu filhote faz suas necessidades acidentalmente no tapete ou no assoalho, é fundamental limpar o lugar o mais rápido possível para eliminar odores difíceis, porque qualquer cheiro remanescente atrairá o filhote para aquele mesmo local. Veja a seguir algumas dicas para limpar e eliminar o odor de urina do tapete ou carpete:

1. Seque o xixi o máximo possível usando papel-toalha.
2. Despeje um pouco de água no lugar para diluir a urina.
3. Use mais papel-toalha para secar a urina, até o momento em que não houver mais mancha amarela na toalha.
4. Borrife sobre a mancha alguma solução para limpeza de tapetes e carpetes e esfregue com uma escova ou esponja.
5. Borrife essa mesma solução novamente e siga as orientações do produto quanto ao tempo de espera e aspiração. Repita o procedimento se necessário.
6. Para eliminar o odor, borrife algum detergente enzimático, seguindo exatamente as orientações do produto.[1]

---

[1] O vinagre branco é ótimo para eliminar odores. (N. da T.)

A limpeza de urina ou fezes em pisos de madeira deve ser feita de uma maneira ligeiramente diferente para não danificar o assoalho.

1. Remova o excesso com papel-toalha.
2. Adicione uma tampa de um limpador de madeira em um balde d'água e lave a área totalmente com um esfregão ou uma esponja.
3. Seque a área completamente com um pano ou com papel-toalha.
4. Borrife algum detergente enzimático em um pedaço de pano e esfregue uma última vez.

É complicado limpar fezes em tapetes e carpetes. Antes de limpar, use primeiro papel-toalha para removê-las o máximo possível e não acabar diluindo o excesso pelo tapete, o que só complicaria o problema.

1. Remova todos os resíduos com papel-toalha.
2. Borrife algum limpador de tapete e remova os resíduos o máximo possível com uma esponja.
3. Borrife novamente a área e use uma escova com cerdas fortes para limpar mais profundamente as fibras do tapete ou carpete.
4. Borrife novamente a área com um limpador de tapete e siga as orientações do produto com relação ao tempo de espera e aspiração. Repita o procedimento se necessário.
5. Borrife um detergente enzimático para eliminar permanentemente o odor.

> **PRINCÍPIO BÁSICO**
>
> É fundamental limpar bem o xixi e cocô acidentais. A possibilidade de o cachorro farejar o cheiro é muito grande. Se você não limpar totalmente, os resíduos podem atraí-lo para o mesmo local repetidas vezes. Hoje você pode encontrar vários produtos de excelente qualidade no mercado para limpar toda a sujeira e também neutralizar o odor, diminuindo a probabilidade de seu cachorro ser atraído para o mesmo local.

CAPÍTULO 14: ENSINANDO O CACHORRO A FAZER AS NECESSIDADES NO LUGAR CERTO

Se seu cachorro começar a voltar ao mesmo ponto repetidamente, é recomendável mudar um pouquinho a posição dos móveis para impedir que ele acesse essa área. É essencial limpar quaisquer áreas que ele tenha sujado acidentalmente para que ele não regrida. Se você estiver tendo de limpar os acidentes dele mais de duas vezes por semana, é provável que não o esteja levando para dar suas voltinhas na frequência necessária ou esteja lhe dando muita liberdade precocemente. Lembre-se de que restringir a liberdade do filhote é meio caminho andado para ensiná-lo a fazer suas necessidades no lugar certo. Além disso, você só precisa esperar um pouco para ele se acostumar e demonstrar que de fato sabe onde pode fazê-las e se tornar totalmente seguro nesse sentido.

Os cachorros precisam sair pelo menos uma vez a cada quatro horas, quando presos em áreas pequenas como uma gaiola. Se tiverem maior liberdade ou livre acesso a comida e água, é provável que tenham de sair com maior frequência. A maioria dos cachorros que têm o hábito de fazer suas necessidades fora de casa precisa sair logo depois que acordam, alguma vez no meio do dia e antes de dormir. Para manter o excelente hábito de um cachorro adulto de fazer suas necessidades fora de casa, a visita de uma babá no meio do dia pode ajudar.

Abandonar um cachorro em algum abrigo ou depósito de animais pelo fato de ele não ter o hábito de fazer suas necessidades no lugar certo é um tanto quanto absurdo e insensato, mas viver com um cachorro que faz de sua casa um banheiro também não é nada divertido. O hábito de fazer as necessidades fora de casa ou no lugar certo é o mais básico dos problemas de treinamento e deve ser solucionado, se o objetivo for promover um convívio pacífico entre cachorro e seres humanos. Os truques para que o cachorro adquira esse hábito envolvem alguns fatores bastante básicos: prendê-lo de alguma maneira; criar uma programação e acompanhar seus acertos e fracassos; controlar a comida e a água; levá-lo frequentemente para dar uma voltinha; e evitar puni-lo por cometer erros. Se você seguir essas orientações, em quatro a seis semanas seu cachorro apresentará um aproveitamento razoavelmente bom.

Pode ser que o cachorro tenha algum problema de saúde que interfere em seu hábito de fazer xixi e cocô. Se você estava obtendo bons resultados e de repente ele começou a regredir, é recomendável levá-lo ao veterinário para um exame de urina e de fezes e verificar a possibilidade de infecção ou de parasitas. Esses dois problemas podem ser facilmente medicados e o sintoma com frequência é perder o hábito de fazer xixi e cocô no lugar certo.

Não costuma ser produtivo abordar essa questão como um problema comportamental quando na verdade se trata de um problema de saúde. Se, não obstante sua dedicação, você começar a perceber que os problemas de seu cachorro para fazer xixi e cocô são variáveis ou caso você o tenha adotado já adulto e ele apresente vários problemas comportamentais preocupantes, é recomendável procurar a ajuda de um adestrador profissional ou de um behaviorista.

CAPÍTULO 15

Os cães que levam o dono para passear

Se existe um problema corriqueiro entre os cachorros é puxar a guia para a direção que desejam seguir. Do grandalhão dinamarquês ao minúsculo *chihuahua*, todos os cães, independentemente do tamanho, aprendem a puxar a guia já desde filhotes.

A única solução é treinar

O problema de puxar a guia só parece tomar grandes proporções quando tentamos dar uma voltinha no quarteirão com um cachorro que se posiciona como o líder de um grupo de cães de trenó e puxa a guia com a determinação de chegar à pracinha em tempo recorde. Esse é um dos principais problemas que levam as pessoas a parar de passear com o cachorro e, o que poderia ser um delicioso passeio pelo bairro, perde todo o prazer quando nosso braço parece estar se desarticulando do corpo.

Se você der uma olhada nos *pet shops* ou em *sites* de produtos para animais de estimação, verá dezenas de inventos e instrumentos que supostamente eliminam esse mau hábito do cachorro. Entretanto, a verdade é que seu cachorro só vai parar de puxar quando você lhe ensinar, seja qual for o instrumento que estiver usando. Só você, na qualidade de companheiro fiel de seu cachorro, pode escolher que método deseja usar para ensiná-lo a passear com você, em vez de arrastá-lo. E há várias opções por aí que você pode experimentar. Contudo, o segredo de qualquer programa de treinamento está no treinador — quanto tempo você investe para atingir seu objetivo e com que perseverança você segue à risca esse intento para conseguir alcançá-lo.

PERGUNTA?

Por que os cachorros puxam?
Os cachorros puxam porque é assim que eles se conduzem para a direção que desejam. Se toda vez que sair de casa para passear com ele, você permitir que ele puxe a guia até o fim e que você seja arrastado para a direção que lhe apetecer, reforçará esse comportamento e permitirá que ele pense que isso está certo.

Estipule suas condições

Toda vez que você quiser corrigir um problema comportamental, é recomendável parar e tentar descobrir o que você gostaria que seu cachorro fizesse em vez disso. Nesse caso, é fundamental estabelecer de que modo deseja que ele se comporte quando preso à guia. Você quer que ele passeie exatamente ao seu lado ou para você é suficiente que a guia se mantenha frouxa? Onde especificamente você deseja que ele fique e de que modo ele deve ficar quando estiver nessa posição? Seu braço deve ficar relaxado ou estendido? Ele pode farejar? E de que lado ele deve ficar?

CAPÍTULO 15: OS CÃES QUE LEVAM O DONO PARA PASSEAR

Se delimitar o que está procurando, conseguirá ter uma ideia melhor do que você reforçará, e isso vai ajudá-lo a reconhecer o que deseja e a recompensar seu cachorro. Você só conseguirá se livrar do comportamento indesejável se reforçar o comportamento correto. Se não souber o que seu cachorro tem de fazer para ser recompensado, não conseguirá impedi-lo de puxar a guia nem ensinar um comportamento alternativo aceitável. Sente-se com sua família hoje mesmo e determine de que forma você deseja que seu cachorro se comporte quando preso à guia.

> **PRINCÍPIO BÁSICO**
> Uma boa maneira de avaliar se seu cachorro está andando junto com você é observar se a guia está folgada. Fique atento ao braço que está usando para segurar a guia. Se seu cotovelo dobrar-se um pouco, isso significa que ele está caminhando agradavelmente; se seu braço esticar, isso quer dizer que precisa treiná-lo mais.

A falta de exercício leva o cachorro a puxar a guia

De nenhuma outra forma a falta de exercício fica mais evidente do que quando o cachorro está preso à guia. Quando ele tem poucas opções para extravasar sua energia, ele puxa, gira e dá algumas arrancadas na guia para conseguir chegar aonde deseja. Se seu companheiro tiver como extravasar apropriadamente sua energia, como brincar com outros cães, nadar e jogar *fetch*, ele se comportará mais tranquilamente quando preso à guia. Os cães ativos precisam de pelo menos trinta minutos a uma hora por dia de caminhada ininterrupta e intensa para abrandar essa energia. Sem esse extravasamento, é bem provável que ele apresente problemas comportamentais. O exercício é uma necessidade básica para os cachorros, pois lhes traz estabilidade mental, física e emocional. Ignorar esse fato é a mesma coisa que destinar seu cachorro ao fracasso. Se você não tiver tempo para levá-lo para se exercitar e deixá-lo exausto, é recomendável contratar uma babá (*pet sitter*), um passeador ou uma creche canina profissional para que ele tenha oportunidade de se exercitar o quanto necessita. É frustrante treinar um cachorro que não esteja se exercitando o bastante. Portanto, isso deve ser evitado a qualquer custo.

Passeando sem puxar a guia

Para ensinar seu cachorro a andar a seu lado e a não puxar mais seu braço a ponto de quase arrancá-lo, é necessário muita prática e repetição. Esse comportamento não mudará da noite para o dia. Lembre-se de que os cachorros costumam puxar a guia por que isso há muito tempo vem funcionando (ou funcionou) para eles, e o comportamento que é reforçado torna a se repetir. Para você ter sucesso, uma excelente medida é parar de seguir seu cachorro quando a guia estiver esticada e quando ele puxar. Isso talvez exija que você deixe de passear com ele pelo quarteirão para não lhe dar oportunidade de puxar e ser reforçado.

Conseguir controlar seu cachorro, não permitindo que ele se comporte dessa maneira, não é a mesma coisa que ensinar o "junto", mas já é um passo na direção correta, porque nesse caso ele não está sendo reforçado pelo comportamento errado. Veja a seguir algumas dicas para ensiná-lo a passear com a guia frouxa:

- Utilize uma passada ritmada e rápida para conduzi-lo e mude de direção com frequência para que ele tenha de observar para onde você está indo. Quanto mais você mudar de direção, mais ele terá de observar para onde você está seguindo.
- Assim que você aprender e se acostumar a caminhar e a mudar sempre de direção, comece a prestar atenção ao momento em que seu cachorro se vira para segui-lo e clique e recompense-o por olhar e manter contato com você.
- A princípio, após o clique, você deve parar de andar por um momento para que ele perceba por que exatamente ele está recebendo o clique. Utilize os petiscos que ele mais goste para mantê-lo concentrado em você.
- Comece a praticar em lugares sem distrações. Quando ele começar a compreender o que você deseja, comece a ir para lugares mais movimentados, mas faça isso aos poucos.
- Prenda uma guia de mais ou menos dois metros à sua cintura para manter as mãos desocupadas nesse exercício, pois dessa forma poderá clicar e recompensá-lo quando ele estiver ao seu lado. Lembre-se de que o recado que você quer lhe passar é que puxar não o levará aonde ele deseja ir.

CAPÍTULO 15: OS CÃES QUE LEVAM O DONO PARA PASSEAR

- Quanto mais rápido andarmos, melhor. Isso vale para a maioria dos cães. A passada constante força o cachorro a prestar atenção na direção que você tomará em seguida.
- Se usar um *clicker* para marcar o comportamento quando ele permanecer ao seu lado ("junto"), você conseguirá diminuir pela metade o tempo de treinamento. O *clicker* indica exatamente o que o cachorro está fazendo certo para ganhar a recompensa. O *clicker* é mais específico e mais preciso do que qualquer outra ferramenta.

Quando desejamos mudar um comportamento que já vem sendo reforçado há algum tempo, precisamos reforçar o comportamento correto com frequência, e a recompensa deve ser valiosa. Como seu cachorro puxa a guia para ir aonde deseja desde o momento em que você o adotou, para se livrar desse comportamento precisará substituí-lo por um comportamento que ele considere mais recompensador. Para que ele opte por andar a seu lado em vez de puxar, você terá de praticar muito e usar recompensas que ele realmente goste.

Queijo, bifinhos desidratados, rosbife e frango costumam funcionar muito bem como reforço. Ou então as brincadeiras que ele mais goste, como cabo de guerra ou *fetch*. Independentemente da recompensa, o cachorro tem de desejá-la mais do que deseja puxar. Se você for criativo e divertido, em pouco tempo seu cachorro caminhará a seu lado.

> **PRINCÍPIO BÁSICO**
> Lembre-se de que você está desenvolvendo o histórico de reforço de seu cachorro para que ele caminhe com a guia frouxa. Se de fato quiser obter bons resultados, tanto a frequência quanto a qualidade das recompensas têm de ser grandes.

Acrescentando o comando junto

O comando verbal "junto" deve ser a última coisa a ser acrescentada ao ensinar esse comportamento. Para não marcar todas as puxadas e todos os erros que seu cachorro cometer, não adicione esse comando muito cedo. Quando ele estiver caminhando ao seu lado confiavelmente, sem puxar nem parar, esse será o momento ideal para você marcar esse comportamento. Para acrescentar o comando, basta utilizar a palavra "junto" imediatamente antes de clicar e recompensá-lo. Ao ouvir essa palavra enquanto caminha ao seu lado, ele aprenderá a associar (depois de várias repetições) o comportamento de caminhar ao seu lado com a palavra "junto".

Aumentando a duração durante os passeios

Do ponto de vista de treinamento, a duração refere-se ao tempo pelo qual seu cachorro mantém o comportamento solicitado. Nesse caso, é o espaço de tempo que ele tem de se manter ao seu lado para ganhar o clique e recompensa. Assim que ele começar a entender o espírito da coisa para obter o clique, voltando e andando a seu lado, você pode aumentar para um ou dois passos o tempo durante o qual ele deve se manter a seu lado.

Em algum momento será possível aumentar esse tempo para vários minutos, até que ele pare de puxar. Lembre-se de que a duração ou permanência é o tempo pelo qual ele deve se comportar de uma determinada forma para ser recompensado. Para praticar, use diferentes tempos, em lugares com várias distrações, até o momento em que ele conseguir andar rápido ao seu lado, independentemente da circunstância.

Mudando variáveis e distrações

Para que o comportamento se torne confiável, é fundamental praticar em um novo ambiente — com pessoas, outros cachorros, carros, bicicletas e outras distrações. Entretanto, se você mudar muitas variáveis de uma só vez, seu cachorro pode regredir e parar de caminhar ao seu lado. Para ajudá-lo a aprender a se manter ao seu lado diante de qualquer distração, mude uma variável por vez. Nesse caso, as variáveis estão relacionadas à distância que você se encontra das distrações e à intensidade dessas distrações (uma pessoa, um círculo de pessoas, crianças, adultos, pessoas com cachorros, animais selvagens, carros, bicicletas e assim por diante).

CAPÍTULO 15: OS CÃES QUE LEVAM O DONO PARA PASSEAR

> **FATO**
> Para que o cachorro não aprenda um padrão, você deve sempre usar um espaço de tempo aleatório. Talvez seja melhor não o aumentar de repente, mas alternar, usando curtos espaços de tempo, e incrementá--los aos poucos quando seu cachorro já estiver entendendo o jogo.

Se você controlar as variáveis e trabalhar lentamente para introduzir distrações e ao mesmo tempo preservar o hábito do cachorro de caminhar ao seu lado, conseguirá ensiná-lo a andar habilmente quando preso à guia, seja qual for a distração presente no ambiente. Se as coisas não estiverem saindo a contento e for possível usar alguma ajuda complementar, nunca hesite em interromper a sessão de treinamento para possibilitar que seu cachorro comece a acertar.

Controlando o junto

Há duas variáveis principais para ensinar seu cachorro a andar junto: a distância em relação à distração e a intensidade da distração. Se você não estiver conseguindo fazer com que ele ande a seu lado, isso quer dizer que a distância entre ele e a distração está muito curta. Nesse caso, você deve se afastar do movimento, mantendo-se a uma distância em que ele consiga andar tranquilamente a seu lado. Assim que ele estiver se comportando bem, você pode diminuir a distância entre ele e a distração, levando-o mais próximo do movimento quando tiver certeza de que ele consegue se controlar.

O segredo para se tornar um bom treinador é criar condições para que o cachorro tenha êxito. Veja a seguir algumas dicas para isso:

- Diminua a intensidade das distrações (mais tranquilas, mais lentas e em menor quantidade) de acordo com a necessidade.
- Use os melhores petiscos que puder. Como treinar é difícil, faça com que isso valha a pena para ele e lhe dê alguma coisa em troca.
- Ofereça muitos reforços em novos ambientes.
- Diminua o reforço (a frequência com que você clica e o recompensa) quando ele se mantiver por mais tempo ao seu lado e quando começar a se comportar dessa maneira confiavelmente.

Escolha a distração com a qual você iniciará o treinamento e crie condições para que seu cachorro se saia bem. A intensidade da distração está relacionada com o ritmo, o nível de ruído e a quantidade. Quando o cachorro não consegue se manter ao seu lado porque está extremamente distraído, isso quer dizer que a intensidade da distração está além do normal. A solução para esse problema é abrandar a distração reduzindo o ritmo, o barulho ou a quantidade.

Distrações comuns

Outro fator que deve ser levado em conta no momento em que estiver treinando seu cachorro em meio a distrações é o tipo de distração que você está usando. Há três categorias principais de distração: coisas em movimento, coisas que exalam odores e coisas que fazem barulho. Examinemos cada uma delas:

1. **Coisas em movimento.** Essa categoria incita o impulso de caça do cachorro, seu desejo de perseguir coisas ou objetos que se movimentam. O nível de distraibilidade é distinto para cada cachorro, mas para a maioria deles qualquer coisa que se movimente é irresistível. Carros, bicicletas, esquilos, pessoas correndo, cachorros, motocicletas, bolas e crianças são exemplos.
2. **Coisas que exalam odores.** Os cachorros, em geral, são motivados principalmente pelo estômago. Portanto, especialmente nas raças de cães de caça, o comportamento de andar com o "focinho colado ao chão" pode ser um desafio e tanto. Comida, animais, fezes de outros animais e animais selvagens são exemplos.
3. **Coisas que fazem barulho.** Alguns cachorros são mais sensíveis a ruídos do que outros. Em média, o cachorro é apenas curioso. Portanto, conseguirá superar rapidamente essa dificuldade e aprender a ignorar os sons se você mudar lentamente as variáveis, a distância e a intensidade.

CAPÍTULO 15: OS CÃES QUE LEVAM O DONO PARA PASSEAR

FATO

Lembre-se sempre de que não há nenhum motivo físico que impeça seu cachorro de passear com você. Examine se não há nenhum corte nas patas, se o chão não está quente e, no caso de países em que neva, se o sal jogado nas ruas durante o inverno não está provocando ardume nas patas do cachorro.

As distrações precisam ser inseridas aos poucos no treinamento. Se elas forem muito frequentes ou intensas, o cachorro ficará extremamente sensibilizado e impossibilitado de se concentrar, caso em que não conseguirá aprender nada de fato. É fundamental observar se ele está muito agitado e abrandá-las para que possa absorver o treinamento.

Dublê de mula

Os cães lerdos normalmente plantam as patas no chão e empacam. Eles não se movem nem acompanham nenhum movimento seu, independentemente do quanto você o bajule ou elogie. Você pode usar vários truques para fazer um cachorro lerdo acompanhá-lo:

1. Segure firme a guia, mas não puxe. Use uma coleira normal para prender a guia, e não uma coleira para adestramento.
2. Assim que ele der um passo em sua direção (antes de empacar), clique e recompense e encha-o de elogios. (Como alguns cachorros são mais lentos, tenha paciência.)
3. Repita esse passo toda vez que ele parar. Não volte até ele. Simplesmente ignore o comportamento errado e preste atenção no comportamento correto.
4. No espaço de mais ou menos dez minutos, os cachorros normalmente costumam desistir de ficar empacado como uma mula e resolvem acompanhá-lo. Alguns talvez precisem praticar esse exercício várias sessões para só então se darem por vencidos.

Quanto maior a recompensa, menos ele puxará

Leva tempo ensinar um cachorro a andar junto, e isso pode ser tedioso tanto para você quanto para ele, se você não for suficientemente criativo e não conseguir tornar as sessões mais interessantes e divertidas. Para dar um toque mais animado, antes de iniciar a sessão, esconda recompensas em alguns pontos do lugar em que costuma treiná-lo. Ele ficará um tanto surpreso quando inesperadamente vir você retirar por detrás de algum arbusto ou planta um delicioso petisco ou um maravilhoso brinquedo para recompensá-lo. Com o fator surpresa, você fica bem mais atraente para o seu cachorro, e ele mais disposto a aprender a passear com você.

Escolha cuidadosamente as recompensas

A recompensa é que faz com que um comportamento volte a se repetir várias vezes. Para que isso ocorra, o cachorro precisa desejá-la. Investigue com calma o que motiva seu cachorro — de que tipo de petisco, de brinquedo e de brincadeira ele gosta. Tudo isso pode ser usado para recompensá-lo por caminhar ao seu lado e não puxar. Lembre-se de que, dependendo do ambiente, é provável que nem sempre seu cachorro goste de todas as coisas que ele considera recompensadoras. Por exemplo, talvez ele adore fazer o que você pede em troca de ração quando treinado em um ambiente tranquilo, mas talvez "torça o focinho" para essa mesma recompensa quando treinado em um ambiente externo ou movimentado como um *pet shop* ou uma clínica veterinária.

Muitos treinadores principiantes ficam de boca aberta quando o cachorro recusa uma excelente recompensa (como queijo ou um pedaço de cachorro-quente) em um ambiente estranho. É difícil descobrir que petisco você deve usar em ambientes dispersivos, para que ele continue se comportando e se mantenha concentrado em você, mas essa é a única maneira de garantir melhorias e assegurar o sucesso. Se você souber antecipadamente qual petisco ou qual brinquedo ou brincadeira funciona em um determinado ambiente, conseguirá atingir suas metas sem se frustrar. Vale a pena fazer uma lista de petiscos, brinquedos e brincadeiras e classificá-los de acordo com o ambiente. Saber que você pode obter bons resultados se usar ração nas sessões em que pratica perto de casa e que precisa de queijo ou fígado desidratado para treiná-lo na rua é uma informação valiosa. Como você vai dedicar parte de seu tempo para treinar seu cachorro, com certeza deseja

CAPÍTULO 15: OS CÃES QUE LEVAM O DONO PARA PASSEAR

obter melhorias a cada aula, e não ficar procurando feito louco um reforçador que mais atraia seu cachorro.

PERGUNTA?

Os cachorros amedrontados conseguem aprender a ignorar novos sons e andar junto?
Você pode treinar qualquer cachorro a andar junto. No caso de um cachorro amedrontado, seria melhor ensiná-lo a lidar com novos ruídos e desenvolver sua autoconfiança primeiro. Assim que ele perder essa timidez, tente ensiná-lo a andar ao seu lado em meio a essas distrações.

É também aconselhável usar várias recompensas emparelhadas com o clique. Alguns exemplos são o cabo de guerra, o jogo de *fetch*, um brinquedo *dispenser* recheado de petiscos, um maravilhoso afago na barriga ou uma esfregadela na costela e muitos e muitos elogios. Você pode ensiná-lo que você é interessante e tem várias surpresas agradáveis. Para isso, esconda algumas guloseimas em algum lugar e atice a curiosidade dele em relação ao que você vai fazer aparecer em seguida.

Equipamento de treinamento

As coleiras para treinamento, as coleiras de cabeça (*head halters*) e os demais artifícios são apenas isso: artifícios. O propósito desses recursos é impedir que o cachorro puxe enquanto está sendo treinado a caminhar junto. O objetivo é fazer com que aprenda a andar junto com a ajuda de um equipamento e em seguida desacostumá-lo, para que ande junto sem esse recurso.

Coleiras

É possível encontrar vários equipamentos de treinamento especificamente para impedir que os cachorros puxem. Os mais comuns são as coleiras enforcadeiras de metal normais ou coleiras estranguladoras, as coleiras de garra e as de cabeça. A coleira enforcadeira impede a passagem de ar por uma fração de segundo, provocando uma sensação desagradável no cachorro quando ele puxa. A coleira de garra ou de grampo pressiona a pele ao redor do pescoço e também faz o cachorro sentir um aperto desagradável quando puxa. A coleira de cabeça ou cabresto puxa a cabeça do cachorro para baixo e só permite que ele ande quando para de puxar e caminha mais perto do treinador.

Assim como com qualquer outro equipamento, você tem de ensinar passo por passo a seu cachorro o processo de andar junto. Na maioria dos casos, isso ocorre antes de começar a usar o equipamento em si. Depois que o cachorro entende o que deve fazer para obter a recompensa, esses dispositivos de treinamento podem ajudá-lo a classificar as várias distrações. Situações especiais, como estar na clínica veterinária, podem exigir alguma forma de controle suplementar, caso o cachorro ainda não estiver completamente treinado. Nenhum desses dispositivos consegue ser adequado para todos os tipos de cachorro, mas a coleira de cabeça provavelmente é a mais eficaz para a maioria.

> **ATENÇÃO!** Nenhum dispositivo "ensinará" seu cachorro a andar junto. Para ensiná-lo a passear preso à guia, você é quem tem de decompor o problema em passos simples e que possam ser incorporados aos poucos no treinamento. Esses dispositivos podem ajudá-lo a controlar o comportamento, mas isso é tudo.

As vantagens das coleiras de cabeça

Uma marca específica de coleira de cabeça, a Gentle Leader Headcollar, costuma se ajustar melhor do que as coleiras atualmente disponíveis no mercado. Ela tem duas tiras ajustáveis: uma para o pescoço e outra para o focinho. A guia é encaixada embaixo do queixo do cachorro. Se você pensar em um cabresto de cavalo, terá uma ideia de como a coleira de cabeça funciona. Ela controla o movimento que o cachorro faz para a frente dirigindo a cabeça dele. Essa é a vantagem em relação aos outros tipos de equipamento de treinamento. Por exemplo, você jamais conseguirá fazer um cavalo andar se puxar o pescoço dele, mas conseguirá conduzir facilmente um animal de 545 quilogramas na direção que deseja se dirigir a cabeça dele — bem, pelo menos em grande parte das vezes!

CAPÍTULO 15: OS CÃES QUE LEVAM O DONO PARA PASSEAR

Esse mesmo princípio se aplica aos cães. A coleira de cabeça não é uma focinheira. O cachorro pode comer, apanhar uma bola e morder se estiver com essa coleira, mas não deve ser deixado com ela quando desacompanhado. Se ele tentar morder ou comer algo que não deva enquanto estiver usando a coleira de cabeça, é fácil fechar a boca dele. Para isso, basta puxar suavemente a guia. Essa leve pressão fechará a boca dele e puxará sua cabeça para baixo, impedindo efetivamente que ele morda ou venha a comer alguma coisa. A coleira de cabeça costuma ser considerada um autocorretivo. Isso significa que o treinador não precisa puxar nem dar solavancos na guia para que o cachorro pare de fazer o que está fazendo. Se você optar por usar esse dispositivo, é também fundamental notar que deve utilizá-lo apenas com uma guia de 2 metros no máximo, nunca uma guia extensível ou retrátil. Com uma guia longa, se seu cachorro resolver perseguir alguma coisa e esticar a guia até o fim enquanto estiver usando uma coleira de cabeça, ele corre o risco de lesar o pescoço. Comece a utilizar a coleira de cabeça aos poucos, no decorrer de mais ou menos duas semanas. Quanto mais você batalhar para que essa experiência seja de fato agradável para o cachorro, mais adequada ela será como ferramenta de treinamento.

O processo para começar a utilizar a coleira de cabeça deve ser paulatino. Desse modo, será possível ensinar ao cachorro que é divertido usá-la e que algo bom está para ocorrer. Seu cachorro deve ficar tão entusiasmado ao ver a coleira de cabeça quanto fica ao ver a guia. Com o *clicker* e alguns petiscos irresistíveis, comece a usar a coleira de cabeça seguindo estes passos:

1. Mostre a coleira para seu cachorro e clique e recompense-o por farejá-la.
2. Abra o laço do focinho e clique e recompense-o por enfiar o focinho através do laço para ganhar o petisco.
3. Assim que ele estiver ansioso para enfiar o focinho no laço, sem sua ajuda, dê-lhe um petisco razoavelmente grande e aperte a correia do pescoço enquanto ele estiver mastigando.
4. Deixe-o dar uma voltinha e clique e recompense-o por não tocar as patas no focinho.

5. Se seu cachorro tirar o laço do focinho, tire toda a coleira e deixe-o sozinho por mais ou menos dez minutos. Se você o ignorar completamente, ele ficará ainda mais ansioso para voltar a treinar. O segredo é que ele vai querer manter a coleira porque ele recebe mais atenção e petiscos especiais apenas quando está com ela.
6. Posteriormente, quando ele não estiver mais batendo a pata com tanta frequência, prenda a guia à presilha abaixo do queixo e repita os passos 4 e 5. Você terá de retroceder e clicar e recompensá-lo por andar sem tentar bater a pata no rosto toda vez que introduzir uma nova distração ou variável.
7. Agora você está preparado para usar a coleira de cabeça em suas caminhadas, mas vá devagar. Caminhe com ele primeiro uma pequena distância, clique e recompense-o por andar na rua sem bater a pata no rosto. Procure não ultrapassar cinco minutos em cada passeio.
8. Quando ele começar a se acostumar a usar a coleira de cabeça em público, você pode aumentar aos poucos as distrações, o tempo em que você caminha com ele e qualquer outra variável.

Lembre-se de criar condições para que ele acerte, se perceber alguma distração ao redor. Isso é especialmente comum quando outros cachorros estão próximos. A coleira de cabeça pode ser um utensílio maravilhoso para ajudá-lo a controlar seu cachorro na presença de distrações e para ensiná-lo a não puxar, mas o processo para introduzi-la é demorado. Portanto, respeite o ritmo de seu cachorro.

ATENÇÃO! Imagine a coleira de cabeça como uma rédea. Use-a para guiar seu cachorro em suas caminhadas. Nunca puxe, nunca dê solavancos e nunca corrija seu cachorro quando ele estiver usando essa coleira, porque isso pode lesar seu pescoço ou espinha. Tenha paciência para fazê-lo se acostumar com a coleira. Como muitos cães estranham a sensação de ter algo preso ao redor do focinho, a princípio podem resistir.

Nos casos em que esse dispositivo se demonstra inadequado, normalmente o culpado é o dono, que pode se precipitar quando vê que o cachorro parece aceitar a coleira razoavelmente bem. Não seja insensato. Como em todos os demais treinamentos, você só colhe aquilo que planta. Veja a seguir algumas dicas para que isso funcione para seu cachorro:

- Tenha paciência para acostumá-lo. A coleira de cabeça lhe será mais útil se você a introduzir aos poucos e permitir que seu cachorro aprenda a usá-la (no máximo uma a duas semanas).
- Com a coleira de cabeça, de forma alguma você precisará usar solavancos, estalos ou punições. Na verdade, se fizer isso, pode lesar o pescoço ou a espinha do cachorro.
- Lembre-se de ler atentamente as orientações que acompanham a coleira de cabeça antes de usá-la no cachorro. É fundamental ensinar seu cachorro a usá-la e evitar que ele se arremeta ou puxe enquanto estiver com ela. Isso pode lesar o pescoço e a espinha dele e provocar desconforto e problemas de saúde a longo prazo.
- Se encontrar algum problema, procure um adestrador qualificado, adepto do treinamento positivo, para ajudá-lo a ensinar seu cachorro a se acostumar com esse dispositivo.

Coleiras peitorais

As coleiras peitorais da marca *Easy Walk* ou *Sense-sation*, desenvolvidas para impedir que o cachorro puxe, funcionam muito bem para a maioria dos cães. O que é bacana nessa coleira é que o cachorro praticamente não precisa se acostumar a usá-la. Basta ajustá-la e sair. A coleira peitoral, especialmente criada para impedir que o cachorro puxe, muda o centro de gravidade se ele pender o peso para a frente. A presilha da guia é presa na frente da argola da coleira. Isso ajuda o cachorro a perceber seu efeito. Para usá-la apropriadamente, é essencial ajustá-la bem, mas essa é uma alternativa para aqueles cachorros que puxam com determinação.

CAPÍTULO 16

Cães que avançam e são agressivos na guia

Às vezes, a agressão está enraizada em hábitos inadequados adquiridos na guia quando o cachorro ainda é filhote. Os cães adultos não gostam quando um cachorro adolescente pula neles ou toma seu espaço sem ser convidado. Por deixar a guia muito curta ou não observar o que o cachorro está fazendo, o elemento humano que se encontra na outra extremidade da guia com frequência tende a agravar esse problema.

As guias podem gerar comportamentos agressivos

Quando os cachorros estão soltos e se deparam com outros cães ou estímulos, têm liberdade para escapar ou para demonstrar uma atitude do tipo "não se intrometa comigo" ou então simplesmente convidam o outro cachorro para brincar. Os cães que costumam passear presos à guia não podem demonstrar essas mesmas emoções e se sentem mais encurralados e ameaçados. As guias e os donos que conduzem os cachorros podem interferir na comunicação e nos sinais que um cachorro emite para o outro, em vez de ajudá-los a se dar bem um com o outro. Os donos que temem a reação de seu cachorro a outros cães normalmente só agravam o problema porque ficam tensos e retesam a guia, sinalizando para o cachorro que algum problema está por vir.

As pessoas que costumam passear com o cachorro preso à guia tendem a passar umas pelas outras se olhando de frente, ao passo que os cães em geral se abordam com a cabeça e o corpo meio curvados para o lado. Essa defrontação é um sinal combativo que indica que você está determinado e pode querer contra-atacar. Seu cachorro pode reconhecer o porte do outro e se rebaixar mesmo que ligeiramente para sinalizar ao outro que ele está mal-intencionado. Entretanto, como você é humano, você se retrai e estica a guia ao ver outro cachorro se aproximando. Ao puxar a guia, você muda a postura física de seu cachorro, deixando-o aparentemente mais ameaçador, e faz com que o outro reaja ao seu para se defender. O cachorro de porte maior é então pego de surpresa e ataca pelo fato de seu cachorro mudar de postura e passar a mensagem errada naquele último instante. Não é de admirar que os cachorros conduzidos na guia tenham dificuldade para se dar bem uns com os outros!

Maus hábitos na guia colocam os cães em apuros

Ensinar seu cachorro a se comportar na guia quando próximo de outros cães é uma condição para mantê-lo seguro e longe de encrencas. Muitos cachorros que foram de alguma forma socializados com outros cães e ficam

CAPÍTULO 16: CÃES QUE AVANÇAM E SÃO AGRESSIVOS NA GUIA

agressivos quando presos à guia não aprenderam as habilidades necessárias para lidar bem com o mundo. Por esse motivo, se metem em apuros quando estão perto de outros cães. Em geral, comportar-se bem na guia significa manter-se ao lado do condutor até o momento em que ele der permissão para o cumprimento. É dever do cachorro ficar perto do dono, esteja ele caminhando com a guia frouxa ou na posição senta/fica. Desse modo, as pessoas podem passar lado a lado em paz. Nem todo cachorro gosta de ser cumprimentado por outro, e a maioria se ofende quando outro cachorro pula para cumprimentá-los. Na linguagem canina, se dirigir sem rodeios a outro cachorro, ir logo colocando as patas no outro e mordiscar ou então pular ou importunar é uma atitude grosseira. A maioria dos cães adultos com boas habilidades sociais não tolera muito esses comportamentos dos filhotes e dos cães adolescentes. E a punição que eles aplicam, embora apropriada, em geral é mal-interpretada pelo outro cachorro, que pode ficar com medo e mesmo agressivo em relação a outros cachorros presos à guia.

Se você pretende treinar e levar seu cachorro para passear, vale a pena notar que nem todos os cães gostam de todos os outros cães e que isso não quer dizer que sejam agressivos. O ideal é que o cachorro passeie pela rua com o condutor e ignore outros cães presos à guia. Para socializá-los, é recomendável programar um dia de brincadeira e reunir vários cães, deixando-os soltos para brincar, divertir e lutar. Quando presos à guia, a coisa muda de figura e fica séria: é hora de trabalhar.

PERGUNTA?

O que devo fazer quando meu cachorro cumprimenta outro cachorro preso à guia?
É fundamental manter a guia frouxa quando for deixar seu cachorro cumprimentar outro cachorro preso à guia. Sempre pergunte primeiro para o dono se o cachorro dele costuma ser amigável. Depois, procure fazer com que eles se aproximem pelo lado, e não pela frente.

Em geral, quando um cumprimento não dá certo, o responsável é o condutor, porque ele inadvertidamente induz o cachorro a ficar em uma postura mais dominante e a passar justamente a mensagem errada ao outro cachorro. A origem do problema em geral é o péssimo comportamento do cachorro quando preso à guia e a falta de controle do dono.

Bons hábitos caninos

Os cachorros que se investem de brincadeira em outros cães presos à guia estão também passando uma mensagem errada. Pular em outros cachorros que estão presos e não podem se esquivar é um comportamento grosseiro e um mau hábito. Os cães que têm esse comportamento em geral são corrigidos severamente por outros cachorros, e os donos com frequência interpretam isso erroneamente como uma agressão pura e simples. Se essa situação se repetir um número de vezes suficiente, o cachorro, que antes costumava ser amigável, começa a aprender a ser defensivo, lançando a semente para uma futura agressão quando preso à guia. A verdade nesse caso é que o cachorro que pula no outro não sabe se comportar bem na guia e viola uma regra fundamental: não pular em um cão adulto.

Nenhum cachorro na guia deve ser obrigado a aceitar que outro cachorro pule nele, mesmo de brincadeira. É importante que o dono tenha certeza de que consegue controlar apropriadamente seu cachorro na presença de outros cachorros. Quanto mais bem treinado ele for, mais aceito ele será por outros cães que estejam na guia e também por pessoas. Se o cachorro tiver muitas experiências desagradáveis, ficará desconfiado e terá medo de se aproximar de outros cães na guia, desencadeando a agressão reativa e defensiva.

> **PRINCÍPIO BÁSICO** Saber se comportar bem quando preso à guia, no caso dos cachorros bem socializados, significa não puxar nem avançar em outros cães, sentar para cumprimentar outro cachorro e o respectivo dono e somente se aproximar de outros cães com permissão. Cultivar essas boas maneiras é responsabilidade da pessoa que comanda a guia — o dono.

CAPÍTULO 16: CÃES QUE AVANÇAM E SÃO AGRESSIVOS NA GUIA

A guia

O melhor tipo de guia para passear e caminhar com cães agressivos é a guia de náilon ou de couro de 2 metros. O cachorro que costuma se arremeter e é agressivo não deve ser conduzido com guias extensíveis, nem deixado solto perto de outros cães. A guia de 2 metros permite que você o controle e o mantenha perto de você. A maneira como você segura a guia também é fundamental para o bom aproveitamento do cachorro. Em geral, é melhor segurá-la com as duas mãos: uma através do laço e a outra mais ou menos a meia altura. Desse modo, seu cachorro terá um pouco de folga, mas não o bastante para se arremeter à sua frente e você não ter como impedi-lo. Não é recomendável manter a guia muito esticada, porque desse modo o cachorro não terá quase nenhuma folga para se mover.

Não o force a andar muito próximo de você; dê-lhe um pouco de folga. Quanto mais frouxa a guia estiver, menos preso e encurralado ele se sentirá quando vir outro cachorro, mas não o deixe ficar muito longe de você. Quando prender a guia a uma coleira de cabeça, lembre-se de que ela é autocorretiva e não exige que você puxe nem dê solavancos. Se ele tentar se arremeter, esse movimento puxará naturalmente a cabeça dele em direção ao chão. Você deve tentar fazê-lo voltar a atenção para você e mudar totalmente de direção antes que ele tente se arremeter. Você precisa estar preparado para se afastar do outro cachorro e clicar e recompensá-lo por acompanhá-lo. É também recomendável jogar uma recompensa no chão, porque talvez ele fique mais interessado e lhe dê mais tempo para controlá-lo enquanto o outro cachorro segue seu caminho.

> **ATENÇÃO!** A forma como você segura a guia é fundamental para que o cachorro se comporte adequadamente. Quanto mais frouxa ela estiver, mais habilidade ele terá para mostrar aos outros cães que ele não está mal-intencionado. Se você mantiver uma folga na guia, ele poderá diferenciar os cães amigáveis dos não tão amigáveis. Vários problemas comportamentais começam aí, quando o condutor mantém a guia muito esticada e o cachorro não sabe se comportar na guia.

Boas maneiras na guia

No caso dos cães que têm boas habilidades sociais, mas acabam se metendo em encrencas quando conduzidos na guia, basta tomar algumas medidas simples para melhorar esses hábitos. Primeiramente, você precisa usar o equipamento certo. Atualmente há vários produtos no mercado que podem ajudá-lo a evitar que seu cachorro puxe. O problema desses dispositivos é que eles costumam levar o dono erroneamente a pensar que o cachorro já aprendeu a deixar de puxar a guia. Porém, assim que o dono deixa de usar o dispositivo, o cachorro volta a puxar. É importante lembrar que todos os dispositivos e coleiras de treinamento são apenas artifícios, não mais que isso. Eles facilitam o treinamento, mas não o substituem. Independentemente do utensílio de treinamento que utilizar, você deve clicar e recompensar seu cachorro por não puxar e no devido tempo marcar esse comportamento e desacostumá-lo dos petiscos, do *clicker* e da coleira.

Muitas pessoas vão logo usando a coleira de treinamento sem mostrar ao cachorro para que ela serve. Quando usar um desses dispositivos, você deve recompensar seu cachorro por caminhar junto com você. Do contrário, ele não terá ideia alguma do que você espera dele. No caso da coleira de treinamento, quando o cachorro puxa, o treinador dá um solavanco e solta a guia para tornar esse comportamento desagradável. O cachorro tem de parar de puxar (pelo menos por um segundo). Em seguida, você deve recompensá--lo, se ele parar de puxar. Do contrário, não aprenderá verdadeiramente. Se você não o recompensar pelo comportamento correto, não obterá o comportamento correto.

A maioria dos cachorros que não são recompensados quando se comportam apropriadamente acaba imaginando que o exercício é "correr até esticar totalmente a guia, levar um puxão do dono, voltar a andar junto e correr novamente até esticar por completo a guia". Entretanto, nem todos os cachorros reagirão dessa maneira. Os muito sensíveis ficarão descontrolados na primeira vez em que forem corrigidos e nunca mais tentarão puxar, mas se comportarão desse modo por puro medo, não porque aprenderam que você deseja que eles caminhem ao seu lado. Os cães sensíveis com certeza não devem usar coleiras de treinamento logo no início porque conseguem aprender rapidamente por meio de métodos mais amáveis, como a coleira de cabeça.

CAPÍTULO 16: CÃES QUE AVANÇAM E SÃO AGRESSIVOS NA GUIA

A coleira de cabeça (consulte o Capítulo 15) funciona muito bem para treinar o cachorro a não puxar. A presilha da guia fica embaixo do queixo do cachorro. Portanto, não provoca nenhuma constrição na faringe quando ele puxa. Além disso, esse tipo de coleira é autocorretiva. Quando o cachorro puxa para a frente, sua cabeça é forçada para baixo, impedindo-o efetivamente de se mover. Isso significa que não há necessidade de dar solavancos na guia nem de corrigi-lo; na verdade, se fizer isso, pode lhe causar alguma lesão no pescoço. A coleira de cabeça ensina o cachorro a não puxar, tendo por base vários princípios:

1. O cachorro que puxa quando está usando a coleira de cabeça acaba com o focinho no chão e só pode voltar a andar para a frente quando der uma folga na guia.
2. Visto que essa coleira se ajusta entre o pescoço e o focinho, o treinador tem total controle sobre a cabeça do cachorro.
3. Se você controlar para onde ele deve virar a cabeça, certamente o corpo dele seguirá a mesma direção.
4. A forma como a coleira se ajusta (na parte anterior do pescoço e sobre o focinho) simula o que uma mamãe canina faz quando educa seus filhotes.
5. Pelo fato de se ter total controle, muitos cachorros aprendem a confiar no condutor e a prestar atenção nele.

A coleira de cabeça é imprescindível para ensinar o cachorro a ter boas maneiras na guia. Se usada corretamente, evitará que o cachorro se arremeta, além de rebaixar a postura da cabeça e do corpo dele, tornando-o menos propenso a provocar outros cães. O simples fato de você poder controlar a cabeça dele evita problemas futuros.

Recompense o comportamento correto

Ensine seu cachorro a ter boas maneiras na guia próximo de outros cães. Para isso, clique e recompense-o por se aproximar dos cachorros lateralmente — e não frontalmente —, por virar a cabeça para o lado — em vez de encarar — e por "reverenciar" o outro cachorro — em vez de pular. A reverência, um comportamento natural em que o cachorro coloca o peito e a barriga bem perto do chão e as nádegas para cima, é um truque que você pode marcar com um comando e pedir para que ele faça ao cumprimentar outro cão.

ATENÇÃO! O cachorro que não se exercita suficientemente com certeza terá um comportamento detestável na guia. Essa energia há muito tempo acumulada precisa ser extravasada por algum lugar e levará o cachorro a transferi-la para outros comportamentos, como avançar, saltar e ficar desvairado quando conduzido na guia. Se seu cachorro tem essas características, faça-o se exercitar mais e ter outras formas de extravasar essa energia reprimida e essa sede de viver.

Ao ensinar o cachorro a andar junto na guia, lembre-se de que o fator mais importante é não o acompanhar quando ele puxar. Se ele puxar e você segui-lo, o comportamento de puxar para ir aonde deseja será reforçado. Se ele já tiver alguns anos de vida, provavelmente sua "conta" de comportamentos por puxar e avançar já está bem gorda. Nesse caso, haverá muito treinamento pela frente, se quiser estar à altura do problema e superá-lo. O primeiro passo é mudar várias vezes de direção, para que você esteja sempre no comando e seu cachorro olhe atentamente para ver para onde você vai virar em seguida. O segredo para ensinar a seu cachorro que ficar ao seu lado é melhor do que puxar ou ficar para trás é mudar de direção e clicar e recompensá-lo por acompanhá-lo. Com inúmeras repetições e mudanças nas variáveis e distrações, seu cachorro começará a compreender que caminhar preso à guia não significa arrastá-lo pela rua, mas caminhar ao seu lado.

Ensine seu cachorro a soltar

O comando "solta" ou "larga" significa que o cachorro deve parar e olhar para o treinador. Isso poderá ajudá-lo em diversas situações, como quando ele perseguir um gato em uma rua movimentada ou avançar em outro cachorro ou em uma pessoa. Solta ou larga significa "pare de fazer o que está fazendo ou está pensando em fazer e olhe para mim". Assim que ele olhar para você, terá uma chance bem maior de fazê-lo responder aos comandos

CAPÍTULO 16: CÃES QUE AVANÇAM E SÃO AGRESSIVOS NA GUIA

junto, vem, deita ou outro qualquer. O comando solta ou larga provavelmente é o mais importante a ser aprendido se você deseja que ele caminhe inofensivamente em lugares públicos. Quanto mais rápido e mais confiável for a resposta dele a essa conduta, melhor será seu controle sobre ele.

No caso dos cães que não aprenderam habilidades sociais, o comando solta será a melhor ferramenta para controlar seu comportamento. Quanto mais ele olhar para você, melhor você poderá controlá-lo quando estiver próximo de outros cães e de pessoas. O solta é um comando valioso para os cachorros que avançam em outros quando presos à guia. Ao ensiná-lo, antes que ele comece a avançar e latir é fundamental atraí-lo. Quando ele já estiver latindo ou avançado, não estará mais propenso a aprender. Nesse caso, não importa o quanto você grite ou o repreenda, ele não vai chegar aonde você quer. Para superá-lo e agir antes que ele entre nesse estado emocional extremamente exortado, você deve interrompê-lo antes que ele perceba o outro cachorro e, em seguida, inverter a direção para fazê-lo acompanhá-lo. Clique e recompense-o por se afastar do outro cachorro e seguir você.

Uma forma de incentivar mais seu cachorro a desviar o olhar e a virar é jogar alguns petiscos sobre a grama para ele procurar. O tempo que ele levará para fazer isso será suficiente para o dono e o outro cachorro passarem por você. Quando ele terminar, você pode continuar caminhando.

Como seguir você e desviar-se da distração é um novo padrão comportamental, você terá de praticá-lo repetidas vezes até o momento em que seu cachorro demonstrá-lo quase que automaticamente. Quando já tiver praticado um número de vezes suficiente, é provável que ele comece a se comportar desse modo por conta própria. Se você não coordenar e cronometrar bem o momento certo e não mudar de direção no devido tempo, ele ficará desvairado e disparará a latir feito louco. Não há nada a fazer nessa hora, exceto esperar pacientemente a onda passar e tentar em outra oportunidade. Ao menos, se você não gritar nem o repreender, não reforçará esse comportamento indesejável.

Veja a seguir os passos para ensiná-lo a soltar outro cachorro:

1. Nesse exercício, use a princípio um cachorro que seu cachorro já conheça. Desse modo, você terá total controle de sua sessão de treinamento e de ambos. Peça a seu auxiliar para ficar no lado oposto da rua com o outro cachorro.

2. Fique atento para interromper seu cachorro quando ele estiver pensando em avançar ou latir. Para interrompê-lo, diga o nome dele e, em seguida, vire 180° para a direção oposta. Clique e recompense-o por virar e acompanhá-lo.
3. Se o seu cachorro não o acompanhar, isso significa que você está muito próximo do cão que o está distraindo; dê alguns passos para se afastar e tente uma vez mais.
4. Depois que você clicar, jogue várias guloseimas para seu cachorro. Assim, lhe mostrará que prestar atenção em você vale a pena.
5. Assim que seu cachorro estiver ignorando o outro cão e acompanhando você prontamente, encurte a distância. Primeiro posicione o outro cachorro para que ele se aproxime do seu no mesmo lado da rua. Depois, reinicie o exercício, seguindo os mesmos passos.
6. Trabalhe aos poucos para que o outro cão passe pelo seu a vários passos de distância e seu cachorro não reaja.
7. Mude as distrações usando cães diferentes e mudando o lugar em que pratica, até que ele consiga ignorar outros cachorros, independentemente do lugar. Quando ele começar a se desviar de outros cães para obter o clique e recompensa, use o comando "solta" para marcar sua conduta de virar a cabeça antes que ele a vire.

> **PRINCÍPIO BÁSICO**
> No treinamento, o cachorro que servirá de distração deve ser um cão adulto completamente confiável, bem socializado e de forma alguma poderá reagir ao seu. É também recomendável colocar uma coleira de cabeça no outro cachorro para ajudar o seu a perceber que ele é inofensivo. Mude as situações até que seu cachorro comece a olhar para você resolutamente quando vir outros cães.

Estabeleça metas sensatas

Os cães pouco socializados nunca serão totalmente amigáveis ou confiáveis com outros cães. Não é possível ressocializar um cão adulto que nunca teve a experiência de conviver com outros cães. Fazer isso pode ser arriscado e muito provavelmente acabar ferindo os cães e as pessoas envolvidas.

CAPÍTULO 16: CÃES QUE AVANÇAM E SÃO AGRESSIVOS NA GUIA

O melhor a ser feito com cães desse tipo é estabelecer uma meta razoável. Seu objetivo é ter um cachorro normal, mas uma meta mais sensata poderia ser fazê-lo responder imediatamente ao comando "solta".

Se você ensinar boas maneiras ao seu cachorro, para que não avance nem lata e vire a cabeça para outros cães, em vez de encará-los, poderá levá-lo a mais lugares e conseguirá controlá-lo. Entretanto, é bom reconhecer que, embora você queira que seu cachorro se dê bem com outros cães, ele está se sentindo extremamente bem por não ter contato com nenhum outro. Não tente impingir nele o seu desejo de que ele tenha amigos; talvez ele sinta que já tem amigos suficientes. Nesse caso, não adianta forçar a barra, pois nada mudará isso. Respeite o que ele está tentando lhe dizer e mantenha-o fora de perigo na presença de outros cães.

> **PRINCÍPIO BÁSICO**
>
> Se tiver um filhotinho, faça o possível para que ele conheça e brinque com o máximo de filhotes de diferentes tipos e também com cães adultos. O prazo para socializar um cachorro com outros cachorros é pequeno — entre sete a dezoito semanas. Assim que esse prazo expirar, seu cachorro ficará menos aberto a novas experiências e menos propenso a se socializar com outros cães.

Comprometimento é fundamental

A pior coisa que você pode fazer em relação a esse tipo de problema é se precipitar. Seu cachorro não ficou assim da noite para o dia e nada que você faça mudará como num passe de mágica a opinião dele sobre outros cães. Ensinar boas maneiras a um cachorro que não tenha tido nenhuma experiência social é demorado. Você precisa estar totalmente comprometido a ajudar a melhorar o comportamento de seu cachorro, a fim de pelo menos abrandar o problema. Se tentar mudar o comportamento dele sem nenhum entusiasmo e com indiferença, isso em nada o ajudará a alcançar seu objetivo. Para progredir, você terá de praticar centenas de vezes o comando solta e dedicar muito tempo para adquirir o hábito de manter a guia frouxa. Esse projeto é demorado; não espere milagres da noite para o dia. Como com qualquer outra coisa na vida, você só recebe aquilo que você dá. Se praticar diligentemente e estabelecer metas sensatas, mais dia menos dia terá como recompensa um companheiro de passeio bem mais agradável.

A tranca está aberta

O condicionamento clássico pode ser um método extremamente eficaz para você obter resultados mais rápidos e confiáveis em seu programa de treinamento. A técnica "a tranca está aberta, a tranca está fechada" utiliza princípios do condicionamento clássico para transformar o sentimento do cachorro em relação a outros cães na guia. O condicionamento clássico lida com associações (consulte o Capítulo 13). A presença de outros cães significa que a grade está aberta e coisas boas acontecem, como afeição, atenção e petiscos, independentemente do comportamento do cachorro. Ele pode avançar ou latir histericamente, mas você continua a jogar petiscos como se estivesse festejando o aniversário dele. Quando o outro cachorro desaparecer de vista, os petiscos e sua atenção também evaporam; na verdade, o treinador trata-o com total frieza e indiferença.

ATENÇÃO!

Ao usar o condicionamento clássico para mudar o comportamento de seu cachorro, é aconselhável ter cuidado com respeito à distância que você mantém do outro cachorro, para evitar que ele avance em você. Lembre-se de manter seu cachorro na guia e ficar a uma distância segura para que ele tenha oportunidade de se sair bem.

No condicionamento clássico, tenta-se mudar o sentimento do cachorro na presença de outros cães associando essa situação a coisas boas. A desvantagem dessa técnica é que o animal precisa de tempo para fazer a associação entre o que é bom e a presença ofensiva de outro cachorro. A eficácia dessa técnica provém da prática constante. Só assim você pode engordar cada vez mais a "conta" de seu cachorro por gostar de ver outros cães. Mais

CAPÍTULO 16: CÃES QUE AVANÇAM E SÃO AGRESSIVOS NA GUIA

dia menos dia, ele passará a gostar da presença de outros cães porque isso significa que ele terá acesso a todas as coisas que adora.

Veja como isso pode funcionar na vida cotidiana:

1. Escolha o lugar no qual os outros cachorros provavelmente passarão. Deixe por ali todos as suas melhores recompensas. Pode ser queijo, fígado, cachorro-quente, bola de tênis, brinquedos de puxar (cabo de guerra) e brinquedos estridentes.
2. Quando o outro cão estiver ao alcance dos olhos, independentemente do comportamento de seu cachorro, a "trava estará aberta". Quique, jogue ou role a bola, e encha seu cachorro de petiscos, brinquedos e atenção. Assim que o outro desaparecer de vista, a trava se fechará. As coisas boas desaparecem, você pisa na guia e ignora-o completamente por pelo menos dois minutos.
3. Quando outro cão estiver para passar, você novamente abre a tranca; quando sumir de vista, feche a tranca.
4. Depois de repetir esse exercício vezes e vezes, seu cachorro aprenderá uma nova reação a outros cães. Aprenderá que na presença de outros cães coisas boas acontecem e que quando eles somem a diversão acaba.

A conduta de avançar e ser agressivo na guia pode ser considerada um problema comportamental razoavelmente sério. Para transformá-lo, a prática constante é mais do que essencial. Esses comportamentos não desaparecerão com algumas poucas sessões de treinamento. Além disso, o bom comportamento na guia precisa ser mantido constantemente. Os cães regridem a hábitos antigos quando não são reforçados sistematicamente por seus comportamentos corretos. Esse problema comportamental deve ser tratado com persistência, para que o cachorro adote o novo comportamento como um hábito.

Lembre-se de que temos dificuldade de nos livrarmos dos maus hábitos porque eles nos satisfazem. (Imagine, por exemplo, comer mal e fumar.) Se o objetivo é substituir o comportamento antigo por um novo, deve haver alguma programação para isso e tempo para praticar. Tenha em mente que, como no caso de qualquer hábito antigo, seu cachorro regredirá e cometerá equívocos. Se você se programar para isso, permanecerá nos trilhos e poderá retomar seu caminho facilmente. Com tempo, paciência, amor e treinamento, você pode transformar seu cachorro em uma companhia mais agradável.

CAPÍTULO 17

Cães que costumam fugir

Os cachorros que não atendem ao comando "vem" aprenderam que escapar é um comportamento recompensável. Quando uma pessoa chama o cachorro, normalmente ela age de uma das seguintes formas: põe a guia nele e vai embora para a casa, prende-o e vai trabalhar ou coloca-o no carro e vai embora. Visto que em geral nessas situações não há nenhuma vantagem que recompense sua volta, ele então escolhe fugir para se autorrecompensar. Se ele escapar e encontrar algo para comer, um lugar para ficar e coisas ou pessoas para brincar, os benefícios da fuga serão imensos.

Utilize a guia para controlar seu cão

O mais importante a ser lembrado é que, toda vez que o cachorro zarpar e encontrar coisas divertidas para fazer, isso funcionará como um depósito em sua conta para não voltar. Se o cachorro não for adestrado, não o deixe sem guia em lugares inseguros, em que seja difícil pegá-lo. O cachorro que ainda não se comporta confiavelmente com o comando vem representa um perigo para si mesmo. Ele não consegue discernir bem as coisas e pode correr para a rua, perder-se ou comer o que não presta. Se você de fato ama seu cachorro, use a guia em áreas livres para não lhe dar nenhuma oportunidade de fugir.

FATO
Quando você usa a guia para ensinar seu cachorro a responder ao comando "vem", está restringindo suas opções. Quanto menos opções ele tiver, maior a probabilidade de acertar e escolher voltar, em vez de fugir para se satisfazer.

Se você mantiver seu cachorro na guia, ele terá mais possibilidades de acertar e essas opções serão reforçadas, tornando-o cada vez mais propenso a voltar sempre que você chamá-lo. No momento em que não estiver mais precisando usar a guia, será fácil desfazer-se dela e manter o mesmo nível comportamental. Como em vez de puxá-lo à força você usou a guia para restringir suas opções e ensiná-lo a voltar, ele ficou mais propenso a preferir você às distrações.

Os filhotes de nove a doze semanas normalmente se sentem extremamente inseguros para se afastarem muito de você, se deixá-los sem guia. Se seu filhote se sentir muito seguro e der um sumiço, brinque de esconde-esconde com ele. Esconda-se atrás de uma árvore e chame-o pelo nome. Aumente bem o tom de sua voz para chamá-lo. A maioria dos filhotes não consegue resistir a essa brincadeira e começa a procurá-lo, dando-lhe oportunidade para recompensá-lo por esse comportamento.

A recompensa precisa estar à altura do esforço

Para que seu cachorro prefira voltar a perseguir alguma distração, você precisa usar a melhor recompensa possível. Lembre-se que, para ele, é

uma emoção perseguir gatos, crianças ou outro cachorro, latir para eles e
fareja-los. Tenha sempre os melhores petiscos e brinquedos por perto para
recompensá-lo, caso ele prefira você à distração. Você deve marcar o comportamento de voltar com um clique, petisco ou brincadeira ou lhe dando
oportunidade de interagir com a distração (mas somente depois que ele voltar). Quando você utiliza as recompensas dessa forma, não são consideradas
suborno; você simplesmente está pedindo que ele volte até você antes de
obter o que deseja. Para os cães que aprendem a se comportar dessa maneira,
o desejo de fugir praticamente some. Portanto, usar as recompensas dessa
forma significa controlar o acesso do cachorro ao que ele deseja e pagar exatamente o que deve a ele por se apresentar a você.

> **PRINCÍPIO BÁSICO**
>
> O melhor modo de usar uma recompensa não comestível é interagir com o cachorro apenas alguns segundos após o clique, no caso de um jogo ou brincadeira, ou usar uma recompensa real ao final da sessão como forma de reforçar ao cachorro que voltar é sempre a melhor coisa do mundo.

Dicas de recompensa

Se você variar o tipo de recompensa e torná-la estimulante, o desempenho do cachorro melhorará e suas sessões de treinamento ficarão mais divertidas. Veja a seguir algumas coisas das quais você deve se lembrar quando estiver procurando tipos diferentes de recompensa para utilizar em seu programa de treinamento:

- As **recompensas comestíveis** podem ser queijo, fígado, frango, bifinhos desidratados, torteline, cachorro-quente, rosbife e bife.
- As **recompensas em brinquedo** podem ser bichos de pelúcia, bolas, brinquedos de puxar e *frisbees*.
- **Recompensas em brincadeira** como *fetch*, cabo de guerra e *frisbee* podem ajudar os cães extremamente ativos a se concentrarem em você e a redirecionarem a energia que de outra forma seria usada para perseguir uma distração.

- As **recompensas verdadeiras** incluem a oportunidade de perseguir uma distração (uma bola, um gato ou uma folha), de cumprimentar uma pessoa ou outro cachorro, de brincar com um grupo de cachorros sem guia, de nadar em algum lago, de correr em algum campo ou de rolar sobre alguma coisa para disfarçar o próprio cheiro.

A importância da liderança

Noventa por cento do comportamento do cachorro com relação a voltar quando chamado está relacionado a quem está no comando. Os cachorros cujos donos são firmes e decididos quase sempre atendem ao comando "vem" porque nesse caso é o dono que controla todas as coisas boas e porque vale a pena confiar na decisão dele. Ser líder de forma alguma significa ser intimidador ou forçar o cachorro a fazer alguma coisa; na verdade, os verdadeiros líderes nunca precisam forçar nada. Liderança significa estabelecer limites e ter regras com relação ao que é e não é permitido. Por isso, é essencial ter algumas diretrizes se quiser que seu cachorro se comporte da forma pretendida.

FATO

Quando você pede a seu cachorro para fazer algo para ganhar privilégios, isso significa que quem está no comando é você. Se ele os obtiver de graça, não precisará de você e não confiará em suas decisões. Para controlar o comportamento dele, o segredo é controlar tudo o que ele deseja.

Em poucas palavras, o líder que tem firmeza controla os recursos que o cachorro deseja — por exemplo, ração, passeios, atenção e afeto e espaço (inclusive o lugar em que ele dorme). Em suma, ter liderança implica estar em primeiro lugar, ser mais vigoroso e estar no comando. Suas ideias e decisões é que prevalecem, não as do cachorro.

Ser líder significa controlar aquilo que o cachorro deseja. Não significa, em nenhuma hipótese, nem superioridade nem ameaça de sua parte. Veja a seguir algumas orientações que você deve recapitular:

- **Na vida, nada é de graça.** Seu cachorro deve fazer algo para obter algo em troca.
- **Ele deve responder rapidamente aos comandos.** Estipule em quantos segundos seu cachorro deverá responder a um comando; se no primeiro comando ele não responder nesse espaço de tempo, não deve receber nada que você pretende lhe dar naquele momento.
- **Não permita que ele suba na cama.** Nenhum cachorro, muito menos aqueles que têm algum problema comportamental (especialmente para atender ao comando "vem"), deve ter permissão para dormir no lugar mais privilegiado da casa: sua cama.
- **Ao passar pela porta ou subir e descer escadas, primeiro os donos, depois o cachorro.** Ensine seu cachorro a esperar e a deixar você passar primeiro.
- **Não permita que ele suba no sofá.** Seu cachorro deve se deitar no chão ou então na gaiola ou no lugar em que costuma dormir.
- **Os líderes controlam o lugar e devem ter livre tráfego na casa.** Não pule nem contorne seu cachorro; se ele estiver na frente, faça-o sair.
- **Os líderes é que tomam a iniciativa de dar atenção e de brincar.** Você deve ignorar cachorros muito insistentes e controladores que o persigam com brinquedos ou o cutuquem, pelo menos até o momento em que eles desistirem. Em outra hora, você pode chamá-los, quando a intenção de brincar for sua.

ATENÇÃO! Se você for rigoroso logo no princípio, posteriormente poderá abrandar suas regras e dar privilégios a seu cachorro, mas sem perder terreno. Para que seu cachorro fique satisfeito e tranquilo, ter regras é essencial. Tal como as crianças, os cães se sentem bem com o fato de alguém estar no comando. Dessa forma, eles podem ser simplesmente o que são.

Como líder, você pode controlar o que seu cachorro deseja restringindo suas opções e o que ele pode ter. Se você estiver enfrentando algum problema comportamental, a regra é ser rigoroso quanto aos privilégios e ter normas. Quando ele começar a se comportar de modo aceitável, no decorrer de alguns meses, você pode abrandar essas normas aqui e ali sem perder o status de líder. Imagine isso mais ou menos como permitir que uma criança fique acordada até mais tarde no verão. Ficar acordada até mais tarde no verão é algo especial para uma criança; no inverno, ela sabe que terá de ir para cama no horário normal.

Alicerçando o comando vem

O alicerce para o comando "vem" é a parte mais importante do exercício. O cachorro precisa se desviar da distração e olhar para você (e igualmente voltar no momento certo). O comando "vem" na verdade funciona como o comando "solta", porque ele tem de desviar o olhar do que ele deseja e voltar a você. Quanto mais confiavelmente ele estiver desviando o olhar do que ele quer, maior a probabilidade de fazê-lo voltar a você, independentemente do momento e do lugar.

Se você ensinar um princípio sólido de autocontrole (consulte o Capítulo 9), será mais fácil treinar o comando vem e o comportamento de seu cachorro será confiável em qualquer lugar a que você o levar. Embora você já tenha lhe ensinado esse comando (consulte o Capítulo 5), reserve um tempo para recapitular os passos novamente:

1. Mantenha seu cachorro preso à guia e não o deixe ir aonde ele quer; quando ele desviar a atenção do que deseja e olhar para você, clique e recompense-o.
2. Se ele demorar mais de um minuto para olhar para você, é provável que você esteja muito próximo da distração. Afaste-se.
3. Quando ele já está conseguindo olhar para você prontamente, faça o seguinte: no momento em que ele virar para olhar para você, vire-se, corra e deixe-o alcançá-lo mais à frente. Clique quando ele estiver indo até você e coloque a recompensa perto de seus pés.
4. Experimente colocar a recompensa entre os pés. Assim, quando ele for apanhá-la, você consegue agarrá-lo mais facilmente.
5. Experimente controlar seu cachorro pela coleira sem a guia. Clique e recompense-o por permitir que você o controle dessa forma.
6. Marque o comportamento "vem" quando você conseguir agarrá-lo pela coleira.

7. Pratique em vários locais para mudar de ambiente e variar as distrações.
8. Use uma guia maior, de 4 a 6 metros, e repita todos os passos desde o início.
9. Deixe a guia arrastar até seu cachorro demonstrar que compreendeu o comando.
10. Varie o tipo e o tamanho da recompensa para que ele sempre tente adivinhar o que vai ganhar.

PERGUNTA?

Como posso fazer com que meu cachorro responda mais rápido ao comando vem?
Se você usar uma recompensa que seu cachorro adora, a difícil missão de fazê-lo vir quando chamado ficará mais divertida e mais recompensadora para ele. Experimente usar diferentes petiscos, brinquedos, brincadeiras e oportunidades e observe o desempenho dele.

Mude hábitos antigos

É difícil eliminar hábitos antigos. E o cachorro que foge sistematicamente para se divertir está praticando exatamente o comportamento oposto ao que você está tentando lhe ensinar. Se ele já tiver fugido muitas vezes e na maioria delas tiver conseguido se dar bem ao se recompensar dessa forma, você terá de treiná-lo muito para evitar que escape. E quando ele obedecer ao comando vem, terá de recompensá-lo com petiscos realmente inesquecíveis.

PRINCÍPIO BÁSICO

Não perca a oportunidade de recompensar seu cachorro por bons comportamentos. Mesmo quando você não o estiver treinando, recompense-o por qualquer tentativa de se apresentar a você. Isso, por si só, às vezes é suficiente para fazê-lo adquirir o hábito de vir até você.

Alguns cães recusam-se a vir porque nada de bom acontece quando eles obedecem. Por exemplo, seu cachorro está no quintal. Um pouco antes de você sair para trabalhar, você o chama para entrar, coloca-o na gaiola e o deixa lá por oito longas horas. No local em que você costuma levá-lo para passear, ele está brincando com outros cachorros e você o chama, coloca-o no carro e vai embora. Experimente mudar esse padrão chamando-o várias vezes antes de você de fato ir embora, e como recompensa permita que ele volte a brincar. Mudar o seu próprio padrão de comportamento (por exemplo, chamar seu cachorro e novamente o prender à guia) pode ser mais difícil do que você imagina.

Contudo, se você tiver um plano de ação — o que você deseja e o que recompensará — facilitará muito o treinamento. Preestabeleça a forma como você vai reagir. Como recompensa, seu cachorro ficará muito mais propenso a voltar a você do que a fugir e a se autorrecompensar.

Não puna seu cachorro por voltar

A punição não faz mais que interromper o comportamento indesejável; ela não ensina nada ao cachorro. No momento em que você o pune por fugir, ele na verdade já voltou. Para ele, você o está punindo por voltar a você. Desse modo, é improvável que responda entusiasmadamente ao seu comando em outra oportunidade.

Do mesmo modo, a punição remota — por exemplo, coleira eletrônica — não é um método que deva ser usado por pessoas comuns. Mesmo quando usados por profissionais, esses dispositivos podem ensinar o cachorro a ficar desconfiado. É mais seguro e mais sensato lhe ensinar o que você espera dele e evitar qualquer tipo de punição. E no final das contas, como quase sempre a punição é aplicada muito tempo depois do ato, ela não consegue ser instrutiva e já terá perdido o seu exato propósito. Além disso, se não for aplicada no momento certo, não terá nenhum efeito positivo sobre o comportamento do cachorro. Use seu tempo e energia sabiamente. Ensine seu cachorro o que você espera dele, em vez de punir seus erros.

CAPÍTULO 17: CÃES QUE COSTUMAM FUGIR

F
FATO

> A melhor maneira de tornar o comando "vem" ou "aqui" confiável é ensinar ao cachorro que as consequências de voltar quando chamado são boas. Uma consequência boa pode ser alguns minutos de atenção e afeto, um petisco realmente gostoso ou uma brincadeira bacana ou então a oportunidade de voltar a fazer o que estava fazendo quando você o chamou.

Mais vale prevenir do que remediar

Além de treiná-lo apropriadamente, você pode tornar o comando "vem" mais seguro se exercitar bem e supervisionar bem seu cachorro.

A importância do exercício

Quanto mais exercícios seu cachorro fizer, maior a probabilidade de voltar a você quando chamado. O cachorro que não tem oportunidade para correr e explorar é menos propenso a responder ao comando vem e voltar ao dono. Lembre-se de que seu cachorro precisa brincar e correr pelo menos de trinta minutos a uma hora todos os dias. O ideal é que ele se exercite e lute com outros cães; se não for possível promover essa interação, é imprescindível que ele brinque de buscar a bolinha, nade ou faça outra atividade para extravasar a energia.

Se existe uma maneira simples de facilitar a solução de um problema comportamental, a resposta é exercício. Praticamente todos os adestradores profissionais lhe dirão que um cachorro cansado é um bom cachorro! Ficar preso no quintal não entra nessa lista. Os cães não costumam gostar de ficar só. Sem companhia, em geral latem, uivam, roem e escapam pela cerca do quintal. O segredo para ocupar a mente e o corpo do cachorro e atender às suas necessidades de exercício é permitir que ele interaja com outras coisas de forma significativa.

Brinque de esconde-esconde com toda a família. Experimente fazê-lo procurar cada um de vocês. No quintal, na praia ou em algum lugar descampado, faça-o ir e voltar (se você achar que ele vai fugir, use uma guia cumprida para que ele a arraste). Mande-o buscar alguma coisa, use bolhas de sabão para brincar de perseguição e caça ou leve-o para nadar. Independentemente da atividade que você escolher, saia de casa, movimente-se e curta seu cachorro e a natureza.

> **PRINCÍPIO BÁSICO**
>
> Pense no seguinte: quanto mais tempo você se exercitar com seu cachorro, melhor você se sentirá também! A relação entre a família e o animal de estimação se beneficia igualmente e em todos os níveis desse tempo que vocês compartilham juntos. Se você se organizar para se exercitar com seu cachorro, ambos ficarão mais felizes e saudáveis.

A importância da supervisão

Se você não estiver por perto, não conseguirá corrigir um problema. Isso parece óbvio, mas em geral é esquecido pelos donos quando eles estão tentando corrigir um comportamento que há muito vem sendo reforçado na direção errada. Se seu cachorro foge com regularidade, provavelmente você terá pela frente o grande desafio de encontrar algo que de fato o motive a voltar a você. Por exemplo, se ele escapa pela porta da frente e fica perambulando pela vizinhança, comendo o que não presta, cavando buracos e perseguindo algum bicho, é provável que para ele isso seja extremamente reforçador. Se essa conduta ocorrer um número de vezes suficiente, se tornará um hábito difícil de eliminar.

Lembre-se de que as consequências direcionam o comportamento e que, se quisermos que o cachorro venha quando chamado, precisamos não apenas reforçá-lo centenas de vezes a fazê-lo, mas também procurar evitar que ele se autorrecompense pelo comportamento errado. Para ter sucesso, o segredo é prevenir. Nesse caso, quanto menos oportunidade ele tiver de perambular pela vizinhança, mais propenso ficará a querer voltar quando chamado. Supervisione seu cachorro e use guia, portões, cercados ou cercas para impedi-lo de se reforçar por comportamentos indesejáveis. Dedique-se a treiná-lo e a reforçá-lo por coisas que você quer. Assim, ele ficará sempre perto de você e voltará quando chamado.

> **PRINCÍPIO BÁSICO**
>
> A diferença entre um cão treinado que volta quando chamado e um cão não adestrado que não volta é a forma como ele percebe quem controla o que ele deseja. Os cães se comportam de uma forma que os beneficia. Portanto, o segredo para ter um cachorro sempre disposto a voltar quando chamado é fazer esse comportamento valer a pena para ele, independentemente da distração.

CAPÍTULO 17: CÃES QUE COSTUMAM FUGIR

Restringindo a liberdade de forma segura

Você pode restringir a liberdade de seu cachorro de várias formas, mas é fundamental ficar atento aos detalhes para que ele não escape. Lembre-se de que nenhum cachorro deve ser deixado sozinho no quintal ou no jardim, a menos que a cerca de sua casa seja absolutamente segura e impossível de transpor. Você pode usar os serviços de uma empresa especializada para desenhar um cercado que atenda às suas necessidades, mas é bom lembrar que os cães que ficam presos fora de casa tendem a desenvolver o hábito de latir.

Um cercado feito em casa

Se você mesmo for construir um cercado, precisará observar vários fatores no momento de idealizá-lo e construí-lo. De preferência, você deve enterrar a tela de arame cerca de 8 a 10 centímetros do chão e cobri-la com pedregulho; se seu cachorro decidir cavar, não conseguirá passar daí. Observe-o atentamente para ter certeza de que não comerá o pedregulho. Examine várias opções antes de escolher o tipo de superfície que usará no cercado. Placa de cimento é uma ótima opção se houver bastante sombra, mas não é a superfície mais confortável para deitar em temperaturas muito quentes ou frias. Uma solução bastante eficaz são os pisos de concreto (ou pisos intertravados) com pedras moídas em volta. Quanto ao tamanho da pedra, ele deve ser adequado ao tamanho de seu cachorro.

Dependendo do tamanho do cercado, você pode colocar uma casinha ou abrigo de um lado, usar piso de concreto em metade do espaço e usar pedras normais na área restante. Essa disposição facilita a higienização do cercado, diminui ao máximo o cheiro e é atraente. É essencial que o portão do cercado possa ser trancado para evitar que alguém roube seu cachorro. Não é recomendável deixá-lo sem supervisão, mas se você precisar sair e ficar fora por um longo período, o cercado pelo menos possibilitará que ele alivie a monotonia em um lugar apropriado.

> **PRINCÍPIO BÁSICO**
>
> Sua primeira responsabilidade é ensinar seu cachorro que olhar para você é a melhor maneira de ter acesso às coisas que ele deseja. Se ele aprender esse princípio básico, as chances de assimilar adequadamente o comando vem são bem maiores.

Cercas invisíveis

A cerca invisível ou virtual — um fio enterrado nas divisas de sua propriedade — é uma barreira elétrica que desestimula o cachorro de sair do quintal. Para que ele se mantenha nos limites do quintal, a coleira o corrige com um choque se ele tentar atravessar a barreira virtual. O maior problema dessas cercas é que elas não previnem a entrada de pessoas ou animais em sua propriedade. Por isso, nunca o deixe sozinho em quintais ou jardins cercados dessa forma. Há algumas controvérsias com relação às cercas invisíveis, ao tipo de corretivo que elas aplicam ao cachorro e se esse corretivo seria ou não desumano. Independentemente das opiniões, o mais importante é fazer o que você acredita ser melhor para o seu cachorro.

A cerca invisível permite que você restrinja o acesso dele a determinadas áreas, como piscinas, entradas de garagem ou jardins ornamentais. Para usar esse tipo de cerca humanamente, seu cachorro deve ser ensinado a respeitar a barreira. Contrate um adestrador profissional para ajudá-lo a ensinar seu cachorro até onde ele pode ir e como deve evitar o choque.

Embora este livro promova métodos de adestramento positivos, se você não tem recursos para cercar seu quintal adequadamente, usar uma cerca invisível é bem melhor do que não fazer nada. Se não usar medidas preventivas, o risco de seu cachorro se perder ou ser morto é maior. Lembre-se de que alguns cães não se sentem incomodados com o choque e passam pela cerca virtual. Para cachorros desse tipo, é melhor usar barreiras físicas, como alambrados ou madeira consistente.

Porta de entrada segura

Impedir que o cachorro fuja pela porta da frente é fundamental para a segurança dele. Para impedir que ele fuja pela porta da frente, procure uma solução que não o deixe ter acesso à porta pela qual ele tende a escapar. Se você usar porta de tela, aperte-a bem para que se feche mais rapidamente ou coloque uma grade de bebê no portal para evitar uma possível fuga. Ensine seus filhos a ficarem atentos ao lugar em que o cachorro está quando estiverem entrando e saindo. Coloque o cachorro em um cercado ou em um recinto fechado quando houver muitas crianças e adultos entrando e saindo. Festas ou confraternizações familiares são sabidamente as ocasiões mais propícias para os cachorros escaparem e serem atropelados. Nas circunstâncias em que você tiver menos controle do entra e sai em sua casa, preste especial atenção ao lugar em que o deixará; a prevenção é meio caminhado andado para a cura.

FATO: A prevenção deve se principiar no início da infância do filhote. Para começar a prevenir, experimente levá-lo logo nos primeiros nove a doze meses de vida a todo e qualquer lugar seguro em que puder deixá-lo sem guia. Nessa idade, os filhotes normalmente não têm muita segurança para fugir e ficam ao alcance e voltam até o dono com frequência. Recompense-o com cliques e petiscos toda vez que ele se apresentar a você.

Reserve algum tempo para ensinar seu cachorro a se comportar e a respeitar portas e portões, como sentar e ficar e não atravessar a porta (mesmo se ela estiver totalmente aberta) enquanto você não der o comando. Para isso, você precisará praticar várias situações com ele preso à guia e também de um ajudante para segurar a guia caso ele tente escapar. É recomendável praticar primeiramente com a porta fechada e aos poucos ensiná-lo a se manter no lugar (ficar) enquanto você abre e fecha porta. Você pode até aumentar a dificuldade. Saia pela porta, mas mantenha-o no "fica". O principal é você se lembrar de reforçá-lo por ficar e não atravessar a porta. Você deve praticar com frequência e oferecer muito reforço para o comportamento correto.

É provável que a tarefa de ensinar seu cachorro a obedecer de maneira confiável ao comando "vem" ou "aqui" tenha lhe parecido mais complicada do que imaginava. Não se trata apenas de um problema de treinamento, mas de relacionamento e gerenciamento. Para que seu cachorro perceba que vale a pena prestar atenção em você mesmo em um ambiente novo, é essencial lhe ensinar um princípio convincente para que volte quando chamado. Assim que você conseguir usar esse comando confiavelmente, sua missão será mudar as variáveis e fazê-lo realizar a tarefa básica de olhar para você em meio a todos os diferentes tipos de distração. Além do tempo que precisará investir para ensiná-lo a voltar de forma confiável, tome as providências necessárias para criar um ambiente seguro e demarcado no qual ele consiga se sentir bem.

CAPÍTULO 18

Cães habituados a pular nas pessoas

Um problema comportamental comum enfrentado pelos donos é o hábito de alguns cachorros de pular nas pessoas. Às vezes, quando o cachorro tem esse costume enraizado, o dono se vê obrigado a parar de receber visitas porque esse comportamento é extremamente recorrente. Saltar é um hábito natural dos cães que adoram conviver com pessoas, mas seu cachorro deve se comportar de maneira aceitável tanto em casa quanto em público.

Por que os cachorros pulam nas pessoas?

Os cães pulam nas pessoas para obter atenção. Como eles fazem aquilo que dá certo, esse problema pode se perpetuar a ponto de levá-los a pular constantemente. É fundamental entender de onde provém o hábito de pular e o que leva os cães a manifestar esse comportamento desagradável. Quando estão em bando, os cães se cumprimentam frente a frente. Depois de algumas lambidas e fungadas, decidem se são amigos ou adversários. A partir daí, das duas uma: ou brincam ou brigam. Quando ficam afastados do grupo por um período muito longo, cumprimentam-se lambendo ou farejando para restabelecer sua posição no grupo e descobrir onde os membros de sua família estiveram.

PERGUNTA?

O que devo fazer em relação às pessoas que pedem para o meu cachorro pular?
Ser coerente é uma parte muito importante do treinamento. Seja claro com respeito às suas regras e firme para defender o que é melhor para o seu cachorro. Enquanto estiver ensinando um comportamento alternativo para ele, é fundamental que ninguém — mesmo se com boas intenções — ponha o seu plano a perder.

Quando um cachorro pula em nós, está tentando alcançar nosso rosto para nos cumprimentar quase da mesma maneira que se comportam na matilha. Esse comportamento natural, que na verdade é um gesto de afeição e felicidade, sem dúvida pode assustar ou ofender pessoas estranhas — ou os donos —, e isso acaba fazendo com que o cachorro fique isolado justamente daquelas pessoas das quais gostaria tanto de ficar perto. Os cães que costumam ser expansivos nesse sentido precisam aprender a se comportar apropriadamente na presença de visitas. Desse modo, podem participar da vida familiar. Afinal de contas, pular produz o resultado que eles desejam: chamar a atenção das pessoas!

CAPÍTULO 18: CÃES HABITUADOS A PULAR NAS PESSOAS

Dando boas-vindas

Muitos donos não gostam que seu cachorro pule neles e dão especial importância ao objetivo de extinguir esse hábito. Na verdade, eles estão no caminho errado. É muito mais eficaz definir o que você prefere que seu cachorro faça em vez disso. É mais provável que você atinja sua meta se souber qual comportamento deseja, para que assim possa recompensar seu cachorro por manifestar o comportamento correto.

Se você der especial atenção ao que você quer que seu cachorro faça, percebendo e recompensando essa conduta desejada, conseguirá atingir a meta de ter um animal de estimação mais bem-comportado. Normalmente, as pessoas preferem que o cachorro se sente e fique nessa posição para cumprimentar as pessoas; essa é uma meta clara para ele atingir e pode ser usada para substituir o hábito de pular. Você deve ensinar seu cachorro a sentar/ficar e reforçar fartamente essa conduta quando ele se comportar dessa maneira na presença de outras pessoas.

ATENÇÃO! Seu cachorro não vai aprender a deixar de pular da noite para o dia. Por isso, tome algumas providências para lidar com esse problema até que ele assimile o comportamento correto. Para isso, talvez seja necessário deixá-lo em outra sala quando as visitas chegarem ou sempre que houver pessoas por perto pisar na guia para evitar que ele pule

Desenvolvendo um histórico

Se você recompensar seu cachorro repetidamente por um comportamento correto, fará com que esse comportamento seja uma opção mais provável quando ele tiver de cumprimentar pessoas estranhas. Os cães fazem o que produz resultados; se ele for recompensado por se sentar para cumprimentar novas pessoas, sentar será a primeira opção que ele experimentará. É por isso que é conveniente saber o que você deseja que seu cachorro faça. Se o senta/fica é o que você quer que ele faça, então deve reforçar esse comportamento com frequência e fartamente.

Para mudar um comportamento indesejável, é preciso reforçar de maneira expressiva o comportamento apropriado e impedir tanto quanto possível o comportamento incorreto. Por exemplo, ao receber uma visita, mantenha-o com a guia para pisar nela se necessário e, desse modo, evitar que ele pule. Clique e recompense-o toda vez que ele se sentar por iniciativa própria. Peça à visita para fingir que vai embora e tente novamente, mas desta vez dê um único comando para que ele se sente. Se ele obedecer, clique e recompense-o; se não, a visita vai embora. O cachorro aprende por tentativa e erro que, se quiser que a visita permaneça, deve se sentar; se não, a visita vai embora.

Esse exercício pressupõe que você já tenha ensinado seu cachorro a responder ao comando senta e que você o tenha praticado em vários ambientes diferentes e com distrações de diferentes tipos. Aplique a regra dos dez passos sucessivos para testar se seu cachorro de fato sabe se sentar em cada um desses ambientes. Para isso, peça para ele se sentar dez vezes seguidas sem clicar e sem o recompensar; elogie-o toda vez que ele acertar. Se ele não conseguir acertar as dez vezes, você precisa treiná-lo mais. Volte a treiná-lo e pratique esse comando com a distração que deu errado, até que ele consiga passar no teste.

> **PRINCÍPIO BÁSICO**
> Se seu cachorro tiver apenas uma vaga ideia do que significa sentar e ficar, é essencial recapitular esse exercício com ele em algum lugar tranquilo e com poucas distrações. Não é razoável esperar que um cachorro que mal consegue obedecer ao senta/fica em lugares totalmente tranquilos obedeça a esse comando quando diante da possibilidade de pular nas pessoas.

Aproveite todas as oportunidades para praticar

Nada melhor do que a repetição para agilizar o processo de aprendizagem. Quanto mais oportunidades o aprendiz tem de praticar o comportamento desejável e ser recompensado, maior a probabilidade de manifestar esse novo comportamento no dia a dia. Se programar sessões de treinamento curtas e interessantes — mudando sempre as variáveis e usando como recompensa diferentes petiscos gostosos, brinquedos e brincadeiras —, terá

CAPÍTULO 18: CÃES HABITUADOS A PULAR NAS PESSOAS

um cachorro que sabe o que fazer e o faz porque você o ensinou. Se preparar várias sessões de treinamento em que possa praticar diferentes tipos de cumprimento, seu cachorro saberá se comportar bem em qualquer lugar.

Há muitas coisas diferentes em jogo quando o cachorro está aprendendo a cumprimentar as pessoas sem pular. Mude essas variáveis gradativamente, para que ele ainda assim continue respondendo ao comando, mas varie as situações para desafiá-lo um pouco. Esse é o segredo de um treinamento bem-sucedido. A cada sessão, você chegará mais perto da meta de transformá-lo em um cachorro bem-comportado. Você pode usar as seguintes situações para ensinar seu cachorro a cumprimentar educadamente:

- Uma pessoa cumprimenta você e seu cachorro enquanto passeia pela rua.
- Uma visita está para chegar.
- Uma pessoa cumprimenta seu cachorro no *pet shop*, no veterinário ou no tosador.
- Uma pessoa com um cachorro cumprimenta você e seu cachorro.
- Uma pessoa está sentada em um lugar e você e seu cachorro se aproximam dela.
- Uma pessoa caminha em sua direção enquanto você está sentado com seu cachorro.
- Uma criança cumprimenta seu cachorro.
- Uma pessoa com algum alimento na mão cumprimenta seu cachorro.

Quanto mais associar as variáveis que você for treinar, mais confiável seu cachorro será e maior a probabilidade de se sentar/ficar em vez de pular. O segredo para que tudo flua em harmonia é mudar apenas uma variável por vez. Não hesite em retroceder e recapitular o "senta/fica" em lugares em que ele nunca tenha estado ou em lugares em que ele tenha o hábito de pular e um histórico de comportamentos detestáveis. Comece em lugares em que não consiga obter a atenção dele facilmente e, aos poucos, mude para lugares que costumam distraí-lo muito.

FATO

Ao tentar se livrar de um comportamento indesejável, você precisa preparar sistematicamente seu cachorro para que ele consiga ter êxito. Restrinja as opções dele; sempre que possível, dê-lhe oportunidade de acertar; e recompense-o quando acertar. Se você prepará-lo para se comportar corretamente, vai ajudá-lo a aprender o que você espera dele e o transformará em uma companhia que todos sentem prazer em ter por perto.

Descubra o que mais desvia a atenção de seu cachorro

Se você descobrir o que faz seu cachorro se descontrolar em diferentes ambientes, conseguirá dividir suas sessões de treinamento em passos menores e, com isso, permitirá que ele tenha êxito. É fundamental não tentar treiná-lo nos momentos em que ele estiver totalmente descontrolado, porque nessas horas não está predisposto a aprender nem a prestar atenção. Você conseguirá usar melhor seu tempo se agir devagar e adicionar uma distração por vez, até que ele consiga aprender a ignorar todas as distrações e a se concentrar em você.

Pare por um instante e tente se lembrar dos lugares em que você costuma encontrar pessoas enquanto passeia com ele e das circunstâncias em que ele costuma pular. Ele fica louco ao conhecer novas pessoas enquanto vocês passeiam? Essas pessoas estão passando por você na rua ou você está sentado em algum lugar e elas se aproximam de você? Que situação desvia mais a atenção de seu cachorro e que circunstâncias desencadeiam esse comportamento? Algumas das distrações mais irresistíveis para os cachorros são a chegada de uma visita, o momento em que as crianças chegam da escola, a visita de parentes e quando eles conhecem outras pessoas e cachorros na praça ou no parque em que costumam passear. Determinar as circunstâncias em que seu cachorro se descontrola é conveniente porque desse modo você conseguirá ter uma ideia por onde deve começar e como deverá trabalhar.

ATENÇÃO!

Como seu cachorro não começou a pular de um dia para outro, ele também não vai parar de pular de repente. Se você recrutar a família e os amigos para se passarem por visita, poderá preparar suas sessões de treinamento para que elas simulem situações reais e possibilitará que na presença de outras pessoas seu cachorro substitua o comportamento de pular pelo "senta/fica".

CAPÍTULO 18: CÃES HABITUADOS A PULAR NAS PESSOAS

Caso seu cachorro perca totalmente o controle quando alguma pessoa lhe faz uma visita, por exemplo, você pode subdividir essa distração em passos menores. Na primeira sessão, você poderia treiná-lo a se sentar e ficar em frente à porta fechada, mas sem nenhuma visita. Em seguida, poderia usar uma pessoa de sua família para simular uma visita, que deve a princípio ficar do lado de fora. Depois, ela poderia bater à porta ou tocar a campainha. No devido momento, você poderia praticar esse exercício com visitas reais. O segredo para ajudar seu cachorro a aprender uma nova resposta em um ambiente estimulante é dividir as distrações mais difíceis em sessões breves que possam introduzir um aspecto da distração por vez.

Se seu cachorro costuma pular mais quando está em ambientes abertos — por exemplo, quando fica superestimulado e começa a pular em você para pegar a bolinha —, use uma guia para conseguir controlar esse comportamento e recompense-o quando ele agir de maneira mais apropriada. Quando seu cachorro ficar agitado, dê um único comando para que ele se sente. Se ele obedecer, clique e lhe dê a bola; se não, diga "que pena" ou "mau garoto" e afaste-se por um minuto ou dois e tente novamente depois de alguns minutos. O clique marca o ato de sentar na primeira tentativa e sua recompensa é o arremesso da bola. Que melhor maneira haveria de ensiná-lo a ter autocontrole senão tornar o arremesso da bola uma precondição para que ele obedeça ao comando senta. Assim que ele entender o espírito da coisa, mesmo se for um cachorro extremamente ativo, ficará apaixonado por essa brincadeira. Brincadeiras e jogos são uma excelente solução para enriquecer sua relação com seu cachorro e ao mesmo tempo aperfeiçoar os comandos básicos de obediência e melhorar problemas mais genéricos de comando.

Ensinando seu cão a permanecer no senta/fica

A duração ou permanência de um comportamento é o tempo pelo qual o cachorro deve manter o comportamento para ser reforçado. Para evitar que ele pule, ele deve se sentar e ficar nessa posição por um período prolongado. É recomendável estender aos poucos esse período, até que ele mantenha essa posição por um ou dois minutos sem tentar pular. No devido tempo, ele também deverá manter o "senta/fica" mesmo na presença de pessoas ou de outros cães que possam distraí-lo.

Embora você já tenha aprendido no Capítulo 5 a modelar o "senta/fica", procure recapitular esse comportamento nas seguintes circunstâncias:

1. Use um petisco para incentivá-lo a erguer o focinho e em seguida afaste ligeiramente a mão.
2. Quando ele tocar o quadril no chão, clique e recompense-o.
3. Repita até que ele se sente prontamente ao ver sua mão acima da cabeça dele.
4. Pratique sem usar o petisco na mão. Quando ele tocar o quadril no chão, clique e dê-lhe um petisco.
5. Coloque os petiscos longe de você e repita. Quando ele tocar o quadril no chão, clique e acompanhe-o para que ele pegue o petisco.
6. Comece a utilizar distrações ao treiná-lo em algum lugar diferente e recomece desde o princípio se preciso for.
7. Mude as variáveis para simular situações do dia a dia: pessoas na praça ou no parque, na rua, no *pet shop* e em casa.
8. Melhore a duração/permanência em um ambiente sem distrações e dobre essa quantidade de tempo se achar necessário. Para aumentar esse tempo, basta contar alguns segundos a mais entre os cliques e as recompensas, até que ele consiga esperar comodamente vinte a quarenta segundos para receber o clique e recompensa.

Se você conseguir melhorar a duração do "senta/fica", isso vai ajudá-lo quando estiver em público e houver várias distrações. Ao treiná-lo, você trabalha com trinta segundos, mas no dia a dia seu cachorro provavelmente ficará quinze segundos, mas isso já é um bom começo. Mesmo assim, em quinze segundos você terá tempo para reagir suficientemente rápido e evitar que ele pule na visita.

Criando um cachorro maníaco por sentar

Não é difícil deixar um cachorro viciado em um comportamento que funciona, mas esse processo leva tempo e exige atenção. Pular é um comportamento natural que se desencaminha porque o comportamento errado é inadequadamente reforçado. Não há nenhuma dificuldade em ensinar um cachorro a se sentar em vez de pular; basta praticar em ambientes cada vez

CAPÍTULO 18: CÃES HABITUADOS A PULAR NAS PESSOAS

mais movimentados, até que isso passe a ser instintivo para ele. Lembre-se de que, assim como qualquer outro mau hábito, mudar um comportamento indesejável leva tempo e exige paciência. Após muitas repetições e oportunidades para praticar o comportamento correto, você perceberá que seu cachorro se sentará para chamar atencão, em vez de saltar nas pessoas. Se ele souber cumprimentar educadamente as visitas, ficará mais fácil levá-lo a qualquer lugar que desejar e envolvê-lo ativamente em sua vida.

F

FATO

Não reforçar um comportamento indesejável contém em si uma mensagem extremamente eficaz. Os cães esperam que as pessoas nas quais eles pulem correspondam de alguma maneira. Se seu cachorro costuma pular, instrua as pessoas de sua família a virar as costas e se afastar e a não fazer nenhum contato com ele.

Sentar pra ganhar papá

Uma excelente atividade para fazer os filhotes ficarem interessados é usar a brincadeira "sentar pra ganhar papá". Envolva outros cachorros nessa brincadeira. Tire a guia de seu cachorro e dê uma volta pelo recinto cumprimentando os outros filhotes. Aproxime o seu cachorro de um dos outros filhotes e diga ao dono para dar um único comando para o cachorro dele se sentar. Se ele obedecer na primeira tentativa, clique e recompense-o e passe a interagir com outro filhote. Se esse não se sentar na primeira tentativa, simplesmente se afaste e ignore-o, passando para o filhote seguinte. Às vezes, quando os filhotes são muito ativos, leva algum tempo para entenderem o espírito da coisa, mas não demora muito para vários deles se sentarem elegantemente no meio do recinto enquanto os demais ficam correndo sem rumo em volta deles. Um ou dois mais calminhos podem até ficar ali sentados impassivelmente e não se moverem por nada nesse mundo. Eles sabem exatamente o que precisam para chamar a atenção das pessoas.

Use essa brincadeira em casa. Convide pessoas de sua família ou um monte de amigos para praticar esse exercício. Peça a todos para perambular pelo recinto, munidos do *clicker* e de petiscos, e vá a cada uma das pessoas, dê um único comando para ele se sentar e clique e recompense-o por responder na primeira tentativa. Em pouco tempo, ele se encaminhará a cada uma delas e encostará o bumbum o mais rápido possível no chão para ganhar logo uma guloseima.

Mudando as variáveis

Ao ensinar um cachorro a substituir o hábito de pular nas pessoas para cumprimentá-las pelo hábito de se sentar, lembre-se de que cada variável deve ser considerada e treinada para que esse comportamento seja assimilado confiavelmente. Variável é qualquer circunstância em que esperamos que o cachorro se comporte de uma determinada forma. Veja alguns exemplos de variável para que ele substitua o hábito de pular pelo hábito de se sentar:

- As pessoas ficam sentadas em frente ao cachorro já dentro de casa.
- As pessoas ficam em pé em frente ao cachorro em algum lugar fora de casa.
- As pessoas ficam sentadas em um recinto dentro de casa.
- As pessoas ficam sentadas em algum lugar fora de casa.
- A pessoa que recebe o cumprimento também está com o cachorro dela.
- A pessoa que recebe o cumprimento está com uma caixa ou outro objeto na mão.
- A pessoa que recebe o cumprimento está com uma criança ou um bebê no colo.
- A pessoa que recebe o cumprimento está com um prato de comida na mão.
- A pessoa caminha em direção ao cachorro e o cumprimenta.
- A pessoa cumprimenta o cachorro em um ambiente em que há inúmeros estímulos.

Os detalhes ao redor de cada situação devem ser trabalhados de modo que o cachorro possa aprender a se sair bem em todas as diferentes circunstâncias. O cachorro passa a se comportar de forma confiável quando compreende que — independentemente da circunstância e da pessoa que ele estiver cumprimentando — o único comportamento que compensa é sentar. Lembre-se de que as consequências direcionam o comportamento. Se sentar for uma conduta digna de recompensa, passará a ser um hábito com toda e qualquer pessoa que ele conhecer ou com a qual se encontrar.

CAPÍTULO 19

Cães que cavam

Seu quintal está parecendo um sítio de escavação arqueológica? Alguns cães cavam imensas crateras semelhantes a uma piscina de água suja, enquanto outros arqueólogos caninos preferem covas menores e mais propícias a quebrar o tornozelo de alguém. Independentemente da forma como o cachorro cava, para a maioria deles essa atividade é prazerosa e autorrecompensadora. Uma vez que se acostumam, pode ser difícil desacostumá-los.

Por que os cães cavam?

As raças de *terrier* em geral foram criadas para desenterrar bichos, camundongos, ratos e toupeiras. Para eles, cavar é instintivo. Entretanto, geralmente os cães cavam por uma série de motivos, como tédio, frustração, falta de exercícios e uma necessidade real de evitar o calor em dias quentes. Se você examinar alguns dos motivos que os levam a cavar, talvez consiga encontrar a raiz do problema de seu cachorro.

FATO — Os exercícios mentais e físicos são uma ótima maneira de evitar que seu cachorro cave, nos casos em que esse comportamento é indesejável. Qualquer coisa que você acrescentar ao cotidiano de seu cachorro diminuirá sua propensão a cavar para liberar o excesso de energia. Lembre-se de levá-lo para se exercitar e de lhe dar atividades e brinquedos para se ocupar.

Tédio ou traço da raça?

Cavar é um comportamento natural entre os cães e a maioria das raças com certeza cava se tiver oportunidade para tanto. Cavar é um excelente calmante e uma ótima maneira de encontrar um lugar fresco nos dias quentes. Para muitas raças, isso simplesmente faz parte de sua constituição genética. Vários dos *terriers*, criados para caçar bichos, cavam para procurar ratos silvestres ou outros animais e deixam o quintal mais parecido com um campo minado. O *huskie*, o pastor alemão, o *golden retriever*, o *beagle* e outras raças cavam por simples diversão. Se você conseguir identificar o motivo que leva seu cachorro a cavar, poderá vislumbrar uma solução e redirecioná-lo para um passatempo menos prejudicial. O cachorro que está se sentindo entediado pode se distrair com mais exercícios e algo para roer. Àquele que tem o desejo inato de cavar, você pode dar uma caixa de areia ou outro tipo de cova para satisfazer essa necessidade. Os cães que cavam por outros motivos talvez precisem de supervisão constante para redirecionar o comportamento inapropriado para outro lugar ou deixar de cavar. Se o motivo que leva seu cachorro a cavar for o tédio, você pode comprar vários tipos apropriados de brinquedo. Porém, lembre-se de que, além de não ser saudável, deixar o cachorro por muito tempo sozinho desencadeia problemas comportamentais, independentemente da quantidade de estímulo e de brinquedos que você lhe dê. Não há nada melhor do que obter sua total atenção!

Cães entediados são cães destrutivos. Quando um cachorro não tem nada para fazer, late, uiva, rói, destrói e cava. O ato de cavar é excelente para extravasar o estresse. Além disso, qualquer tesouro que ele consiga desenterrar valerá esse esforço. Se você acredita que o motivo que leva seu cachorro a cavar é o tédio, faça agora mesmo alguma coisa para melhorar o ambiente em que ele costuma ficar. Providencie brinquedos seguros e interessantes e faça rodízios regularmente. Leve seu cachorro para correr em alguma mata e brincar com outros cães em algum parque, campo ou praça ou lhe ensine algum truque. Leve o cachorro de algum amigo para passar a tarde e brincar de luta com o seu. Os exercícios mentais também podem proporcionar aos cães algo mais recompensador do que cavar. Experimente os exercícios a seguir:

- Recheie alguns brinquedos (Kong) com ração e pasta de amendoim sem açúcar para que seu cachorro tente tirá-los de dentro. Experimente colocar o brinquedo na geladeira para resfriar. Assim, num dia quente, o desafio fica mais refrescante.
- Compre brinquedos interessantes para ele e faça rodízios semanais, para que ele tenha sempre algo novo para brincar.
- Esconda alguns petiscos em todos os cantos do quintal para ele achar.
- Coloque a ração em um *dispenser*, para que ele possa batalhar para ganhar sua refeição.
- Coloque pasta de amendoim ou requeijão nas cavidades de um osso com tutano não cozido. Ele se divertirá muito ao tentar lamber o que está dentro.
- Construa uma pequena pista de *agility* — túneis, rampas e saltos — e ensine-o a transpor com ou sem sua ajuda.

Lembre-se de que os cães precisam de uma variedade de brincadeiras, treinamento e exercícios para se sentirem felizes, saudáveis e contentes enquanto animais domésticos. Quando um comportamento é exagerado, como cavar ou latir, normalmente isso indica que o cachorro está precisando de alguma coisa mais. Na maioria dos casos, ele está entediado e frustrado porque não se exercita o suficiente ou porque não passa algum tempo sozinho com o dono.

> **FATO**
> Brincar com outros cães é um excelente meio de extravasar o estresse e uma parte essencial da vida diária de um cachorro medianamente ativo. Convide algum cachorro amigo regularmente para ajudá-lo a extenuar a energia do seu cão, ou pense na possibilidade de inscrevê-lo em uma creche canina.

Frustração

Se seu cachorro ficar sozinho em um quintal murado ou em um cercado, talvez comece a cavar por frustração. Ele consegue ouvir e ver pessoas passando, mas não consegue ir até o lugar em que isso está ocorrendo. O cão que se sente frustrado por ficar preso por muito tempo com frequência tentará cavar para encontrar liberdade. Não o deixe sozinho por um período muito longo e coloque estímulos no lugar em que ele costuma ficar. Para isso, esconda brinquedos recheados com ração e petiscos ou ossos e objetos para roer no lugar em que ele fica preso. Se ele cavar quando você estiver presente, brinque com ele e tente distrair sua atenção para outra coisa.

Se ele tentar cavar fora do quintal, é recomendável enterrar uma tela metálica ao longo da cerca para impedir que ele cave além de uma determinada profundidade. Normalmente, eles desistem e encontram outras ocupações quando se deparam com algum obstáculo que os impede de cavar mais fundo. A melhor maneira de atenuar a frustração de seu cachorro é passar mais tempo com ele e dar mais coisas para ele se entreter.

Exercícios

Se existe alguma coisa que pode ajudá-lo a economizar tempo a longo prazo é exercitar seu cachorro regularmente. Quanto mais oportunidades ele tiver de correr, caçar, nadar, brincar de luta e fazer folia, menos energia terá para cavar buracos. Se seu cachorro for ativo — os cavadores em geral são muito ativos —, ele necessita pelo menos de uma a três horas de exercício por dia. O fato é que ele precisará se exercitar, seja correndo em alguma mata, brincando solto com outros cães ou participando de um programa em alguma creche canina. Lembre-se de fazer o possível para atender às necessidades básicas dele antes de reclamar que ele não para de cavar.

CAPÍTULO 19: CÃES QUE CAVAM

ATENÇÃO! Se seu cachorro for um cavador nato, é fundamental examinar periodicamente em todo o perímetro da cerca se existe algum buraco pelo qual ele possa escapar. Para bloquear as covas ao longo da cerca, enterre telas de arame no buraco e cubra com pedra moída ou então use uma camada de pedras e terra.

O segredo é a prevenção

A melhor maneira de fazer seu cachorro parar de cavar é, antes de tudo, prevenir. Os cavadores são extremamente reforçados por esse comportamento. É uma diversão e tanto cavar um imenso buraco no chão e estatelar para inalar algum cheiro gostoso. Se você não o redirecionar apropriadamente e supervisioná-lo, será difícil extinguir o hábito de cavar.

Primeiros passos

Se logo no início da infância do filhote você o impedir de cavar, não o deixando sozinho no quintal, com certeza lhe ensinará a ter outros hábitos para se entreter ao longo de seu crescimento. Se estiver presente quando ele tentar cavar pela primeira vez e conseguir redirecioná-lo eficazmente, impedirá que ele enraíze esse mau hábito e manterá seu quintal intacto. Você pode usar como distração brinquedos e brincadeiras ou lhe mostrar onde ele pode cavar. Essa informação é essencial para ajudá-lo a aprender as regras que se aplicam ao quintal. Se você não estiver presente, não terá oportunidade de ensiná-lo!

As sombras são fundamentais

Se não prestar atenção à necessidade de bem-estar de seu cachorro nos dias quentes, isso pode ser um fator influente no hábito de cavar. Nos dias quentes, o instinto do cachorro o leva a procurar lugares frescos e secos para descansar. Quando não há um lugar adequado e com sombra, ele costuma cavar um buraco para se deitar. Essa é a forma natural encontrada por ele para se refrescar em um dia quente. Se você for deixar seu cachorro fora de casa em um dia quente, verifique se há sombra suficiente, alguma proteção e água ou então o deixe dentro de casa com o ar-condicionado ou o ventilador ligado. Cada cachorro tem uma sensibilidade diferente ao calor e ao frio. Observe se ele apresenta algum sinal de que esteja sentindo muito calor ou muito frio quando fica fora de casa. Veja a seguir algumas ideias para mantê-lo fresco nos dias quentes:

- Instale um guarda-sol ou uma piscina inflável para criança no quintal.
- Coloque alguns cubos de gelo na vasilha de água.
- Congele alguns biscoitos caninos com água e coloque-os na piscina inflável.
- Utilize uma lona impermeável especial que reflita a luz do sol e fixe-a ao redor do cercado externo de seu cachorro.

Em prol do conforto — e da saúde — dele, você deve dar muita água e providenciar sombra para ele nos dias quentes. Lembre-se de que mesmo os cães ativos não podem exagerar e ultrapassar seus limites ao brincar e se exercitar. Para evitar insolação, tente levar seu cachorro para se exercitar logo no início da manhã ou depois do pôr do sol.

Área livre para cavar

Os cães geneticamente propensos a cavar precisam de outras válvulas de escape para suas escapadelas entusiásticas. A única solução permanente é substituir o comportamento inapropriado por um mais adequado. Se cavar se tornar um hábito natural para esses cachorros, por que não providenciar um lugar seguro e lícito e oferecer uma cova específica para eles cavarem? A cova pode ter qualquer tamanho, mas é aconselhável usar covas de 10 cm × 10 cm para raças pequenas e 20 cm × 20 cm para raças maiores. Construa uma caixa de madeira e encha-a de areia. Na verdade, é recomendável escavar e colocar uma camada de pedras para melhorar o escoamento. Desse modo, se o tempo estiver muito ruim, não formará lodo. Preencha o restante da cova com o tipo de areia usado em caixas de areia para crianças. Use um ancinho de metal para distribuir a areia.

CAPÍTULO 19: CÃES QUE CAVAM

PRINCÍPIO BÁSICO É recomendável adquirir um ancinho de metal para esconder qualquer "tesouro" que estiver à vista na cova e manter a areia fofa e convidativa. É também recomendável adicionar periodicamente areia fresca. Desse modo, você terá vários lugares para esconder novas guloseimas.

Agora vem a parte divertida! Enterre brinquedos, ossos, couro cru, biscoitos caninos, bolas e outras surpresas para seu cachorro procurar. Deixe alguns dos tesouros mais à vista e outros mais escondidos. Quanto mais cavador ele for, mais difícil essa caça ao tesouro deve ser. Periodicamente (uma vez por semana), você deve esconder novos tesouros e passar o ancinho para remover algum biscoito, osso ou outro petisco antigo. Se você for criativo com relação ao que vai enterrar, seu "espertinho" saberá exatamente onde cavar para achar seu grande tesouro. Veja a seguir algumas dicas de tesouro:

- Biscoitos caninos secos.
- Brinquedos recheados com pasta de amendoim e petiscos.
- Ossos com tutano (compre os que são vendidos no açougue; é mais seguro usá-los sem cozinhar).
- Palitos de couro cru, ossos e *chips* para cães.
- Orelhas de porco lambuzadas de requeijão e colocadas em saco de papel.
- Uma pequena caixa de papelão (por exemplo, dessas que são usadas para guardar bijuterias e joias) cheia de petiscos.
- Uma caixa de papelão (por exemplo, caixas de sorvete vazias) com petiscos ou com um brinquedo para roer.
- Um brinquedo favorito, como uma bola ou um bicho de pelúcia, dentro de um saco de papel.

Independentemente do tesouro, lembre-se de que ele tem de ser algo que seu cachorro possa usar seguramente se estiver sozinho. Pratique enquanto estiver perto dele, para ter certeza de não comerá nada que não deva (como o papel que você usou para camuflar a bola de tênis). Se ele rasgar, despedaçar ou triturar um pouco alguma coisa, não há problema; ele só não deve comer toda a caixa de sorvete vazia.

> **PERGUNTA?**
>
> **Como preencho os buracos existentes?**
> Há muitas teorias acerca do que deve ser feito com respeito aos buracos que seu cachorro já cavou. Algumas pessoas deixam os buracos como estão e o cachorro só cava nos buracos que ele já fez. Outras pessoas colocam pedras bem grandes nos buracos existentes antes de cobri-los. Verifique o que funciona melhor para o seu cachorro.

Duas soluções costumam funcionar para algumas pessoas: enterrar um pouco das fezes do cachorro em todos os buracos ou enterrar uma tela de arame em torno de três a oito centímetros de profundidade. No primeiro caso, o cachorro desenterra algo que ele imagina que ele mesmo enterrou antes. No segundo, quando ele atinge o arame, não consegue cavar mais fundo e desiste.

Independentemente da solução que você experimentar para impedir que seu cão metido a arqueólogo transforme seu quintal no Grand Canyon, a única maneira de realmente transformar um cavador é não lhe dar oportunidade de cavar em lugares inapropriados. Vigie-o de perto, não o deixe sozinho no quintal e pense na possibilidade de reservar uma área para que ele possa cavar à vontade. O cachorro que sente muito prazer em cavar adorará a oportunidade de escavar em um lugar permitido. Você deve ter percebido que aqui não há nenhuma sugestão de punição. Quando o cachorro cava exageradamente, isso é sintoma de um problema maior. Cavar é a forma que ele encontrou de liberar sua energia reprimida, o tédio e a frustração. Para aliviar o tédio dele, inscreva-o em algum curso de obediência bacana ou faça um curso para lhe ensinar alguns truques ou o *agility*. Além disso, lembre-se de lhe dar regularmente brinquedos estimulantes que ele não veja todos os dias. Se você for criativo no sentido de lhe proporcionar várias atividades estimulantes, terá como recompensa um animal mais calmo e contente no convívio com a família e muito menos buracos no quintal.

CAPÍTULO 20

Habilidades sociais dos cães

Os cães são animais sociais e logo no início da vida já começam a aprender a interagir e a se conciliar uns com os outros por meio de brincadeiras. A melhor maneira de aprenderem a se dar bem entre si é brincar com vários outros cães no momento mais sugestionável de suas vidas — as primeiras oito a dezoito semanas de idade.

Socialização versus adestramento

É possível ensinar os princípios básicos dos comandos senta, fica e vem em qualquer idade, mas o momento ideal para socializar um cachorro com outros cães, pessoas e novas experiências é entre as primeiras oito e dezoito semanas. Assim que o filhote atinge a décima oitava semana, fica menos aberto a novas experiências e começa a tender mais para o familiar do que a explorar o novo. É óbvio que você deve continuar a lhe oferecer experiências sociais acima dessa idade. Porém, se não começar antes dessa idade, condenará seu cachorro a uma vida de reações de medo e suspeita em relação a outros cães, a novas experiências e a pessoas.

O que é socialização?

Para socializar um cachorro, você precisa investir tempo e energia. Esse processo deve abranger experiências com outros cães, interação com pessoas de todos os tipos e tamanhos e contato com ambientes totalmente novos. Não é suficiente apenas frequentar lugares públicos; você precisa de um planejamento cuidadoso para que seu cachorro tenha experiências positivas e que o beneficiem por toda a vida. Se lhe possibilitar diversas experiências de vida, conseguirá lhe ensinar desde a infância a conviver com sons, visões, odores, novas pessoas e uma variedade de raças caninas puras e misturadas. Se você se esforçar para socializar seu cachorro, ele terá maior aptidão para aprender a se comportar na presença de pessoas e de outros cães e maior oportunidade para se tornar um cachorro afável e bem-comportado quando adulto. Se tiver uma experiência social sólida e de boa qualidade, será beneficiado por toda a vida.

> **PRINCÍPIO BÁSICO**
> Embora seja fundamental começar o processo de socialização por volta do primeiro mês de vida do filhote, é também essencial dar continuidade a esse processo para que o cachorro fique aberto a novas experiências. Se ele se deparar sempre com coisas, lugares e pessoas novas, se manterá bem socializado.

O período de socialização dos cães é decisivo. Nesse espaço, eles devem conhecer pelo menos uma centena de pessoas e uma centena de outros cães e filhotes. Ele se inicia por volta da segunda semana de vida, quando os filhotes abrem pela primeira vez os olhos, e começa a se fechar em torno da décima oitava semana. Isso não significa que a socialização termina aí. Ela deve continuar além dessa idade. Porém, significa que o filhote está mais sugestionável nessa idade e pode aceitar novas experiências mais facilmente do que um cão mais velho. Quanto mais positivas as experiências que seu filhote tiver nesse período com pessoas e outros cães, mais propenso ficará a aceitar e a se dar bem com pessoas e cachorros pelo resto da vida. Você pode desencadear ou amortecer o potencial do cachorro, mas precisa oferecer o tipo correto de socialização no momento certo.

ATENÇÃO! Nem todos os cachorros se socializam da mesma forma. Existem tantos tipos de personalidade canina quanto existem de personalidade humana: uns são expansíveis, outros tímidos, alguns são dominadores e arrogantes, outros são ruidosos, alguns adoram contato físico e assim por diante. O estilo de brincar de um filhote com frequência determina o tipo de filhote com o qual ele deve brincar para aprender a melhor maneira de se conciliar com outros cães.

Não deixe para amanhã!

Não espere seu cachorro tomar todas as vacinas para começar a socializá-lo, mas escolha com cuidado os cães que ele vai conhecer e com os quais vai brincar. Não é aconselhável levar um filhote entre oito e doze meses de idade a praças e parques e deixá-lo conhecer outros cães mais velhos ou comer as fezes de outros cães. Inscreva-o em algum curso de boa qualidade para filhotes antes dos dezesseis meses de idade e lembre-se de examinar se todos os filhotes que frequentam o curso já começaram a tomar as vacinas necessárias.

A maioria dos filhotes toma suas últimas doses de vacina com dezesseis semanas de idade. Contudo, se você esperar seu filhote chegar a essa idade para socializá-lo com outros cães, é bem provável que ele fique tímido e defensivo e não tão expansivo e ousado quanto provavelmente era quando mais novo. Isso é indício de que o período de socialização está acabando e de que você precisa aumentar e intensificar a experiência dele com outros cães. Em resumo, se você esperar para começar a socializar seu cachorro apenas quando ele estiver totalmente vacinado, terá de se esforçar mais para fazê-lo gostar da companhia de outros cães. O número de cães que morrem anualmente em decorrência de problemas comportamentais oriundos da falta de socialização é maior do que o de cães que têm contato com as doenças contra as quais são vacinados. Portanto, saia de casa e lembre-se de possibilitar que todos os filhotes que você venha a ter conheçam outros cães e pessoas, para evitar que ele se torne outra vítima.

FATO

Ter uma experiência social diversificada é como ter uma apólice de vida contra experiências ruins que possam alterar o comportamento futuro do cachorro. Visto que eles terão várias experiências para explorar, serão capazes de voltar atrás e curtir a experiência de estar entre outros cães.

Socialize seu cachorro com outros cães

A socialização de um cachorro com outros cães provavelmente é o fator mais negligenciado de sua experiência social. Quanto mais cães e filhotes um cachorro jovem conhecer, melhor ele se conciliará com qualquer outro cachorro, independentemente do lugar. Se você não desenvolver as habilidades com as quais ele conseguirá se harmonizar com outros cães, isso pode muito bem ser considerado uma forma de negligência e tratamento inadequado. Quando o cachorro é suficientemente socializado com outros cães, no período decisivo de socialização, aprende a desenvolver boas relações com outros cães. Se não tiver o tipo correto de experiência social, terá problemas comportamentais. Normalmente, quando os donos procuram um adestrador particular porque seu cachorro é agressivo, isso significa que ele não foi socializado adequadamente e nunca teve oportunidade de aprender essas habilidades sociais tão valiosas.

Observe bem como seu cachorro brinca

Se seu filhote for desordeiro ou valentão, você deve deixá-lo brincar violentamente ou bruscamente por um longo período. Quando permitimos que um cachorro ativo brinque com outros cães com variados tipos de personalidade — filhotes tímidos, adolescentes extrovertidos e cachorros adultos (que não toleram as excentricidades do filhote) —, essa é a nossa melhor chance de ensinar um filhote impetuoso e ruidoso a ajustar seu estilo de brincar ao estilo de qualquer outro cão. Se você deixar um filhote valentão brincar apenas com outros filhotes valentões, isso será o mesmo que procurar confusão. Quando crescer, esse filhote ficará ofensivo na presença de outros cães e não será muito querido. Os cães adultos nefastos não são bem aceitos por outros cães adultos porque não são educados. Pulam, brincam de modo brusco e mordiscam com violência. Por isso, em geral são corrigidos com ímpeto por outros cães. Normalmente o adulto encrenqueiro é atacado em bando por todos os outros cães para que aprenda uma lição. O filhote brigão necessita de muita experiência social. Pense na possibilidade de matricular seu cachorro em uma creche canina para que ele possa conhecer outros tipos de cachorro e aprender com eles as regras para se dar bem com o grupo.

> **PRINCÍPIO BÁSICO**
>
> Para que o desenvolvimento social de seu cachorro se mantenha saudável, observe os companheiros com os quais ele brinca e se ele costuma brincar muito violentamente por um tempo muito longo. Até certo ponto, brincar agressivamente é aceitável, mas se for em excesso ensinará a seu filhote que ficar descontrolado é a maneira certa de brincar. Varie a experiência dele. Para isso, vá a lugares novos para que ele conheça vários cães diferentes.

Os filhotes brincalhões são o meio-termo; podem brincar com certa agressividade com um cão brigão ou podem ficar mais dóceis para brincar com os mais tímidos. Eles são metade apaziguadores, metade festeiros. Esses filhotes podem conviver com qualquer tipo de cachorro e têm oportunidade de ter uma excelente experiência. Esses animadores de torcida convidarão qualquer cachorro para brincar e serão os mais desembaraçados do grupo. Os donos desse tipo de filhote precisam ter cuidado para evitar que cães mais empolgados acabem sufocando exageradamente seu filhote. Não hesite em fazer algumas pausas e deixar seu cachorro se acalmar um pouco e depois voltar a brincar.

Diferentemente dos filhotes arruaceiros e ativos, os tímidos costumam ficar murchos em um grupo de filhotes encrenqueiros e, em vez de se tornarem brincalhões, aprendem a ter medo e a ficar na defensiva. Esses cães devem passar bastante tempo com filhotes que sejam brincalhões e convidativos, mas não tão impetuosos. Os filhotes brincalhões convidam os tímidos a interagir fazendo reverência, latindo (mas não em excesso) e beijando. E não desistirão enquanto não os vencerem pelo cansaço. O filhote tímido necessita três vezes mais de experiência social do que um cachorro normal, mas essa experiência precisa ser cuidadosamente calculada para não o sufocar. Se seu filhote for tímido, matricule-o em algum curso de boa qualidade para filhotes e pense com carinho na possibilidade de escolher uma creche canina. Examine se a equipe da creche sabe como socializar cachorros tímidos e se fazem pausas para soneca várias vezes ao dia em cercados ou em salas separadas.

Socialização com pessoas

A parte mais fácil da socialização de um filhote é visitar lugares públicos munido de *clicker* e recompensas para que todas as novas experiências sejam divertidas e recompensadoras. Leve sempre vários petiscos gostosos e um brinquedo para controlar a mordiscação. Visite parques, *pet shops*, tosadores ou os vizinhos. Leve-o a novos lugares tanto quanto possível; deixe-o ouvir, ver e experimentar o mundo. Só tenha cuidado com a forma de apresentá-lo a essas novas experiências. Se ele se sentir amedrontado ou inseguro, vá devagar. Experimente retroceder um pouco, usando suas melhores recompensas e voz alegre para estimulá-lo a explorar.

ATENÇÃO! Nunca force um filhote indisposto a explorar alguma coisa da qual ele tenha muito medo; se ele tiver uma experiência ruim, isso pode fazê-lo retroceder várias semanas. O processo para desenvolver a confiança é vagaroso. Será mais benéfico se você provar a seu filhote que o mundo é um lugar seguro e interessante.

Quando um filhote tem medo de pessoas novas e de coisas estranhas, a melhor maneira de ajudá-lo a ganhar segurança é lhe dar tempo para se animar e recompensar sua coragem. Os cachorros não conseguem aprender nada quando estão com medo — portanto, não os force. Se você respeitar o bem-estar e as limitações de seu cachorro ao treiná-lo, engordará a conta dele para desenvolver sua segurança. Essa experiência deve ser divertida, alto-astral e diversificada. Assim, quando adulto, ele será um cachorro confiante.

CAPÍTULO 20: HABILIDADES SOCIAIS DOS CÃES

Comece cedo

Quanto mais cedo essa interação puder ocorrer, mais facilmente seu filhote aprenderá a lidar com novas experiências. Se tiver alguns truques na manga, terá mais alternativas para ajudá-lo a ter boas experiências, independentemente das circunstâncias.

1. Ensine seu filhote a tocar sua mão (consulte o Capítulo 4) e use esse truque para apresentá-lo a novas pessoas e coisas.
2. Respeite as limitações e o conforto de seu filhote ao treiná-lo. A meta é caminhar sempre para a frente, mas devagar.
3. Visite pelo menos dois lugares novos semanalmente.
4. Continue ajudando seu cachorro a ter boas experiências, sem medir esforços para tanto.
5. Saia de casa. Esperar pode ser prejudicial.
6. Continue a socializá-lo após a décima oitava semana de idade, mas se possível comece antes que ele atinja quatro semanas.
7. Peça a ajuda de sua família e de amigos.
8. Divida as novas experiências que possam deixá-lo acanhado em metas menores e factíveis.
9. Evite se precipitar; se você o deixar exausto, não hesite em parar e tentar novamente.

Alguns cães precisam de mais experiências sociais do que outros

Dependendo da raça e da personalidade de seu cachorro, ele pode precisar de mais experiências sociais do que a média. As raças usadas para trabalho e pastoreio são sabidamente mais desconfiadas em relação a novas pessoas e experiências. Se você parar para pensar em que esses cachorros trabalham, isso fará muito sentido. Os cães de trabalho e pastoreio são criados para perceber e reagir ao que é estranho, e é isso que os torna tão bons para pastorar e vigiar. Não é de admirar que precisem do dobro de socialização do que um cachorro normal. A socialização os condiciona a não reagir de forma exagerada quando se deparam com algo desconhecido. Quanto mais experiências boas eles tiverem, mais capazes serão de aceitar novas pessoas e coisas como parte de seu mundo.

Que tal uma creche canina?

Para oferecer aos cães atividades recreativas contínuas, hoje pipocam creches caninas por todos os lugares. Os cães ativos adoram lutar e brincar com outros cachorros e recebem muita atenção da equipe de funcionários. Frequentar a creche algumas vezes por semana ou todos os dias pode fazer grande diferença com relação aos momentos que você compartilha com seu cachorro em casa e nos fins de semana. Como as pessoas que trabalham fora costumam voltar para casa extremamente cansadas, não têm energia para exercitar um cachorro ativo durante no mínimo duas horas. Entretanto, usando a creche, o dono poderia passar essas duas horas curtindo a vida com seu cachorro de outra forma.

A creche é uma excelente oportunidade para os cães ativos extravasarem sua energia, para os cães tímidos vivenciarem novas experiências e para os cães agitados conhecerem todos os tipos de cachorro. Ela pode ajudar cachorros de todos os tipos a aprender a dosar seu estilo de brincar para se harmonizarem mais com seus companheiros de brincadeira. Veja a seguir algumas dicas para identificar a creche canina correta:

- Os cachorros devem ter sua própria tigela de água para evitar a disseminação de vírus.
- Os cães devem ficar em grupos separados de acordo com a idade, a personalidade e o estilo de brincar. E cada grupo deve ter entre dez a quinze cães no máximo.
- Ao longo do dia deve haver períodos de descanso prolongados em gaiolas e em esteiras separadas ou então corridas. Assim, os cães ativos aprendem a ter autocontrole e os tímidos ou brincalhões podem descansar dos outros cachorros.
- É necessário ter um funcionário para cada dez cachorros.
- Os funcionários da creche devem ser adultos devidamente treinados para lidar com cães com comportamento normal (e anormal) e devem saber separar com segurança uma briga de cães.
- A creche precisa usar alguma solução desinfetante e antiviral eficaz para limpar xixi e cocô acidentais.
- Todos os cães devem estar devidamente vacinados ou imunizados ou esterilizados ou castrados.

- Todos os cachorros devem estar em boas condições de saúde e não apresentar sintomas de vômito, diarreia, secreção nos olhos ou tosse.
- Os cachorros agressivos com pessoas ou outros cães não devem ser aceitos na creche em prol da segurança de todos.
- Vá pessoalmente conhecer a equipe de funcionários e examine como a creche funciona, para ter certeza de que as instalações internas e externas são limpas e seguras.

Os melhores candidatos a uma creche são os filhotes e os cães adultos ainda jovens. Se não tiver tempo para levar seu cachorro para passear em vários lugares diferentes, a creche pode ser uma ótima opção.

As maioria das creches costuma entrevistar o dono e o cachorro, momento oportuno para você conhecer as instalações e fazer perguntas. Faça uma lista de fatores e procure verificar se você se sente tranquilo com o estilo da creche antes de deixar seu cachorro. Antes de tomar uma decisão, indague em vários lugares e converse com outros donos de cachorro.

PERGUNTA?

O que é titulação de vacina?
A titulação de vacina é um exame de sangue realizado em um cachorro vacinado para testar seu nível de imunidade a uma determinada doença. Em geral, se a titulação for positiva, isso significa que o cachorro tem imunidade contra essa doença específica. Se a titulação não for positiva, consulte seu veterinário antes de revaciná-lo.

Maus-tratos ou falta de socialização?

Muitos donos de cães adotados ou resgatados supõem erroneamente que seu cachorro — por ser tímido ou agressivo na presença de pessoas estranhas ou de outros cães — tenha sofrido maus-tratos. Esses cachorros tendem a se curvar e tremer ou a agir agressivamente. Entretanto, a verdade em geral é que o cachorro, por não ter sido socializado com pessoas, cachorros e novas experiências, reage agressiva ou timidamente quando sente medo ou falta de segurança.

Agressão e medo em cães não socializados

A falta de socialização logo no início da vida do cachorro normalmente é o que provoca problemas de medo e agressividade na vida adulta. Se o cachorro não experimenta o mundo enquanto jovem e não associa suas experiências com coisas boas, pode ter problemas mais tarde. Às vezes, são problemas muito complicados e não é possível saná-los completamente. É difícil controlar o cachorro que não gosta de crianças, é agressivo com outros cães e tem medo de carro. Todos esses problemas podem ser evitados se o filhote conviver suficientemente com o mundo externo. Se estiver educando um filhote, lembre-se de levá-lo para conhecer e brincar com pelo menos centenas de outros cachorros e filhotes e centenas de pessoas — em especial homens e crianças — e visite no mínimo cem lugares diferentes antes que ele complete cinco meses de vida. Essa é a maneira mais previsível de evitar agressões e medos e a solução para ter o cachorro mais estável possível. Se você adotou seu cachorro em um abrigo ou o resgatou em algum lugar, não é possível voltar no tempo, mas você pode fazer várias coisas, para que todas as novas experiências dele sejam boas, e começar a partir daí. Se ele tiver sido resgatado e estiver maltratado, seu compromisso é capacitar-se a ajudá-lo a superar seus medos e a agressão e aprender a se comportar educadamente na sociedade.

Como ajudar um cachorro não socializado

A melhor forma de ajudar um cachorro que se comporta dessa maneira é treiná-lo a desenvolver a autoconfiança na presença de novos cães, pessoas e experiências. Lamentar o fato de o cachorro ser tímido ou agressivo ou tentar afagá-lo e confortá-lo não soluciona o problema. Na verdade, pode piorá-lo. A socialização corretiva (socializar após a idade ideal de oito a dezoito semanas) é demorada e envolta de comportamentos regressivos e frustração, mas em última análise vale a pena o esforço. Veja a seguir algumas dicas de socialização para cães tímidos e agressivos:

1. Ensine seu cachorro a tocar sua mão e a estendê-la para pessoas e objetos.
2. Desenvolva a segurança dele aos poucos e pelo tempo que for necessário, levando em conta que pode haver regressão.

3. Aumente a distância afastando-se da pessoa ou do objeto, até que o cachorro se sinta à vontade.
4. Se estiver treinando seu cachorro com pessoas estranhas, elas devem ser o mais neutras possível e ficar de lado e não olhar diretamente nos olhos dele. Além disso, o cachorro é que deve tomar a iniciativa de procurá-las.
5. Use os melhores petiscos que tiver. Afinal, você quer associar novas experiências com coisas que ele de fato gosta.

Se seu cachorro não tiver sido socializado, seja paciente com ele e prepare-se para contratempos. No devido momento, ele ficará mais seguro.

CAPÍTULO 21

Dinâmica familiar: problemas e soluções

Adotar um cachorro ou constituir família quando já temos um cachorro crescido é um momento único e desafiador na vida familiar. Independentemente de ser ou não tranquilo, esse processo depende em grande medida das ferramentas que temos à mão e da frequência com que as utilizamos. Cada família tem suas peculiaridades. O importante é que toda situação pode ter um final feliz se a família tiver as ferramentas corretas para isso.

Quando um bebê chega à família

O segredo para um princípio feliz é ir devagar. O filhote que você está adotando ou o bebê que está chegando e que conhecerá um cachorro que já faz parte da família, ficará com você por um bom tempo. Não é necessário que se tornem melhores amigos logo de cara. Na verdade, quanto menos você forçar uma situação de harmonia, menor a probabilidade de isso o iludir e frustrar. A harmonia provém de um processo de conhecimento lento, organizado e articulado em que todos precisam de espaço e tempo para se conhecer mutuamente.

Irmãos e irmãs precisam estar preparados para a chegada de um novo membro à família. Com os cachorros, isso não é diferente. Antes de sair do hospital e levar para casa seu novo bebê, leve um cobertor com o cheiro do bebê para alertar o cachorro de que um novo membro da família em breve chegará. Ao reconhecer o cheiro dos donos misturado ao cheiro do bebê, o cachorro costuma se ajustar a esse novo membro da "matilha" com menor ansiedade e estresse.

Até que ponto o cachorro foi treinado e socializado e a quantidade de exercício que ele faz depois que o bebê chega contribuem para a adaptação da família a essa nova realidade. Veja a seguir algumas dicas para ajudar seu cachorro a aceitar seu novo bebê como membro da "matilha":

- Nos primeiros meses, o cachorro deve se exercitar assiduamente. Contrate uma pessoa para passear ou brincar com ele ou o matricule em uma creche canina de boa qualidade.
- Preste atenção aos horários. Se não tiver, use uma programação flexível antes de o bebê chegar.
- Treine-o a cumprimentar as pessoas sem pular (ensine o "senta/fica" como comportamento substituto) antes de ter o bebê, para que ele conviva com o novo hóspede.
- Ensine seu cachorro a gostar de ficar sozinho no cercado ou em uma sala separada para que você tenha opções nos momentos estressantes.
- Nunca deixe seu cachorro sozinho com o bebê, mesmo se o bebê estiver bem seguro no carrinho ou em outro protetor. Acidentes acontecem. Os cães são curiosos, e como os bebês fazem alguns barulhos que os cachorros costumam achar estranhos e com frequência assustadores, sentem-se compelidos a dar uma investigada.

CAPÍTULO 21: DINÂMICA FAMILIAR: PROBLEMAS E SOLUÇÕES

- Ensine seu cachorro a acompanhar o carrinho de bebê. Desse modo, ele pode acompanhá-lo em seus passeios pela vizinhança.
- Prepare o quarto do bebê e arrume todos os utensílios antes de o bebê chegar. Isso ajudará o cachorro a se adaptar a esses novos objetos antes da chegada do bebê.
- Mantenha alguns petiscos gostosos em um contêiner perto do lugar em que trocará e dará comida ao bebê. Antes de começar a trocar ou alimentar o bebê, dê um petisco ao cachorro. Ele começará a associar o fato de você dar total atenção ao bebê a alguma coisa boa.
- Use gaiolas, grades e cercados. Para lidar com o estresse, muitos cães, mesmo os mais velhos, costumam roer tudo o que há na casa.

Se estiver preocupado com a possibilidade de seu cachorro apresentar algum problema de adaptação, é recomendável consultar um adestrador profissional.

A chegada de um cachorro ou filhote a uma família ainda jovem

Não há nada mais emocionante do que agregar à família um novo "peludinho". Para muitos pais, é um sonho ver os filhos crescerem ao lado de um cachorro que eles possam amar e tomar conta. Se isso será bom ou ruim depende de um par de coisas. Pesquise antes de escolher a raça ou a mistura de raças. Verifique qual é a quantidade de exercícios que o cachorro precisa e qual a frequência de treinamento é ideal para mantê-lo calmo e relaxado no convívio com a família. Analise sua agenda e verifique se está preparado para outro bebê. Ensinar um cachorro adulto ou um filhote a se comportar bem em família é demorado. Treinar, socializar e levá-lo para se exercitar é o mesmo que ter um emprego em período integral, mas isso é fundamental, se de fato deseja ter um cachorro confiável que consiga conviver com as crianças sem incidentes. Os cães não nascem sabendo de que forma devem agir com as crianças. Eles precisam ser educados e treinados para se comportarem de um modo aprazível e seguro para todos os envolvidos. Para uma transição tranquila, o segredo é escolher o melhor criador, abrigo ou grupo de resgate. Veja algumas dicas para que sua experiência seja recompensadora:

- Inscreva já seu novo filhote ou seu cachorro adulto em uma escola de adestramento de boa qualidade.
- Programe-se para mantê-lo no adestramento durante o primeiro ano, para que sempre atenda ao comando vem, comporte-se bem na guia e não pule em todas as pessoas que vê pela frente.
- Programe atividades com toda a família para socializá-lo. Programe também vários locais para levá-lo — parques, lugares para caminhar, *pet shops*, espaços no centro da cidade, casa de amigos, parques para cachorro, praias e jogo de futebol — e leve-o junto quando for apanhar as crianças na escola.
- Atribua tarefas a todas as pessoas da família, a fim de dividir a carga de trabalho e para que todos curtam a alegria de ter um cachorro.
- Procure reservar algum tempo na programação da família — pelo menos durante seis meses — para educar o filhote ou ajudar o cachorro adulto a se adaptar. Diminua as atividades esportivas regulares das crianças e atribua-lhes algumas tarefas para treinar e socializar o cachorro nesse período.
- Programe-se e não permita que seu novo cachorro ou filhote comporte-se de forma inaceitável. Por exemplo, se ele pular e morder algum amigo de seus filhos enquanto eles estiverem brincando no quintal, deixe-o de castigo ou fique de olho nele até conseguir treiná-lo a se comportar na presença de crianças.
- Pense na possibilidade de usar um cercado para ajudar a educar seu filhote ou cachorro adolescente a fazer suas necessidades no lugar certo, até o momento em que ele aprender as regras da casa.
- Use o cercado programadamente para que seu filhote tenha horários predeterminados para descansar e brincar ao longo do dia.

Educando seu cachorro para conviver seguramente com crianças

A melhor maneira de educar seu novo cachorro ou filhote para que não ofereça nenhum risco às crianças é atender às suas necessidades básicas de socialização. Seria ideal que seu filhote conhecesse e brincasse com uma centena de pessoas e cães nos mais diferentes lugares. Quanto mais experiências boas ele tiver, maior aptidão terá para lidar com o estresse em circunstâncias novas, superestimulantes e emocionantes. Se você frequentar algum bom curso para filhotes ou um curso de adestramento para cães adultos, conhecerá ferramentas convenientes para ajudar seu cachorro a aprender que ser tocado é bom. Para que ele conviva bem com as crianças, é essencial lhe ensinar a tolerar algumas atitudes exageradas. Crianças que correm, saltam e pulam ao redor do cachorro, crianças que montam e sentam no cachorro, crianças que colam o rosto no rosto dele, crianças barulhentas que gritam e dão murros, cutucões e abraços apertados nele e crianças que o arrastam pela coleira — os cães não gostam de nada disso, mas isso faz parte de sua realidade diária quando convivem com crianças. Estar apto a tolerar isso tudo é fundamental. Se seu cachorro tiver algo bom para associar com o fato de ser tocado e com os ritmos da vida familiar, você colherá benefícios a longo prazo.

A alegria de ter um cachorro mais do que recompensa o trabalho necessário para criá-lo. Os cães dão trabalho, em especial no início, momento em que é primordial socializá-los apropriadamente. A vantagem de ter um cachorro que brinca com segurança com as crianças, que permite ser fantasiado no Dia das Bruxas, que frequenta chás da tarde e que vai acampar com a família e a acompanha nas férias compensa o esforço despendido no primeiro ano. Lembre-se de que o tempo que você investe no presente é um investimento para o futuro. Você colherá os benefícios proporcionados por esse novo e maravilhoso membro da família durante muitos anos!

Cães mais velhos

Dependendo das condições de seu cachorro, talvez sua casa seja mais um lugar dentre os vários em que ele esteve nos últimos tempos. A princípio, você é mais uma mudança de cenário na vida dele. Portanto, levará algum tempo para ele se acostumar e começar a confiar em você. Você pode até achar que está lhe dando o melhor lar que ele já teve, mas ainda assim ele pode estar sentindo falta da pessoa que cuidava dele antes ou na verdade estar habituado à situação da qual acabou de sair. Independentemente do passado que ele possa ter tido, está deixando tudo o que conhece para ir para a sua casa. Da mesma forma que respeitaria essa mudança se ele fosse um filhote, você precisa levar isso em conta quando se tratar de um cachorro mais velho.

> **ATENÇÃO!** Muitos cachorros adultos que são adotados em abrigos e grupos de resgate na verdade foram abandonados em decorrência de problemas comportamentais. Problemas como pular, latir ou puxar a guia podem ser fáceis de corrigir, mas a agressividade contra outros cães e crianças e a ansiedade de separação são problemas mais sérios. Obtenha o máximo de informações que puder do abrigo e escolha um que submeta o cachorro a vários testes para avaliar seu temperamento.

O afeto que um cachorro mais velho precisa receber é semelhante ao que um filhote novinho em folha necessita. Seja amável com ele, deixe-o perambular e investigar, mas não tire o olho dele, não o importune e não exija muito dele.

Treinando seu cachorro para um convívio pacífico

O treinamento é uma parte importante da educação de qualquer filhote ou da adoção de um cachorro adulto em um novo lar, mas é fundamental para as famílias que já têm filhos ou que já tenham um cachorro e estejam esperando um novo filho. Quanto mais ele tiver sido treinado, mais fácil será coordená-lo e mais tranquila será sua transição para a vida de uma família com crianças. Veja a seguir alguns comportamentos que são essenciais para controlar seu novo cachorro ou filhote no convívio familiar:

- "Solta". Esse comando significa pare imediatamente de fazer o que está fazendo ou está pensando em fazer. Ele é conveniente para o caso de você deixar cair um brinquedo, comida ou algo valioso e ele pensar que pode pegar.
- "Deita/fica". Se ele conseguir manter o "deita/fica" até que você termine o que está fazendo, todos ficarão tranquilos.
- "Senta/fica". Com esse comando, você pode substituir o hábito de pular para cumprimentar todas as pessoas ou cachorros que ele cruze. Se ele for capaz de manter o "senta/fica", você curtirá a companhia dele e os amigos das crianças poderão visitá-las sem correr o risco de acabarem nocauteados e estatelados no chão.

CAPÍTULO 21: DINÂMICA FAMILIAR: PROBLEMAS E SOLUÇÕES

- **Caminhar habilmente sem puxar.** Normalmente conhecido por "junto", isso lhe permitirá levar seu cachorro a mais lugares. Quando o cachorro caminha habilmente ao nosso lado é bem mais seguro e agradável, se comparado com o cachorro que nos arrasta pelas ruas para um desígnio que só ele sabe qual é.
- **Voltar quando chamado.** Ser capaz de usar o comando "vem" quando o cachorro está no quintal ou correndo livre pelo mato ou em algum parque é, para início de conversa, uma condição para lhe permitir esse privilégio. Essa liberdade é um exercício e um estímulo mental maravilhoso para os cães, mas eles precisam obedecer quando chamados. Do contrário, não é uma opção.

Em geral, quanto mais você treina o cachorro a agir de acordo com esses comportamentos básicos, maior capacidade tem de lhe dar esses privilégios e mais divertido fica levá-lo a vários lugares e fazer coisas na companhia dele. Como o fator que originalmente leva alguém a adquirir um cachorro é compartilhar o tempo com ele e fazer coisas que uma família costuma fazer, você precisa se esforçar para que ele adquira as habilidades e o conhecimento necessário para cumprir a parte dele nessa barganha e se torne um ente familiar educado e agradável.

Princípios básicos de gerenciamento

Quanto mais estrutura e regras internas você tiver logo no início, mais pacífica será sua volta ao lar. Se sua casa for caótica e barulhenta, essa não é a melhor maneira de convencer seu novo cachorro ou filhote de que ele acabou de ganhar na loteria e foi contemplado com a melhor família da vizinhança. Os cachorros gostam de ordem e de horário e se dão bem em ambientes organizados e que lhes faça sentido. Eles precisam se alimentar e passear em horários predefinidos, precisam de intervalos previsíveis para fazer suas necessidades e brincar, e necessitam de tempo ocioso e de sonecas frequentes. Se não houver tempo para descanso, muitos problemas comportamentais podem surgir quando filhotes e cachorros adolescentes ficam presos na gaiola ou cachorros mais velhos ficam confinados em um cercado.

Hora da soneca

Esse tempo de inatividade permite que o cachorro perceba que é hora de descansar. Quando ele tem tempo para descansar regularmente, comportamentos inapropriados como beliscar, mordiscar, pular e destruir diminuem consideravelmente. É possível evitar que um cachorro recém-chegado perca o controle permitindo que ele tenha um tempo razoável para descansar. A maioria dos filhotes e adolescentes não procura a cama ou a gaiola para tirar uma soneca. Quase como as crianças, eles não suportam a ideia de estar perdendo alguma coisa, embora estejam extremamente cansados e não consigam ficar em pé. Ter um lugar seguro para tirar uma soneca ou um osso para roer é essencial para os cachorros. Desse modo, podem recarregar a energia e descansar profundamente.

Áreas seguras para os filhotes

Restrinja o espaço no qual você deixará seu filhote solto — especialmente quando não estiver em casa. No início, muitas pessoas costumam deixar o filhote trancado em um quarto ou em algum lugar que dê acesso a outros recintos da casa em que elas possam controlá-lo. Escolha um recinto em que haja movimento de pessoas — dessa forma, ele não se sentirá isolado — e seja razoavelmente fácil de limpar — isto é, o piso possa ser lavado. Utilize um cercado de bebê para delimitar a área em que ele pode ficar. Assim que ele compreender o que você espera dele com relação ao lugar certo de fazer suas necessidades, você poderá expandir o espaço em que ele pode ficar e continuar usando o cercado para impedi-lo de entrar em recintos proibidos.

Uma advertência sobre gaiolas

Se tiver comprado uma gaiola para o seu filhote que lhe sirva quando estiver totalmente crescido, ele terá espaço suficiente, mas isso talvez não seja adequado porque é provável que ele coma e durma em um lado e faça suas necessidades em outro. Portanto, isso acaba anulando todos os seus esforços para educá-lo a fazer suas necessidades no lugar certo. Para reduzir o espaço que ele terá na gaiola, coloque uma divisória. Dessa maneira, você cortará o espaço quase pela metade. À medida que ele crescer, você poderá mover a divisória aos poucos, até que ele não precise mais disso. Você pode usar qualquer coisa como divisória, como um papelão bem consistente. Só se lembre de prender bem a divisória para evitar que ele agarre um dos lados para roer e acabe devorando tudo.

Supervisão

Se existe algo que as famílias costumam fazer errado quando tentam introduzir um cachorro em suas vidas é não supervisionar adequadamente as crianças para que se comportem de modo apropriado perto do cachorro. Veja a seguir uma lista de coisas que as crianças precisam aprender quanto aos cachorros:

- As crianças não devem tirar a comida nem um brinquedo do cachorro e tampouco roubar objetos dele. Isso é tarefa apenas dos pais.
- As crianças devem acariciar o cachorro no pescoço, alisando ou esfregando-o afavelmente, mas não devem lhe dar pancadas na cabeça.
- Os cães geralmente não gostam de ser abraçados por crianças ou que a criança encoste o rosto no dele. Você pode ensinar seu cachorro a tolerar isso, mas os pais devem ter cautela com cães provenientes de abrigos ou grupos de resgate que tenham poucas informações sobre seu histórico.
- Rosnar significa vá embora. A criança deve parar de fazer o que está levando o cachorro a rosnar e deve avisar os pais, que terão de buscar a ajuda e orientação de um profissional para evitar que esse comportamento não se agrave e acabe levando o cachorro a morder.
- As crianças não devem correr em volta do cachorro recém-adotado, pelo menos até que ele aprenda a não mordiscar ou morder.
- As crianças visitantes devem aprender as regras da casa e os pais precisam supervisionar para que elas de fato sejam respeitadas.
- As crianças não devem interferir quando o cachorro estiver comendo. Os pais podem ensinar o cachorro a tolerar a presença de crianças enquanto estão comendo, mas isso deve ser sempre supervisionado.
- As crianças não devem pular nem assustar o cachorro quando ele estiver dormindo. Os pais podem ensinar a criança a chamar ou a bater palmas para que o cachorro acorde e vá até ela.

- No caso de um filhote ou cachorro recém-chegado, as crianças precisam ser supervisionadas para que todos aprendam a interagir entre si de forma apropriada.
- As crianças devem tomar aulas de treinamento com a família para aprender a interagir adequadamente com o novo cachorro. As crianças mais velhas podem participar das sessões de treinamento.

Quanto mais vigilantes os pais forem, no sentido de observarem de perto a interação entre o cachorro recém-chegado e as crianças, melhor redirecionarão um comportamento inapropriado e evitarão possíveis maus hábitos e problemas comportamentais indesejáveis. Você não conseguirá ensinar nada se não estiver por perto. E o tempo que você vai poupar não tendo de corrigir todas as coisas que deram errado será um benefício que durará longos anos.

APÊNDICE

Recursos

Livros

Abrantes, Roger. *Dog Language: An Encyclopedia of Canine Behavior* (Wakan Tanka Publishers, 1997).

Benjamin, Carol. *Dog Problems* (Hungry Minds, Inc., 1989).

Burch, Mary R. & Jon S. Bailey. *How Dogs Learn* (Hungry Minds, Inc., 1999).

Campbell, William E. *Owner's guide to Better Behavior in Dogs* (Alpine Publishers, 1989).

Campbell, William E. *Behavior Problems in Dogs*. 3ª ed. ver. (Behaviorrx Systems, 1999).

Cantrell, Krista. *Catch Your Dog Doing Something Right: How to Train Any Dog in Five Minutes a Day* (Plume Publishers, 1998).

Donaldson, Jean. *The Culture Clash* (James and Kenneth Publishing, 1997).

Donaldson, Jean. *Dogs Are from Neptune* (Lasar Multimedia Productions, 1998).

Dunbar, Ian. Dr. *Dunbar's Good Little Dog Book* (James and Kenneth Publishing, 1992).

Dunbar, Ian. *How to Teach a New Dog Old Tricks* (James and Kenneth Publishing, 1998).

Evans, Job Michael. *Training and Explaining: How to Be the Dog Trainer You Want to Be* (Hungry Minds, Inc., 1995).

Fox, Dr. Michael W. *Understanding Your Dog* (St. Martin's Press, 1972).
Milani, Myrna (doutora em medicina veterinária). *The Body Language and Emotions of Dogs* (William Morrow and Company, 1986).

Milani, Myrna. *Dogsmart* (Contemporary Publishing, 1997).

Owens, Paul. *The Dog Whisperer: A Compassionate, Nonviolent Approach to Dog Training* (Adams Media Corporation, 1999).

Pryor, Karen. *Don't Shoot the Dog: The New Art of Teaching and Training*. Ed. rev. (Bantam Books, 1999).

Reid, Pamela (PhD). *Excel-Erated Learning: Explaining in Plain English How Dogs Learn and How Best to Teach Them* (James and kenneth Publishers, 1996).

Rugaas, Turid. *On Talking Terms with Dogs: Calming Signals* (Legacy By Mail, 1997).

Ryan, Terry. *The Toolbox for Remodeling Your Problem Dog* (Howell Book House, 1998).

Schwartz, Charlotte. *The Howell Book of Puppy Raising* (Hungry Minds, Inc., 1987).

Scott, John Paul & John L. Fuller. *Genetics and the Social Behavior of the Dog* (University of chicago Press, 1965).

Tellington-Jones, Linda. *Getting in Touch with Your Dog: A Gentle Approach to Influencing Health, Behavior, and Performance* (Trafalgar Square, 2001).

Wilkes, Gary. *A Behavior Sampler* (Sunshine Books, 1994).

Vídeos

Broitman, Virginia. *Bow Wow, Take 2* (Canine Training Systems, 1996).

Broitman, Virginia & Lippman, Sherry. *Take a Bow Wow* (Canine Training Systems, 1996).

Jones, Deborah. *Click & Fetch* (Canine Training Systems, 1999).

Pryor, Karen. *Clicker Magic! The Art of Clicker Training* (Sunshine Books, 1997).

Pryor, Karen. *Puppy Love* (Sunshine Books, 1999).

Rugaas, Turid. *Calming Signals: What Your Dog Tells You* (Legacy By Mail, 2001).

Wilkes, Gary. *Click! & Treat Training Kit* (Click! & Treat Products, 1996).

Wilkes, Gary. *The Doggie Repair Kit* (Click! & Treat Products, 1996).

Organizações

THE ASSOCIATION OF PET DOG TRAINERS (aPDt)
800-738-3647
www.apdt.com
Busque no banco de dados uma relação de adestradores em sua região.

DELTA SOCIETY
425-226-7357
www.deltasociety.org
E-mail: info@deltasociety.org
Informações sobre cães prestadores de serviços.

THERAPY DOGS INTERNATIONAL
973-252-9800
www.tdi-dog.org
E-mail: tdi@gti.net
Informações sobre cães de terapia.

WHOLE-DOG-JOURNAL.COM
800-829-9165
www.whole-dog-journal.com
Guia mensal de cuidados e adestramento naturais de cães.

Sites

Canine University
www.canineuniversity.com

DogWise
www.dogwise.com

Karen Pryor's Website
www.clickertraining.com

Site de William Campbell
www.webtrail.com/petbehavior/index.html

Índice

A

Abrindo a porta da geladeira 115–116
Acena
    acenem todos (vários cães) 121–122
    ensinando 69–70
Acenem todos 121–122
Acorda 110–111
Acorda o papai 110–111
Adestramento com *clicker* 29–46
    descontinuando o uso do *clicker* e de petiscos 44
    eficácia do 30
    ensinando o cachorro a pensar 26–27
    iscas e. *Consulte* Iscas (chamariz)
    marcando um comportamento 43
    modelando um comportamento 31–36
    planos de modelagem, examinando 34–37
    por que funciona 31
    primeiros passos 30–32
    targeting. *Consulte* Targeting
Adestramento, escola de. *Consulte* Aulas
Agressão. *Consulte* Cães que avançam e são agressivos na guia
    comportamentos substitutos para 163–164
    em cachorros não socializados 282
    guias e. *Consulte* Guias
    medo e 163–164, 188, 190. *Consulte também* Medos e fobias
    punição e 147–148
    Tá com medo? 78–79

Aiô, Silver, avante! 105–106
Andar junto 213, 215–216, 216, 217–218, 219–220, 221–222, 233–234, 291
Anotações
    registrando o andamento, dos planos 60, 200–202
    sobre os resultados da modelagem 33–34
Apanhando a correspondência ou o jornal 90–91
Apanhando a guia, truques 89–90
Apanhando a tigela 93
Apanhando o telefone 92–93
Áreas seguras para os filhotes 292
Atchim! Um lenço, por favor! 101–102
Atividades. *Consulte* Exercícios
Aula
    persistência 4–5
    tipos de 5
Aulas
    cachorros que convivem seguramente com crianças e 288–289
    encontrando a escola certa e 5, 27–28
    para filhotes 27–28
Autoconfiança, treinamento 191–192
Avaliando os cães. *Consulte* Temperamento do cachorro

B

Barriga pra cima 73–74
Bastão, alvo 40–41
Bebês e cães 286–287. *Consulte também* Dinâmica familiar

ÍNDICE

Beija 81–82
Brinquedos
    como recompensa 16–17
    dispenser de petiscos 25
    estimulando os cães a gostar 16
    junta os brinquedos, truque 95
Busca (*fetch*), jogando 25

C

Caça submarina 101
Cachorro recém-chegado, família e. *Consulte* Dinâmica familiar
Cachorros ativos
    aprendendo a ter autocontrole 7
    treinando 7, 11
Cadeias
    comportamento 87–88
    encadeamento reverso 88, 89
    vínculos e 87–88
Cães e crianças. *Consulte* Dinâmica familiar
Cães mais velhos, adotando 289–290. *Consulte também* Dinâmica familiar
Cães que avançam e são agressivos na guia 227–238
    boas maneiras na guia e 232–233, 237
    comprometimento com o treinamento para 237–238
    condicionamento clássico para 238–239
    ensinando o comando solta e 234–238
    estabelecendo metas sensatas em relação a 236–237
    guias e passeios, dicas 231
    maus hábitos e 228–230
    recompensando o comportamento certo em 233–234
Campainha/sino, tocando 113–114
Carrinho de bebê, empurrando 104–105
Cavar 265–272
    área permitida para 270–271
    evitando 269–270
    motivos de 266–268
Cercados, feitos em casa 251–252
Cercas invisíveis 252
Chaves do carro, achando 94–95
Chaves (procurando a chave do carro) 94
Clickers
    como marcador comportamental 31–32
    descontinuando o uso de 44
    descrição 30
    por que eles funcionam 31
Coleiras. *Consulte também Gentle Leader Headcollar*; Coleiras de cabeça
    antilatido não elétricas 171
    cerca invisível 252
    eletrônicas 248
    tipos de 221–222
    treinando o cachorro para esse propósito 232
Coleiras de cabeça 179–180, 221–225, 232–233, 234
Coleiras peitorais 225

Comandos ou sinais. *Consulte também* comando específicos
   minimizando 59
   mudando 68–69
Comida (petiscos), como recompensa 14, 45
Comportamentos reforçadores
   amabilidade, uma mudança radical no treinamento 30. *Consulte também* Adestramento com *clicker*
   comportamento certo 133–135
   comportamento errado 133
   estabelecendo novos padrões e 146, 158–159. *Consulte também* Mudando comportamentos
   recompensas para. *Consulte* Recompensas
   reforço aleatório, técnica 16
Condicionamento clássico 166, 178, 192–193, 238–239
Correspondência
   apanhando a correspondência ou o jornal 90–91
   colocando uma carta na caixa de correio 97–98
Creches 280–281
Crianças e cães. *Consulte* Dinâmica familiar

D
Dá a pata 67
Dança 112–113

Deita/fica
   ensinando 55–57, 165
   para novos filhotes/cachorros 290
   para obediência básica 136–138
Dessensibilização sistemática 193
Dinâmica familiar 285–294
   adotando um cachorro/filhote 287–290
   áreas seguras para os filhotes 292
   bebês e cães 286–287
   cachorros que convivem seguramente com crianças 288–290
   hora da soneca e 292
   supervisionando a interação entre as crianças e o cachorro 293–294
   treinamento para uma coexistência pacífica 290
Direita, pra 117–118
Dupla de cães rolando 119
Duração/permanência dos comportamentos 63

E
Empurrando um carrinho de bebê 104–105
Encadeamento reverso 88, 89
Equilibrando um biscoito no focinho 107–108
Esconde-esconde 25
Espiar, truque (tá com medo?) 78–79
Esquerda, pra 117–118

Estímulo mental 26–28
    aulas para filhotes para 26–28
    ensinando o cachorro a
        pensar 26–27
Evitando comportamentos
    cavar 269–270
    fugir 249–251
    gerenciamento comportamental
        e 131–132
    importância 130–131, 146–147, 157
Exercícios
    cavar e 268
    determinando a quantidade ideal
        de 22
    esporte e atividades 23–24
    falta de, indícios de 22, 213, 234
    fuga e 249
    importância dos 128, 135–136
    jogos caninos 25
    mantendo a diversão 25
    necessidades específica de 22
    praticando juntos 23–26
    resolvendo os problemas por meio
        de 135–136, 172
    usando o quintal para 23
Exibicionistas, truques.
    Consulte Truques para agradar o
    público; Truques exibicionistas

F

Fazer as necessidades no lugar certo,
    treinamento 197–210
    controlando a comida e a água
        para 205–206
    ensinando um comando
        para 203–204
    hábitos 201, 209–210
    limpando xixi e cocô
        acidentais 207–208
    papel, caixas de areia e 202
    ponto para xixi e cocô no quintal
        para 204–205
    por que as coisas podem dar
        errado 198
    problemas de saúde que
        interferem 209–210
    punição e 206–207
    registrando o progresso 200–202
    usando uma gaiola para 198–200,
        205–207
    usando uma guia para saídas de
        xixi e cocô 203–205
Fechando a porta da geladeira 116
Ferramentas/técnicas de resolução
    de problemas 127–139.
    Consulte também Mudança de
    comportamentos; Punição
    analisando o problema 129–130
    estabelecendo novos
        padrões 146–147
    exercício 135–136
    gerenciamento
        comportamental 131–132,
        146–147
    jogo de atenção 138–140
    mudando comportamentos 132–135
    obediência básica 136–138
    oferecendo comportamentos
        substitutos 132–135

para problemas específicos da
   raça 158
prevenção 131–132, 146, 157
repetindo 146
sentando-se por conta própria,
   treinando 137–139
Filhotes, adotando e treinando 287–
   293. *Consulte também* tópicos
   específicos sobre treinamento
Foto, pousando para uma 104
Fuga 241–253
   alicerçando o comando vem 246–249
   cercados seguros 251–253
   controlando as variáveis com a
      guia 242–243
   dicas de recompensa 243
   escolhendo cuidadosamente as
      recompensas 242–243
   evitando 249–251
   importância do exercício/
      supervisão 249–251
   liderança e 244–245
   mantendo o comando vem
      positivo 248–249
   mudando padrões antigos 247–248
   segurança na porta da frente
      e 252–253

G

Gaiolas
   ensinando os cães a fazer suas
      necessidades por meio
      de 205–207

gerenciamento comportamental
   por meio de 131–132, 146–147
por meio de 198–200
tamanho das 292
Gentle Leader Headcollar 179, 231.
   Consulte também Coleira de cabeça
Gira 77–78
Guias. *Consulte também* Cães que
   avançam e são agressivos na guia;
   Puxar a guia; Fuga
   apanhando a guia, truque 89–90
   boas maneiras na 232–234, 237
   cães cumprimentando outros cães
      na coleira 229
   comprimento da 59
   controle comportamental
      com 131–132
   deixando de usar 59
   para cachorros agressivos 231
   provocando o comportamento
      agressivo 228
   usando para saídas para xixi e
      cocô 203–205

I

Iscas (chamariz). *Consulte*
   também Targeting
   acorda, ensinando com 110–111
   barriga pra cima, ensinando
      com 73–74
   como corretivo 158, 165
   deita/fica, ensinando com 55–56
   descontinuando o uso de 37–38,
      136–137

gira, ensinando e 77
morto, ensinando com 72–73
senta, ensinando com 52–53
usando, orientações 37–38

J

Jogando o lixo no lixo 98–99
Jogo de argolas 100
Jogo de atenção 138–140
Jogos 25–26. *Consulte também* Relação de truques
Jornal, apanhando o 90–91
Juntando os brinquedos 95

L

Late 82–83
Latido, problemas 167–181
    atendendo às necessidades do cachorro e 168, 173
    coleiras de cabeça para 179–180
    comportamentos alternativos que podem ser ensinados 161
    controle cuidadoso e atento do 169–173
    criando condições para que o cachorro se saia bem 172–173
    estabelecendo consequência para 171
    estabelecendo metas sensatas em relação ao 170
    identificando os desencadeadores (antecedentes) do 170–171, 174
    induzidos pela atenção, solucionando 178–181
    massagem para 180
    motivos do 168–169
    reforçando a tranquilidade e o silêncio 171–172, 173
    relacionamento equilibrado entre cachorro/dono e 169
    resposta ágil ao 181
    solucionando 175–178
Lenço, apanhando, truque 101–102
Liderança
    cachorros amedrontados e 190
    controlando recursos e 48–50, 244
    importância da 244–245
    o que é 48, 244
    orientações para estabelecer a 48–50, 244–245
Livros, recursos 296–297
Lixo, jogando o lixo no 98–99

M

Mamãe, vai buscar a 111–112
Mão, alvo 39
Marcando um comportamento 43
Massagem, canina 180
Medos e fobias 183–196
    abordagem de treinamento para 184–185
    agressão e 163–164, 188, 190
    causas dos 186–189
    comportamentos substitutos que podem ser ensinados 164

condicionamento clássico para 192–193
criação/genética e 186–187
desenvolvimento social e 187–188
dessensibilização sistemática para 193
em cães não socializados 282
estabelecendo as regras de treinamento 190
expectativas realistas em relação aos 188–189
soluções alternativas e naturais para 196
targeting, uso do 184–185
treinamento de autoconfiança 191–192
treinamento, técnicas de 189–195
veterinários behavioristas para 194–195

Metal, objetos de, treinando o cachorro a apanhar 94

Modelagem de comportamentos 31–36
anotando os resultados 33
importância da 31–32
modelagem induzida 33
modelagem livre 33
para truques de *retrieving* 86. *Consulte também* Truques de busca (*retrieving*)
planos de exemplo (senta/fica) 34–37
possibilitando que o cachorro faça opções na 34–35
vínculos e cadeias para 87–88

Morto, comando 72–73

Motivando os cães. *Consulte* Recompensas

Mudança de comportamento. *Consulte também* Reforçando comportamentos; problemas comportamentais específicos
programando-se para 135

Mudança de comportamentos 151–166
a prática leva à perfeição 160
controlando variáveis 155–156
em novos ambientes 157–158
escolhendo um novo comportamento 152–153
evitando a complexidade 153
evitando e 156–157
exemplos de 161–164
mecanismos de condicionamento clássico 166
para problemas específicos da raça 158
planejando para se sair bem 153
programando-se para 152–158
quando as coisas saem errado com 164

N

Nadar 25
Níveis de atividade. *Consulte* Temperamento do cachorro
Nível de energia 10–11

O

(O) biscoito, por favor 120
Organizações 298–299

P

Passeando com o cachorro.
  Consulte Guias; Cães que avançam e são agressivos na guia; Puxar a guia
Pata, alvo 41–42
Pata, truques
  acena 69–70
  dá a pata 67–68
  toca aqui 68–69
Pega, comando, ensinando 86–87.
  Consulte também Truques de busca *(retrieving)*
Peitorais, coleiras 225
Perdão, comando 108–109
Persistência
  ao reforçar comportamentos corretos 239–240
  aulas 5
  controle cuidadoso e atento 169–173
  falta de, consequências 133
  importância da 28
  importância do treinamento 4–5, 28, 48–49, 256
  nas regras 190, 256
  organização e 184
Personalidade do cachorro.
  Consulte Temperamento do cachorro
Peso, treinando seguro e 14

Petiscos. *Consulte* Recompensas
  equilibrando um biscoito no focinho 107–108
  o biscoito, por favor (vários cães) 120
Planos. *Consulte também* comportamentos específicos
  elaborando 60
  flexibilidade nos 165
  para mudar comportamentos 135, 152–158
  quando as coisas dão errado 164–165
  registrando o progresso dos 32–33, 60
Porta da frente, segurança na 252–253
Posando para uma foto 104
Pra esquerda, pra direita 117–118
Prática. *Consulte também* Comportamentos reforçadores
  importância da 4–5, 61
  novos comportamentos 159–160
  persistência 4–5, 28, 48–49
Princípios básicos do adestramento de cães 47–63. *Consulte também* Truques (princípios básicos)
  elaborando um plano de 60
  importância da prática 4–5, 28
  importância de praticar 61
  investindo no futuro 48–51
  liderança e 48–50
  para novos filhotes/cachorros 290–293

passos para o sucesso 60–61
regra dos dez passos
   sucessivos 52–53, 60
segredos para o sucesso 50–51
suavizando e minimizando os
   comandos e sinais 59
Problemas comportamentais.
   Consulte também Mudança de
   comportamentos; Ferramentas/
   técnicas de resolução de
   problemas; Punição; *Consulte
   também* Problemas específicos
   exemplos de 161–164
   falta de autocontrole e 7
   fatores que reforçam 133
   melhorando via treinamento de
      truques 6–7
   por falta de estímulo 128
Procura 118
Procurando a chave do carro 94–95
Procurando o controle remoto 91
Progresso, registrando 32–33, 60
Pular nas pessoas 255–264
   causas 256
   comportamento substitutos para
      ensinar 162
   criando um cão maníaco por
      sentar 262–263
   desenvolvendo um histórico
      positivo para corrigir 257–259
   ensinando o senta/fica com
      duração para 261–263
   identificando a distração mais
      irresistível 260–262
   mudando variáveis para o
      senta 264
   oportunidades para praticar
      o comportamento
      correto 258–259
   recompensando o comportamento
      correto 256–260
Punição 141–148
   agressão e 147
   ensinando os cães a fazer suas
      necessidades por meio de
      e 206–207
   momento certo da 144
   piorando as coisas 142, 147
   reativa 143
   redirecionamento ou interrupção,
      em vez de 144–145
   sinais emitidos pelos cães e 148
   treinamento *versus* 148–149
Puxar a guia 211–225. *Consulte
   também* Cães que avançam e
   são agressivos na guia
   abordagem de treinamento em
      relação a 212–213, 219–220, 234
   causas 212, 213
   comportamentos substitutos para
      ensinar 162–163
   definindo as condições do
      treinamento 212–213
   distrações e 218
   dublê de mula 219
   equipamento de
      treinamento 221–225
   escolhendo cuidadosamente as
      recompensas 219–220

falta de exercícios, contribuição para 213
junto, em vez de 213, 215–216, 216, 217–218, 220, 221–222, 234, 291
passeando sem 213–216, 234
trabalhando a duração/variáveis durante os passeios 216

Q
Quem é valente, truque 79–80

R
Recompensas. *Consulte também* Iscas (chamariz)
    ajudando um cachorro a gostar de outras 16–17
    brinquedos como 16–17
    cachorro 19
    comida (petiscos) como 15, 45
    descontinuando o uso de petiscos 44
    escolhendo cuidadosamente 219–220
    exageros, evitando 16
    experimentando 83
    função das 14–15, 19
    ideias que não envolvem comida 16
    identificando o que funciona para o seu cachorro 14–15, 83
    motivando os cachorros 14–15
    para 15, 16–17
    reforço aleatório com 16
    subornos versus 18–19
Recursos 295–299
    livros 296–297
    organizações 298–299
    sites 299
    vídeos 298
Reforço aleatório 16
Refrigerador, apanhando uma garrafa de água 114–117
Registrando o progresso de seu cachorro 60, 200–202
Relacionamento com o cachorro
    aprimorando com o treinamento 2
    Controle remoto, procurando o 91
    encontrando um meio-termo satisfatório 169
    fortalecendo 5
    liderança e 48–50, 244–245
Restringindo a liberdade, opções 251–253
Retrieving, truques de. *Consulte* Truques de busca (*retrieving*)
Reverência
    ensinando 71–72
    para vários cães 123–124
Reza, comando 109–110
Rola
    dupla de cães rolando 119
    ensinando 75–76
    suavizando/substituindo os sinais 59
Rosnar 148, 293

S

Salta 122–123
Segurança, considerações 13–14
Senta
    ensinando 52–54
    sentando-se por conta
        própria 137–138
Senta ereto 106–107
Senta/fica
    com duração 261–263
    em vez de pular nas
        pessoas 261–263
    ensinando 54–55, 261–263
    para novos filhotes/cachorros 290
    para obediência básica 136–138
    planos de modelagem para 34–37
Sentando-se por conta própria 137–138
Sino/campainha, tocando 113–114
Sites 299
Socialização 273–283
    agressão, medo e 282
    cães não socializados 282–283
    com outros cães 276–278
    com pessoas 278–279
    creche canina e 280–281
    definição de 274
    período crítico de 274–275
    primeiros passos 275–276, 278–279
Solta 87, 234–238, 290. *Consulte também* Truques de busca (*retrieving*)
Soneca, hora da 292
Sucesso
    passos para o 60–61
    programando-se para,
        na mudança de
        comportamentos 154
    segredos para ter 50–51

T

Tampa, alvo 39–40
Targeting 38–42
    Aiô, Silver, avante!, ensinando
        com 105–106
    bastão como alvo 40–41
    empurrando um carrinho de bebê,
        ensinando com 104–105
    gira, ensinando com 77–78
    mão como alvo 39
    o que é isso 38
    para cachorros amedrontados 184–185, 191–192
    pata 41–42
    pra esquerda, pra direita,
        ensinando com 117–118
    quem é valente?, ensinando
        com 79–80
    reverência, ensinando com 71–73
    reza, ensinando com 109–110
    salta, ensinando com 122–123
    senta ereto, ensinando com 106–107
    tipos de alvo 38
    toca aqui, ensinando com 68–69
Temperamento do cachorro
    avaliando 10
    extremamente ativo 11
    menos ativo 11

ÍNDICE

nível de energia 10–11
perguntas a fazer, temperamento social 12
personalidade 12–13
regra dos dez passos sucessivos 43, 52–53, 60
talentos e interesses especiais 13
Temperamento social 12
Toca aqui 68–69
Trabalho terapêutico 8
Traz pro papito/mamita 96–97
Treinamento. *Consulte também* tópicos específicos sobre treinamento; Treinamento de truques
   amabilidade, revolução no 30
   avaliando cachorros para. *Consulte* Temperamento do cachorro
   considerações sobre segurança 13–14
   liderança e 244–245
   melhorando com o treinamento de truques 3–5
   melhorando o relacionamento 2
   para corrigir problemas. *Consulte* Problemas comportamentais; Mudança comportamentos; Ferramentas/técnicas de resolução de problemas
   persistência. *Consulte* Persistência
   peso do cachorro e 14
   punição versus 148–149. *Consulte também* Punição
   recompensas para. *Consulte* Recompensas
   registrando o progresso 60
   regra dos dez passos sucessivos 43
Treinamento de truques
   aprimorando a qualidade de um truque 61–63
   aumentando a distância em relação ao cachorro 61–63
   benefícios do 3–4, 5–7
   corrigindo problemas comportamentais 5–7
   dicas para agilizar o 3–4
   dividindo os truques em porções digeríveis 135
   duração/permanências dos comportamentos 63
   estímulo mental como base 26–28
   melhorando o treinamento 3–5
   para trabalho terapêutico 8
   princípios básicos 3
   recompensas para. *Consulte* Recompensas
   saber os limites no 7
   truques simples, ensinando 66–67
   velocidade de execução 62
Treinamentos de truques
   modelagem comportamento no 31–36
   mudando sinais e comandos 68–69
   vínculos e cadeias para 87–88
Truques (princípios básicos). *Consulte também* Princípios básicos do adestramento de cães
   deita/fica 55–57

senta 52–54
senta/fica 54–55
vem 57–59
Truques básicos e cativantes 65–83
   acena 69–70
   barriga pra cima 73–74
   beija 81–82
   comportamento social e boas maneiras 81–83
   dá a pata 67–68
   gira 77–78
   late 82–83
   morto 72–73
   que encantam a plateia 75–80
   quem é valente? 79–80
   reverência 71–73
   rola 75–76
   sobre: ensinando truques simples 66–67.
   tá com medo? 78–79
   toca aqui 68–69
   truques para acalmar 70–75
Truques com o papai/mamãe
   acorda o papai 110–111
   traz pro papai/mamãe 96
Truques (comportamento social e boas maneiras) 81–83
   acena 69–70
   beija 81–82
   late 82–83
Truques de busca (*retrieving*) 85–102
   apanhando a correspondência/jornal 90–91
   apanhando a guia 89–90
   apanhando a tigela 93
   apanhando objetos de metal 94
   apanhando o telefone 92–93
   Atchim! Um lenço, por favor! 101–102
   caça submarina 101
   colocando uma carta na caixa de correio 97–98
   ensinando o comando pega 86–87
   jogando o lixo no lixo 98–99
   jogos de argolas 100
   junta os brinquedos 95
   modelagem 86–88
   procurando a chave do carro 94
   procurando o controle remoto 91
   sobre 89
   traz pro papito/mamita 96–97
   truques de resgate e entrega 95
   (uma) garrafa d'água, por favor 114–117
Truques exibicionistas 103–126
   acenem todos 121–122
   acorda 110–111
   Aiô, Silver, avante! 105–106
   cães que dançam 112–113
   dupla de cães rolando 119
   equilibrando um biscoito no focinho 107–108
   o biscoito, por favor 120
   para cachorros humildes 108–110
   para cães elegantes 104–108
   para vários cães 118–126
   pedindo perdão 108–109
   pousando para uma foto 104
   pra esquerda, pra direita 117–118
   procura 118

puxando um carrinho de
   bebê 104–105
reverência 123–124
rezando 109–110
salta 122–123
sentando ereto 106–107
sobre: dicas para melhorar o
   desempenho 125–126
tocando o campainha/sino 113–114
truques familiares 110–112
truques superinteligentes 112–119
(Uma) garrafa d'água, por
   favor 114–117
um cachorro levando outro para
   passear 124–126
vá buscar a mamãe 111–112
Truques para acalmar 70–75
   barriga pra cima 73–74
   morto 72–73
   reverência 71–73
   sobre: visão geral 70
Truques para agradar o público 75–
   80. *Consulte também* Truques
   de busca (*retrieving*); Truques
   exibicionistas
   gira 77–78
   quem é valente? 79–80
   rola 75–76
   tá com medo? 78–79
Truques envolvendo vários cães
   acenem todos 121–122
   dicas para melhorar o
      desempenho 125–126
   dupla de cães rolando 119
   o biscoito, por favor 120

reverência 123–124
salta 122–123
sobre 118–119
um cachorro levando outro para
   passear 124–126
TTouch, massagem 180

U

(Uma) garrafa d'água, por favor 114–
   117
(Um) cachorro levando outro para
   passear (truque com vários
   cães) 124–126

V

Vá buscar a mamãe 111–112
Variáveis, controlando 155–156
Velocidade, na execução dos truques 62
Vem
   alicerçando o 246–249
   ensinando 57–59
   fugindo em vez de. *Consulte* Cães
      que costumam fugir
   para novos filhotes/
      cachorros 290–291
   para obediência básica 136–138
Veterinários behavioristas 194–195
Vídeos 298
Vínculos e cadeias 87–88

www.dvseditora.com.br

Impressão e Acabamento | Gráfica Viena
Todo papel desta obra possui certificação FSC® do fabricante.
Produzido conforme melhores práticas de gestão ambiental (ISO 14001)
www.graficaviena.com.br